新装版

日本人のための憲法原論

小室直樹

集英社インターナショナル

日本人のための憲法原論

小室直樹

憲法とは、
西洋文明が試行錯誤の末に
産み出した英知であり、
人類の成功と失敗の経緯《いきさつ》を
明文化したものである。

集英社インターナショナル

解題

小室博士のワンダーランド

橋爪大三郎

本書は、憲法の本である。書名のとおりだ。

ただし、読めばわかるが、ただ憲法を説明したり、条文を解説したりするのではない。憲法はただの入り口である。政治や経済や法律や、歴史や宗教や軍事や、社会学や人類学や哲学や、およそあらゆる近代の学問が縦横に絡み合って、憲法とつながっていることがわかる。そして憲法は出口である。本書の最後のページを閉じれば、近代社会の成り立ちが徹底的に腑に落ちて、やっと一人前の市民として歩みだすことができる。胸に「憲法卒業」のバッジをつけよう。目のくらむようなすごい本なのだ。

読者はきっと、これまで憲法の講義を受けたことがあるだろう。大学で、高校で、中学で。そして、憲法の本も読んだことがあるだろう。教科書や新書かもしれない。でも本書を読んだら、印象がまるで変わるはずだ。あれは一体何だったのか。鼻紙にもならない紙くずではないか。まるで時間のムダだった。なぜなら教える側が、

解題
小室博士のワンダーランド

憲法をそもそもわかっていなかったから。

＊

本書は本物である。恐ろしい本である。なんでこんな本が存在できるのか。それは著者が、小室直樹博士だから。知るひとぞ知る学問の巨人だからだ。

小室直樹博士のファンで、本書を読むのは何冊目、という読者もいるかもしれない。本書が初めて、の読者もいるかもしれない。初めての読者を念頭に、小室直樹博士のどこがどうすごいのか、お話ししよう。

小室博士は一九三二年生まれ。早くに父を亡くし、母子家庭で苦学して育った。京都大学で数学、大阪大学大学院で経済学を学んだのち、フルブライト留学生としてアメリカに渡る。スキナーに心理学、パーソンズに社会学、サムエルソンに経済学を学ぶ。帰国して東京大学大学院で政治学を学び、博士号をえる。中根千枝に人類学、富永健一に社会学を学ぶかたわら、自主ゼミ（小室ゼミ）で社会学の大学院生を中心に多くの学生を指導。『危機の構造』『ソビエト帝国の崩壊』でメディアの注目を集め、ベストセラーを続々世に送り出した。本書はそうした著作群のなかの、最高峰の一冊である。

私は、その小室ゼミに一〇年以上参加していたのでわかる。小室博士は、学問が好きで好きでたまらない、正真正銘の学者だ。そして、専門の垣根をやすやすと乗り越え、多くの学問をわがものとする。

口で言うのは簡単だが、ほかに誰ができるだろう。本書は、それだけ学識がある小室博士だからこそ書くことができた、奇蹟の書物なのだ。

＊

本書は、憲法の本である。だがそれは仮の姿で、ほんとうは、社会科学ワンダーランドである。あなたは入場自由の、特別チケットを手に入れた。小室博士からのプレゼントだ。こんなにぜいたくな幸運があるだろうか。

ワンダーランドの真ん中には「憲法」という塔が、シンデレラ城のようにそびえている。その周りには、さまざまなアトラクションが並んでいる。どういう順序でどう遊び尽くそうか、あなたは嬉しくて目が回りそうだ。

日本語で憲法を考えるなら、日本国憲法、そして大日本帝国憲法を読まなければならない。どちらも最初のほうに、天皇についての条文が並んでいる。憲法としては変わり種で、実は入門には不適当である。

ではどうする。もっとも典型的な憲法に目を向けよう。まず、アメリカ合衆国憲法。あと、フランス共和国憲法。どちらも世界中の憲法のお手本である。

アメリカ合衆国憲法は、独立戦争のあとの、世界で最初の成文憲法だ。そして、ピルグリム・ファーザーズが交わしたメイフラワー契約や、初期のイングランド植民地の統治の伝統を踏まえている。本国でのピューリタン革命や、ジョン・ロックの革命権の思想も知っていたほうがいい。

フランス共和国憲法は、市民が王政を打ち倒してできた。大革命だ。それを生み出したのは、啓蒙思想である。ルネサンスや宗教改革や、デカルトやモンテスキューも関係がある。

でもそれを言うなら、ヘンリー八世がイングランド国教会を立てたことや、カルヴァン派の救済予定説や、ホッブズの社会契約説なんかも、知っているに越したことはない。…とあげていくと、きりがない。じゃあ、誰が憲法をちゃんと理解できるのだろう。

＊

そこで小室直樹博士の、社会科学ワンダーランドの出番だ。自分で勉強しなくても、小室博士について行けば、ぐるぐるアトラクションを回っているうちに、なんだか憲法のことがわかったような気がしてくる。いや、憲法だけじゃない。社会科学のコツと勘どころも、ああそうか、勉強ってこうやればいいんだとわかってくる。退屈な授業より、小室博士のこの一冊。『日本人のための憲法原論』は、そんな仕掛けの本なのだ。

なぜこんな本が書けたのだろうか。それは小室博士が、まず自分でよく勉強して、それらを徹底的に理解したから。ふつうの人びとがどこでつまずくか、よくわかっているから。そこで先回りして、石ころを取り除き、楽しく歩けるように道を整えておく。あとは見どころを歩いて回るだけだ。

ガイド役は、シマジくんである。

島地勝彦氏は担当編集者。小室博士の学識をぞんぶんに引っ張りだした、絶妙のパートナーである。

そして本文では道化役のシマジくんとして、小室博士とかけあいをする。こんな愉快なガイドに導かれ、いつの間にかワンダーランドを一周してしまう仕組みである。

＊

こうして読み終え、しみじみ思うこと。本書の憲法論は本物だ。憲法は、憲法でないさまざまなことがらと結びつき、支えられてこそ、憲法である。それに目をつぶり、憲法だけみていても、憲法はわからない。ということは、よくある教科書や授業は、本物じゃないということだ。

これは、なかなかではないだろうか。こういう憲法の学び方は、いや、学問の仕方は、どうすればできるのか。

昔を思い出す。私が大学院で社会学を学んでいたころ。決まって言われる台詞は、「キミ、それは社会学なのかね」だった。余計なお世話だろ。何が社会学か、自分が決めるよ。で、人類学や言語学や哲学や、数学や経済学や政治学や、…なんでも手当たり次第に勉強した。私にはそれが社会学に見えたから。それが養分となって、私の社会学の土台となった。

小室直樹博士は間違っても、「キミ、それは社会学なのかね」なんて言わない。世界はつながっている。すべての問題はつながっている。すべての学問はつながっている。そこに垣根をつくって、ここからここまでが〇〇学です、と安心するのはムダである。何年も経たないうちに、そんな垣根は無意味になるのだ。

それがわかっていたのが、小室博士だ。だから、憲法をさまざまな学問分野と結びつける、本書のような素晴らしい本ができた。世界でも稀《まれ》だと思う。

その本書が、集英社インターナショナルからいよいよ再刊されることを喜びたい。

＊

付言すれば、『日本人のための憲法原論』はもともと、『痛快！憲法学』というタイトルで、同じ集英社インターナショナルから刊行されていた。横書きで、マンガのイラストが印象的で、インパクト満点の本だ。こちらも近く再刊されるかもしれない、と聞く。

テキストは同じなのだが、ワンダーランド感がはち切れている。もしも再刊されたら、そちらもさっそくお手に取っていただくようにお薦めする。

まえがき

ようこそ「憲法学」の世界へ！――教科書が教えない民主主義と憲法――

現在の日本には、さまざまな問題があふれかえっています。

10年来の不況、財政破綻《はたん》、陰惨《いんさん》な少年犯罪、学級崩壊、自国民を拉致《らち》されても取り返さない政府……実はこうした問題の原因をたどっていくと、すべては憲法に行き着くのです。

現在日本が一種の機能不全に陥《おちい》って、何もかもうまく行かなくなっているのは、つまり憲法がまともに作動していないからなのです。

こんなことを言うと、みなさんはびっくりするかもしれませんが、今の日本はすでに民主主義国家ではなくなっています。いや、それどころか近代国家ですらないと言ってもいいほどです。

憲法という市民社会の柱が失われたために、政治も経済も教育も、そしてモラルまでが総崩れになっている。これが現在の日本なのです。

では、なぜ日本の憲法がちゃんと作動しなくなったのか。

その理由は憲法学そのものにあると、私は考えます。

たしかに大学の法学部に行けば、そこでは憲法の講義が行なわれています。しかし、その中身はといえば、要するに司法試験や国家公務員試験を受験するためのもの。憲法の条文をどのように解釈すれば、試験に合格できるかが講じられているに過ぎません。こんな無味乾燥《むみかんそう》な「憲法学」に誰が興味を持つでしょう。こんなことで、誰が憲法に関心や理解を示すでしょう。

その意味で憲法学者の責任は重大です。

本来の憲法学とは、憲法の条文解釈などではありません。

「憲法を語る」とは、すなわち人類の歴史を語ることに他なりません。憲法の条文の中には、長年にわたる成功と失敗の経緯《いきさつ》が刻《きざ》み込まれているのです。その長い物語を解き明かすのが憲法学なのですから、本当の憲法研究はとても面白く、エキサイティングなものなのです。

私は本書において、その「憲法の物語」の一端を披露《ひろう》し、憲法学のおもしろさ、大切さを少しでも皆さんに伝えたいと考えました。

読者の中には「法律の本なのに、どうしてこんなに西洋史の話が多いのだろう」とびっくりされる方も少なくないでしょう。それどころかキリスト教や旧約聖書の講義まで出てくるのですから、ますます仰天《ぎょうてん》するに違いありません。

しかし、読み進めていくうちにきっとお分かりになるでしょうが、憲法も民主主義も、けっして「人類普遍《ふへん》の原理」(日本国憲法前文)などではありません。これら2つは近代欧米社会という特殊な環境があって、はじめて誕生したものですから、憲法を知るには、欧米社会の歴史と、その根本にあるキリスト教の理解が不可欠なのです。

憲法がどのように成長していったかを知ることによって、おのずと今の日本の問題点も課題も見えてくる。私はそう信じています。

憲法とは何か、民主主義とは何かという原点に立ち返ることこそが「日本復活」への唯一の方法だと思うのです。

そこで憲法学という大テーマを分かりやすく説明するために、スタッフの方たちの工夫により、本書はあえて講義形式を採ることにしました。

この試みが成功することを願ってやみません。

最後に、本書を作るにあたって多くのみなさんにご協力いただきましたことに心から感謝いたします。

平成13年(西暦2001年)弥生《やよい》

小室直樹《こむろなおき》

目次

第4章　民主主義は神様が作った!?

神との契約を改訂したイエス／契約に書かれていなければ、何をしてもいい
タテの契約、ヨコの契約／なぜ、イスラム教徒は契約を守らないのか
アッラーは寛大である／砂上の楼閣ニッポン

第11章 天皇教の原理

本書は『日本人のための憲法原論』(小社刊・2006年)の新装版です。

装丁――大森裕二
図版作成――タナカデザイン

第1章

日本国憲法は死んでいる

あなたは護憲派？　改憲派？

ここ数年、日本国憲法に関する論議がかまびすしくなってきました。

少し前の日本、とくにマスメディアの世界では護憲一本槍《ごけんいっぽんやり》、つまり「日本国憲法は世界に誇る立派な平和憲法なのだから、その条文を変えたりすることなど、考えるのもよくないし、マスコミで論じることなど、もっとよくない」という風潮がひじょうに強かったことはみなさんもご記憶でしょう。

しかし、ソ連崩壊《ほうかい》で冷戦が終結したり、日本をめぐる世界情勢の変化が生まれたりしたこともあり、「われわれ日本人も憲法についてもう1度論じてみようじゃないか」という雰囲気《ふんいき》が起きてきました。

日本の国会でも35年ぶりに、憲法調査会が開かれるようになり、衆参両院の公聴会では、護憲派、改憲派と言われる人たちがさかんに意見を述《の》べています。

与野党の政治家たちも、それぞれの立場から憲法問題について積極的に発言を行なっています。また、マスメディアでも憲法をめぐる論議が活発です。新聞や雑誌に「改憲試案」なるものが掲載されることも珍《めずら》しくはありません。このような動きは、10年ほど前の日本では考えられなかったことです。

また、かつては「憲法問題」というと、即、憲法第9条を守るのか変えるのかという話が中心になっていましたが、今日では「日本もアメリカと同じように首相を国民による投票で選ぶべきだ」という首相公選の問題など、いろんな広がりも見せています。これも従来とは大きく違う点だと申せましょう。

さて、そこでこうした流れを受けて、日本国憲法について考えていこうということから、私が呼ばれたというわけですね、編集者シマジくん？

――（編集者シマジ）それで、どうです？　やっぱり先生は憲法改正派でしょうなあ？　この本で、どーんと過激な改憲論をぶちあげてください。そのほうが話題になって、うんと売れるというもんです。

やれやれ……。これだから編集者というのはいつまで経《た》っても世間から尊敬されないんです。改憲だの護憲だのは、そこらへんの陣笠《じんがさ》代議士だって言えることです。就職したばかりの見習い新聞記者だって、いっぱしのことは書けます。いや、ちょっと頭のいい小学生なら、その程度のレポートは作れるというものでしょう。

学者が代議士や一年生記者と同じ土俵でものを言ってどうするのですか。

私が社会科学を研究しているのは、気の利《き》いた「意見」を言うためではありません。学問とは本来、それぞれの人間が自分の意見を持つための「材料」、言《い》い換《か》えれば議論の前提となるものを提供するためにあるのです。それが学問の使命です。

だからこそ、学問には方法論というものがあり、真実の探求が何よりも重視されているのです。

――はあ……。

だから、あなたには悪いけれども、この本では護憲だの改憲だのといった話はするつもりはありません。そんなことよりもずっと大切なことを読者のみなさんにお伝えしたいと私は思っています。憲法をどうするか、変えるべきか変えざるべきかという問題は、この本をお読みになった読者1人1人が決めればいいことです。

日本国憲法は生きているか

さて、そこで憲法を論じていくうえで、何をおいてもまず最初に検討しなければならない大問題があります。それをシマジくんに質問したいと思います。読者代表として答えてください。

〔設問1〕 日本国憲法は生きているのか、死んでいるのか

——はあ？ 生きている？ 死んでいる？ 小室先生、何を言っているんですか。日本国憲法が廃止されたなんて話、ついぞ聞いたことも読んだこともありませんよ。

なるほど。つまり、あなたは日本国憲法は条文として、そこに存在して、廃止されていない以上、「憲法は生きている」と思うわけですね。六法全書《ろっぽうぜんしょ》に書かれているから、憲法が生きていると考えるのですね。

憲法以外の法律、たとえば刑法や民法なら、それは間違いではありません。法律は1度作られたら、それが議会で廃止されたり、最高裁判所から違憲判決を下《くだ》されたり、判例変更されたりしないかぎり、生きつづけます。

たとえば六法全書をひもとくと、明治年間に作られた、おそろしく古い法律が今でも記《しる》されています。明治22年に制定された「決闘罪ニ関スル件」という法律などは、その1例です。江戸時代ならともかく、今どき街角《まちかど》で果たし合いをする人間などいそうにないし、また、決闘が行なわれたところで、そんなことは刑法で処理できそうに思うわけですが、この法律はいまだに廃止されていないから文句なく「生きている」のです。

このような法律はほかにもたくさんあります。たとえば昭和21年に制定された「物価統制令」、これは「終戦後の事態に対処し、物価の安定を確保し以《もっ》て社会経済秩序を維持《いじ》し国民生活の安定を図《はか》る」（第1条）ためのもので、本来、終戦後のインフレに対処する目的で作られたわけですから、すでに歴史的役割は終わったとも言えるのですが、これもまだ生きているのです。

殺されたワイマール憲法

ところが、これに対して憲法は違います。憲法は公式に廃止を宣言されなくても死んでしまうことがあるのです。

その最たる例は、ドイツのワイマール憲法でしょう。

ご承知のとおり、第1次大戦でドイツは敗れるのですが、このときドイツ革命が起きて、皇帝ウィルヘルム2世は亡命してしまいます。この結果、ドイツにはワイマール共和国が誕生します。このときの話をすればキリがありませんが、そこでできたのがワイマール憲法です。

このワイマール憲法は当時、「世界で最《もっと》も進んだ憲法」と言われていました。たしかに、その条文は時代の先端を行くものでした。国民主権が導入され、大統領は直接選挙で選ぶことになりましたし、また基本的人権についても、労働者の「社会権[※]」が保障されるなど、ひじょうに先進的な内容だと評価が高かった。「ドイツの憲法こそが、20世紀の憲法の手本だ」などと言われたものです。

※社会権　一口に基本的人権といっても、その概念は時代とともに広がっていった。最初に生まれたのは思想や言論の自由を保障する「自由権的基本権」で、20世紀になって生まれたのが「社会的基本権」である。社会的弱者とされる労働者のストライキ権などがそこに含まれる。

ところが、そのワイマール憲法はあっさり死んでしまいます。

その下手人《げしゅにん》というか、主人公になったのは、言うまでもありません、ヒトラーです。

といっても、ヒトラーはワイマール憲法にはいっさい手を触《ふ》れていません。廃止していないのです。

そもそもヒトラー率《ひき》いるナチスは、政権を取るまでワイマール憲法に従って行動しています。ナチスは憲法に従って国会選挙で勝利を収めて、1932年、第一党になります。ヒトラーが1933年1月

30日、首相に就任したのも憲法規定に基《もと》づいた、合法的なことでした。つまり、このときはまだワイマール憲法は生きていたと言えるでしょう。

では、ワイマール憲法はいつ死んだのか。

それは1933年3月23日のことである、というのが多くの憲法学者の意見です。この日、ドイツの議会ではひじょうに重要な法案が可決されました。それが「全権委任法」(授権法《じゅけんほう》、翌日公布・施行)です。

この法は、法律を制定する権利、つまり立法権を政府にすべて与えるというものでした。本来、法律の制定権は立法府である議会のものであって、行政府のものではありません。これは議会政治の基本中の基本とも言うべきこと。どの憲法もその趣旨《しゅし》で作られています。

ところが、この全権委任法によって議会は立法権をヒトラーに譲《ゆず》り渡してしまった。この結果、彼は自分の望むとおりに法律を作り、それを執行することができるようになりました。この全権委任法の後《うし》ろ盾《だて》があるから、彼は「合法的」にドイツの独裁者になれたというわけです。

さて、こうした状況に対して、憲法学者はどう考えるか。ここが大切なところです。

憲法学者は「全権委任法はワイマール憲法違反だから、無効である」とは考えない。実際のところ、違憲だろうが何だろうが、現実にこの法律によってヒトラーはドイツの独裁者になっているのですから、そんな議論は無意味です。

ですから憲法の専門家は「1933年3月23日をもって、ワイマール憲法は死んだ」と考える。ヒトラーはワイマール憲法を1度も廃止していないけれども、この日、ワイマール憲法は実質上、廃止されたと見るのです。

憲法とは慣習法である

このワイマール憲法の例が示唆《しさ》しているのは、とても大事なことです。

それは堅《かた》い言い方をすれば、「憲法は成文法《※せいぶんほう》ではなく、本質的には慣習法《かんしゅうほう》である」という事実です。

※成文法、慣習法　補足すれば、国際法もまた本質的に慣習法である。条約に明記されていなくても、慣習として国際的に確立されたルールは国際法であるし、また条約などで明記されていても慣習として行なわれていなければ、そのルールは国際法とは言えない。

みなさんはおそらく学校の社会科の授業で、「イギリスの憲法は慣習法であり、日本やアメリカの憲法は成文法だ」と習ったことでしょう。

たしかに、イギリスには日本のような「大英帝国憲法」などというまとまった条文はどこにもありません。イギリスの長い歴史から生まれた、さまざまな慣習や法律、あるいは歴史的文書が渾然一体《こんぜんいったい》となって「イギリスの憲法」を作っています。

これに対して、日本やアメリカの場合、国の最高法として定められた成文の憲法があります。

しかし、たとえ「憲法」と題された法律があったとしても、憲法は本質的に慣習法なのです。大事なのは法の文面ではなく、慣習にあるのです。

つまり、たとえ憲法が廃止されなくても、憲法の精神が無視されているのであれば、その憲法は実質的な効力を失った、つまり「死んでいる」と見るのが憲法学の考え方なのです。

だからヒトラーが政権を取って、全権委任法が制定されたら、そこで憲法は死んだと考える。憲法の精神が行なわれなくなった時点で、その憲法は無効になったというわけです。

――なるほど、要するに憲法というのは「ひ弱な生き物」なんですね。たしかに今や世界中のどの国でも憲法は持っているけれども、憲法が「死んでいる」国はたくさんありそうですね。たとえば旧ソ連なんかにも立派な憲法はあったというし、中国の憲法にも立派な人権規定があるらしい。

いわゆる社会主義国家や新興国の憲法については別の議論になるから、ここでは触《ふ》れないけれども、憲法が死んだりするのは何もナチス・ドイツのような独裁国家ばかりではありません。民主主義が行なわれているかのように見える国でも、憲法が死ぬことはけっして珍しいことではない。※

※珍しいことではない　第2次大戦後に独立した植民地は、多くの場合、旧宗主国を見習って、民主主義的な憲法を作った。だが、それらはさっぱり機能せず、独裁者が出現した。こうした国々の憲法もまた、死んだと見なされる（例・マルコス治下のフィリピン）。

たとえば、今では民主主義のお手本のように思われているアメリカだって、昔は憲法が死んでいたのです。いや、正確には「半死半生《はんしはんしょう》」の状態だったと言うべきか。

アメリカ憲法は「欠陥憲法」だった！

アメリカ人たちは「アメリカの憲法は世界最古の成文憲法だ」と威張《いば》っています。たしかに、アメリカ合衆国憲法が制定されたのは1787年で、フランス革命で人権宣言が出される2年前のことですから、世界最古であることは間違いありません。

しかし、その合衆国憲法が制定当時、生きていたかと言えば、これは大いに疑問です。

合衆国憲法制定に先立つ11年前の1776年7月4日、かの有名な独立宣言がフィラデルフィアで採択されています。

「われわれは、自明の真理として、すべての人は平等に造られ、造物主《ぞうぶつしゅ》によって、一定の奪いがたい天《てん》賦《ぷ》の権利を付与《ふよ》され、その中に生命、自由および幸福の追求の含《ふく》まれることを信ずる……」

この独立宣言が、近代デモクラシーの輝《かが》かしき出発点になったことは誰も否定のできない事実です。憲法を大切に思うのであれば、この一文をまず暗記していただきたいと思うほどです。

しかしながら、この独立宣言に述べられている建国の精神が、どれだけ当時のアメリカで実現していたかといえば、これはまことに疑わしい。むしろ、空念仏《からねんぶつ》で終わっていたと言ってもいいほどです。

そもそも、そのアメリカ合衆国憲法には最初、人権を保障する「権利の章典《※けんりのしょうてん》」がありませんでした。万民に人権があると独立宣言で述べておきながら、その権利を保障する章典がないのですから、これは驚きを通り越して、呆《あき》れるしかありません。

※権利の章典　1789年に開かれた最初の連邦議会の、最初の会期において憲法修正案が提案された。思想・信条の自由、国民の武装権、刑事事件における被告の人権保護などを含む「修正10ヵ条」は1791年に確定・発動した。アメリカ合衆国憲法では、この修正条項を「権利の章典」と呼ぶ。

憲法制定会議で反連邦派が猛反対したために人権条項を入れることがためらわれたからだと言いますが、当初の憲法には信仰の自由も保障されていなければ、言論の自由も明記されていなかった。今日の考えから言えば、最初の合衆国憲法は「欠陥憲法《けっかんけんぽう》」だったと言ってもいいほどです。

ちなみに、今の合衆国憲法の人権条項、いわゆる権利の章典は、憲法が発効する直前に「修正条項」として付け加えられたものです。

憲法が効力を持つ前から修正しなければならなかったというわけですから、家を建てたのはいいけれども、住む前から補修工事をしているようなものです。もちろん、今の日本でこんな欠陥住宅を売ったら、ただちに大問題になりますが、まさに合衆国憲法は、そんなオンボロ小屋みたいなものだった。

つまり、合衆国憲法はお世辞《せじ》にも「生きている」とは言えない状態だったのです。

そのことは先住民の「インディアン」が白人たちにどんな仕打ちを受けたかを見てみれば、すぐに分かります。

アメリカ先住民たちは皆殺しに次ぐ皆殺しに遭《あ》いました。ハリウッドの西部劇では、突如《とつじょ》として先住民が白人の居留地《きょりゅうち》を襲ったことになっているけれども、そんなのは大嘘《おおうそ》です。みんな白人の側が仕掛《しか》けた戦争です。かのベンジャミン・フランクリンもフランスの友人に宛《あ》てた手紙の中で、白状しています。

「インディアンと白人との間に戦われた戦争のほとんど全部は、白人がインディアンに対して何らかの不正を行なったことから始まったものなのです」（猿谷要《さるやかなめ》著『物語アメリカの歴史』中公新書）

西部の広大な大地を虎視眈々《こしたんたん》とねらうアメリカ人は、一方的に先住民を襲い、彼らを虐殺《ぎゃくさつ》したのです。

「すべての人は平等に造られている」と言いながら、先住民の人権なんてちっとも考えていない。いや、そもそも人間だとさえ思わなかった。だから、白人たちは彼らの土地を奪おうが、彼らを殺そうが平気《へいき》※の平左《へいざ》だったのです。

※平気の平左　ヨーロッパ人が初めてアメリカ大陸を発見したとき、およそ100万人いたとされる先住民は、1880年にはわずか6万6407人になっていた。

黒人奴隷を持っていた建国の父たち

さらに黒人奴隷《どれい》の問題があります。

みなさんは、黒人奴隷はアメリカ建国以前から、つまりイギリスやフランスが北米に植民地を造ったころからいたという印象を持っているかもしれません。しかし、それは大きな勘違いです。実は、アメ※

リカの奴隷制度は合衆国が建国されてから、ますます盛んになっているのです。

※アメリカの奴隷制度　アメリカの黒人奴隷は、かつて地球上に存在した、いかなる奴隷よりも悲惨な境遇に置かれた。というのも、黒人奴隷は資本主義経済における「商品」として扱われたからである。アフリカから船で運ばれた黒人の中には、費用節約のために途中で海に「投棄」されたケースも少なくなかった。これに比して、古代ローマのギリシャ人奴隷には知識人として尊敬された人もいたし、古代中国では奴隷出身の宰相も少なくなかった（例・殷《いん》の傳説《ふえつ》、秦《しん》の百里奚《ひやくりけい》、斉《せい》の管仲《かんちゅう》）。アメリカに黒人大統領がまだ出ていないことを想起されたし。

というのも、この当時、すなわち19世紀初頭になって産業革命の影響で、イギリスで綿の需要が急増します。その綿の供給地となった南部諸州では人手がいくらあっても足《た》りない状態になった。そこで、アフリカ大陸から船に黒人をぎゅう詰めにして、せっせと奴隷が「輸入」されることになったのです。アメリカに連れてこられた黒人奴隷は、その数1200万人とも、1500万人とも言われているほどです。ですから、アメリカ合衆国の歴史は黒人奴隷の歴史と言ってもいい。

実際、初代大統領のワシントンも3代目のジェファーソンも本業は大農場主で、彼ら自身も多数の黒人奴隷を持っていた。ジェファーソン※などは、妻が亡《な》くなったあと黒人奴隷のサリー・ヘミングスという若い女性に7人も子どもを産ませたそうです。建国の父たちでさえ、こうなのですから、後は推《お》して知るべしでしょう。

※ジェファーソン　（1743－1826）ヴァージニア生まれ。「独立宣言の起草者」としてアメリカ史に不朽の名を残している。近年、トマス・ジェファーソンの子孫たちによって書かれた『大統領ジェファソンの子どもたち』（邦訳・晶文社）が出版された。それによれば、ジェファーソンとサリーは愛情に基づく関係にあったと言う。

奴隷制度は南北戦争後に撤廃《てっぱい》されるわけですが、それでアメリカで黒人差別がなくなったか。

答えは「ノー」ですね。１９７０年代になって差別撤廃運動がようやく本格化したわけですが、差別意識は21世紀の今日でも白人の中にくすぶっていると言う人もあります。

どうですか？　黒人や先住民に対する、こんな非道が行なわれていながら、どうして独立宣言やアメリカ合衆国憲法が民主的だと言えるでしょう。アメリカでは１９７０年になってもなお、「万人が平等である」とは言えない状態でした。そのアメリカの憲法ははたして「生きて」いたのでしょうか？

――たしかにアメリカ先住民や黒人奴隷については問題ですが、当時の人種意識は今と違うのですから、アメリカ憲法ばかりを責《せ》めるのはどうかと思うのですが……。

ずいぶんアメリカの肩を持ちますね。では、次のような例はどうでしょう。この話を聞いてもなお、あなたはアメリカが「民主主義の国」であると言えますか。

ゴールド・ラッシュの恐るべき真相

これは20世紀を代表する伝記作家シュテファン・ツヴァイク※の『人類の星の時間』（みすず書房）という短編集に収録されている実話です。

※シュテファン・ツヴァイク　（１８８１－１９４２）　ウィーンの裕福な家庭に生まれ、ベルリン大学に学ぶ。代表作『フーシェ』『マリー・アントワネット』『メアリ・スチュワート』など。ロマン・ロランやフロイトらを友とし、フロイトの葬儀では弔辞を読んだ。第２次大戦中の１９４２年、「私の精神の故郷ヨーロッパは今や自滅した」との遺書を残して南米リオデジャネイロで服毒自殺。

合衆国建国からおよそ60年ほど経《た》った１８３４年、１人のドイツ人がアメリカに移住します。彼の名はヨーハン・アウグスト・ズーター。当時31歳。彼はヨーロッパで破産して、再起をかけてニューヨークに上陸したのです。数年のあいだ、ニューヨークで働いた彼は小金《こがね》を貯《た》めて、まだ未開の土地だったカリフォルニアに移住することにしました。

そのカリフォルニアで彼は一所懸命《いっしょけんめい》に努力して、ようやく農園経営に成功します。何もなかった荒れ地に井戸を掘り、土地を耕《たがや》し、ついには数千頭の家畜を育てるほどになった。彼はアメリカに移住するとき、妻子をヨーロッパに残してきたのですが、その家族を呼び寄せて一緒に暮らしはじめることもできた。まさに小さな「アメリカン・ドリーム」の見本です。

ところが、そこに1つの事件が起きました。

1848年1月、ズーターの使っている大工《だいく》が彼の農園で砂金を発見したのです。彼が調べてみると、農園の中を流れる運河にたくさんの砂金が眠っていることが分かった。

かくして、ただの農園主だったズーターは1晩のうちに世界一の大金持ちになるはずでした。

しかし、現実にはズーターは、そうならなかった。ツヴァイクはこう記しています。

「もっともまずしい、もっともあわれな、もっとも失意の乞食《こじき》に彼はなるのである」（片山俊彦訳・以下同）

彼の農園から砂金が発見された事実は、彼が堅《かた》く口止めしていたにもかかわらず、あっという間に知れ渡ってしまったのです。まず最初にズーターの下で働いていたすべての人間が仕事をほっぽり出して、彼の農園で砂金探しを始めた。その次に関係ない人々が黄金目当てにアメリカ各地から、彼の農園めがけて殺到した。

その連中は、ズーターの育てた乳牛を殺して食い、彼の建てた穀物倉庫を壊《こわ》して自分たちの家を建てた。ズーターの耕した農地は踏み荒らされ、彼が高い金を出して買った機械は盗まれてしまった。ズーターの所有地を、あっという間にたくさんの人間が不法に占拠《せんきょ》し、しだいに町が造られていくことになったのです。

その町の名前は、サン・フランシスコ。

そうです。あの名高い「ゴールド・ラッシュ」は、1人のドイツ系移民ズーターの広大な農園で起きた出来事であり、サン・フランシスコはもともとズーターの私有地を不法占拠して造った町だったのです。

アメリカには民主主義がなかった

さて、そのズーターはどうしたか。

1850年、彼は裁判に訴えました。すなわち、「サン・フランシスコ市がその上に建てられている地所の全部は法律上彼の所有地である」として、「盗み取られた財産上の損害を、政府は賠償《ばいしょう》してくれる義務がある」と主張したのです。彼は農園内に不法占拠している1万7220人（！）の立ち退《の》きと、カリフォルニア州政府に対して2500万ドルの賠償金を要求しました。

このズーターの要求はどこから見ても、文句の付けようがありません。実際、彼の要求はすべて裁判所で認められました。

かくして、今度こそ彼は「世界最高の富者」になるはずでした。

しかし、そうはならなかった。

判決を聞いたサン・フランシスコの住民、すなわち不法占拠者たちが暴動を起こしたのです。

そのようすは、ツヴァイクに語ってもらったほうがいいでしょう。

「１万人の人間が暴動を起こして……裁判所を襲ってその建物を焼き、裁判官を私刑にしようとし……ズーターの全財産を略奪しに出向いた」

「彼の長男は暴徒たちに強迫されてついにピストル自殺を遂《と》げ、次男は殺害され……」

「彼の動産、蒐集品《しゅうしゅうひん》、彼の金銭は奪い取られ、莫大《ばくだい》な持ちものは残酷な凶暴さによって荒らしつくされた」

ズーター自身はこの暴動で生き延びるのですが、家族も財産も失ったショックで彼の精神はついに壊れてしまったと言います。

さて、この前代《ぜんだい》未聞《みもん》の大暴動に、時のアメリカ政府はどう対応したか。

サン・フランシスコが彼の所有物であることは裁判所が認めたこと。そして、彼の家族に起きたことは、れっきとした殺人事件です。

しかし、アメリカ政府はズーターに何もしてくれなかった。

この暴動から30年後の１８８０年、ズーターはワシントンの連邦議事堂の前で脳卒中で死にます。彼は死ぬまでワシントンの政治家たちに、自分の権利を訴えつづけましたが、誰１人として彼の言うことをまともに取り上げてくれる人はいなかった。彼はワシントンの人々から嘲笑《ちょうしょう》され、無視され、失意のうちに死ぬのです。

ハリウッドの映画では、どんなに理《り》不尽《ふじん》な仕打ちを受けても最後には主人公は救われ、ハッピー・エンドで終わります。しかし、現実は違う。

この事件が意味するところは重大です。

アメリカ人は「アメリカは法治国家で民主主義国家だ」と自慢していますが、少なくとも1850年前後、建国から半世紀以上経《た》ってもなお、アメリカには法も秩序もなかった。アメリカ国民であるズーターの「人権」を、アメリカ政府は守ってくれなかったのです。あの独立宣言の高邁《こうまい》な精神はどこに行ったのか。

他人の所有地の上に、勝手に家を建て、町を造っても、それが許されるというのでは民主主義国家どころか近代国家ですらない。ただの無法地帯です。おまけにズーターの主張は裁判所でも認められていることではないですか。

それなのに彼の家族は殺され、土地は奪われたままで連邦政府もカリフォルニア州政府も何もしなかった。

つまり、19世紀後半において、アメリカの憲法は「死んでいた」のです。強調しますが、これは何も大昔の話ではありません。たった120年前のことです。そのころ日本は幕末《ばくまつ》・維新《いしん》の時代だったわけですが、当時の日本にだってここまでひどい話はないでしょう。

なぜ、日本の憲法論議は不毛なのか

歴史をつぶさに見てみれば、アメリカ合衆国憲法はけっして生きていたとは言えないということが、以上の例でよくお分かりになったでしょう。

ただ、公平のために記せば、アメリカの憲法は制定から100年が経っても、けっして生きているとは言えない状況でしたが、その後のアメリカ国民の努力によって生命を吹き込まれました。

人種差別も遅まきながら解消の方向に向かっているし、アメリカ先住民に対する不法行為に対しても、いろんな措置《そち》を取っています。また、かつてのサン・フランシスコで起きたような無法も2度と起こらないよう、アメリカ人はいろんな努力を積み重ねてきたわけです。

アメリカ人たちは、自分たちの憲法がただの紙切れにすぎないことを自覚していた。だからこそ、必死になって憲法の精神を実現しようと努力してきた。

どんなに立派な独立宣言があり、憲法の条文があっても、それが慣習として定着していなければ、その憲法はただの紙切れです。憲法は慣習法であり、成文法ではないのです。そして、憲法を生かすも殺すも、結局は国民次第《しだい》だということです。

国民が憲法の精神を慣習として定着させようと努力すれば、合衆国憲法のように最初は死んでいたものが生き返る。逆に、ワイマール憲法の例のように、国民の代表たる議会が独裁者に全権を委任してしまえば、憲法は死んでしまう。

ですから、いわゆる法学の中でも、憲法学はほかの法律研究とは違ってきます。

民法や刑法の研究なら、その法律の条文解釈が中心になります。たとえば民法の研究なら、その規定を実際の生活の中にどう当てはめていくかが問題になってくる。インターネットの登場で、今、私たちの生活は急速に変わっていますが、この変化に民法をどう対応させるかを考えるのも民法の研究者の仕事と言えます。

ところが憲法学の場合、憲法の条文をいちいち解説すれば済《す》む問題ではありません。

はたして、本当にその憲法が生きているのか、死んでいるのかをチェックすることこそが、本当の役目と言っても過言《かごん》ではありません。今、脳死移植が世間で話題になっていますが、言うなれば憲法学者には「憲法の脳死判定」のチェック役という重要な任務があるわけです。

しかし現実はどうでしょう。日本国憲法は生きているのか死んでいるのかという話を、日本の憲法学者[※]から聞いたことがありますか。そんなことが書かれている憲法の本がどこにありますか。みなさんも憲法の本というのは、前文から始まって、1条ずつ説明してあるものだと思っているでしょう。

※日本の憲法学者　残念ながら、多くの日本の憲法学者には「憲法が生きる、死ぬ」という発想があまりないようだ。その原因は、憲法には事実上「事情変更の原則」が成立するのに、日本の憲法学ではこの原則の適用を好まないことにあると思われる。このあたりの議論については、他日、稿を改めて論じたいと考えている。

今、日本で改憲・護憲のいろんな議論が行なわれていますが、ともすれば不毛な論議に終わってしまいがちなのは、すべて「憲法は生き物である」ということが忘れられているからです。

もし、日本国憲法が死んでいるとすれば、護憲も改憲もあったものではありません。

死んだ憲法を今さら守ってどうするのですか。「憲法の墓守《はかもり》」をして、何の意味があるというのでしょう。

また死んだ憲法の条文を改正しても、いったい何の価値があるでしょう。それは死者の体に注射を打ったり、手術をしたりするようなものではありませんか。死んだ憲法を改造して、「フランケンシュタイン」のような不気味な怪物を造ろうというのでしょうか。

憲法死んで、国滅ぶ

したがって、私がこれから行なう講義では、「はたして日本国憲法は生きているのか、死んでいるのか」が議論の中心になります。これこそが本書のアルファであり、オメガなのです。

——（おそるおそる）結論を先に聞くのは失礼かもしれませんが、先生は結局「日本国憲法は死んでいる」とお考えのように思えてならないんですが。

そのとおり！

私の見るところ、日本国憲法はすでに死んでいます。もはや現代日本には民主主義もなければ、それどころか資本主義もない。日本国には憲法はない！

したがって、すべての改憲論、護憲論は現状においては無意味であるというのが私の結論。私が冒頭で、改憲、護憲のどちらにも与《くみ》しないと言ったのは、そのためです。

――日本の憲法は死んでいるんですか……（溜《た》め息《いき》）。

現代の日本は空前の不況に悩まされていますが、これも憲法が死んでいるからこそ起こっていることです。

憲法が死んでいるために、ダメージを受けているのは経済ばかりではない。今の日本で起きている家庭崩壊、学級崩壊……これらもみんな日本の憲法が死んでしまっているために起きていることです。憲法死んで、国滅《ほろ》ぶ。まさに今の日本は滅びの淵《ふち》に立たされていると言っても過言ではありません。

今の日本人なら誰だって「この国はおかしいんじゃないか」と思うことがいくつもあるでしょう。それは結局のところ、憲法が死んでしまったことに由来するんです。

絶望させてもいけないから言っておくけれども、憲法は人間とは違って、やりようによっては生き返ることもある。だから、けっして望みがないわけではない。それはアメリカの例でも分かるとおりです。

では、いったいどうすれば、日本の憲法は蘇《よみがえ》るのか。

それを知るには、憲法学を学ぶことです。

そもそも憲法とは何か、民主主義とは何かを知る。そのうえで、いつ、どのようにして日本の憲法が死んだか、そして誰が憲法を殺したかを追求しなければなりません。このことをじっくり検討していくうちに、読者の目の前におのずから「どうすれば憲法は蘇るか」という答えが見えてくるはずです。

日本人よ、汝《なんじ》の日は数えられたり——さあ、私たちに残された時間はあまりにも短い。

急げや急げ、すぐに憲法学講義を始めることにいたしましょう。

第2章

誰のために憲法はある

法律とは何なのか

さて、これから憲法学の話をするわけですが、開講一番《かいこういちばん》、まずシマジくんに質問しよう。

〔設問2〕 憲法とは誰のために書かれた法律か

——誰のために、ですか？ うーん、それはやっぱり日本の憲法なんだから日本人に対して書かれたものでしょう。

残念ながら、不合格です。

まあ、この質問はちょっとむずかしいから、あなたが答えられないことは予想していました。そこで、もう1問出すことにします。

〔設問3〕 刑法とは誰のために書かれた法律か

——先生、授業中の質問は勘弁《かんべん》してくださいよ、悲しき学生時代を思い出すじゃありませんか。殺人をするなとか、泥棒をしてはいけないというのが刑法でしょう。やっぱり、これも国民のために書いてあるのではないですか。

これも不正解ですな。

といっても、この2つの質問に答えられなくても、けっして自分を責《せ》めてはいけない。だいたい、この2問に適切に答えるのは司法試験の合格者でもむずかしい。本当は、そんなことではいけないのだけれども、それが今の日本の悲しむべき現状です。

では、まず設問3から答えていきましょう。

まず第1に、知ってもらいたいのは、法律とはそもそも何かということです。

法律の定義は、詳《くわ》しく述《の》べていったらきりがないけれども、ここで最低限理解すべきは「法とは誰かに対して書かれた強制的な命令である」ということ。

「守ってもいいし、守らなくてもいい」なんて法律はない。法律で定められたことは、かならず守るべし。守らなかったら、法律違反であり、場合によっては罰せられる。

さて、そこで問題なのは「誰が誰に命令するか」ということです。

「誰が」というのは、比較的分かりやすい。法律の場合は、国家権力です。小室直樹が命令するとか、シマジくんが命令するとかでは法律ではありません。これはまあ常識の範囲内でしょう。

では、「誰に」命令をするのか。

これは法律によって違う。広く国民一般に対して命令する場合もあれば、限定された対象に対しての命令もある。ケース・バイ・ケースです。

そこで、その法律が誰に対する命令なのかを判別する、いちばん手っ取り早い方法は「その法を違反できるのは誰か」を考えることです。

たとえば、銀行法という法律があります。これは銀行の業務について定めた法律だけれども、この銀行法を破れるのは誰か。

この答えはもちろん、銀行そのものです。

私たちのような一般の預金者がどんなことをやろうと、銀行法に触《ふ》れることはない。あるいは銀行から借金をしている人が、たとえ返済をしなくても銀行法違反で訴えられることはない。つまり、このことから銀行法とは銀行に対する命令であるという答えが出てきます。

では、民法はどうか。

これは民法の条文を見れば、答えは簡単に分かります。

「男は、満18歳に、女は、満16歳にならなければ、婚姻《こんいん》をすることができない」（第731条）
これは見てのとおり、日本国民全体に対する命令です。ある人は15歳でも結婚できるけれど、ある人は民法の規定どおりに結婚しなければならないというのではない。日本国民なら、誰でもこの法律を守らなければ、民法違反になってしまう。
つまり、民法とは国民全体に対して書かれた法律であるというわけです。

刑法は殺人や窃盗を禁じていない！

では、そこで刑法とは誰のために書かれたものか。

結論を先に言えば、刑法は民法とは違って、国民のために書かれた法律ではありません。ましてや犯罪者もしくは犯罪予備軍を戒《いまし》めるために書かれたものでもない。

そのことは、刑法の条文を見ればただちに分かります。刑法の条文のどこを読んでみても、「人を殺してはいけない」とか「他人のものを盗んではいけない」とは1行も書いていない。

たとえば殺人の項を見てみましょう。

「人を殺した者は、死刑又は無期《むき》若《も》しくは3年以上の懲役《ちょうえき》に処する」（第199条）

さらに窃盗《せっとう》に関する条文はこうなっています。

「他人の財物《ざいぶつ》を窃取《せっしゅ》した者は、窃盗の罪とし、10年以下の懲役に処する」（第235条）

どうですか、どこにも殺すな、盗むなとは書いていないでしょう？

民法では「男は満18歳にならなければ婚姻することはできない」と書いてあるから、17歳で結婚したら、これは文句なく民法を破ったことになる。

でも、刑法にはどこにも「人を殺すことはできない」とは書いていない。

ということは、論理的に考えれば、人を殺そうが盗もうが、その人間は刑法に違反したことにならないという結論が出てくる。つまり、刑法は国民を対象とはしていない。国民のために書かれているわけではない。

――たしかに理屈から言えば、そうでしょう。でも、殺人罪には死刑または懲役に処すと書いてあるのだから、それが脅《おど》しになっているわけですよね。

結果的にはそう読めるかもしれないけれども、それは刑法の直接の規定ではありません。

「法三章《ほうさんしょう》」という言葉がありますね。

これは※漢《かん》の高祖《こうそ》が関中《かんちゅう》を征服したときに最初に出した法律が「殺すな、傷つけるな、盗むな」という、ごくごくシンプルなものだったという故事《こじ》に基づいた言葉なのですが、今の刑法も、結局のところ、法三章が複雑になっただけだろうと、たいていの日本人は思っている。

※漢の高祖　漢朝初代皇帝・劉邦《りゅうほう》のこと。中国最初の帝国・秦《しん》は紀元前２１０年、始皇帝が急死するや急速に滅亡。この混乱に際して、頭角を現わしたのが劉邦である。劉邦は項羽《こうう》と盟を結び、前２０６年に秦の首都があった関中地方を征服。その後、劉邦は項羽との長い戦いに耐え、ついに前２０２年、天下を統一する。

しかし、法三章と近代の刑法は根本的に違うものです。近代刑法では、殺人や窃盗を禁じてはいない！

――なんだか物騒《ぶっそう》な話になってきましたね。

刑法違反ができるのは裁判官だけ

では、刑法は本来、誰を縛《しば》るためのものか……それを考えるには、先ほども述べたように「どうすれば刑法違反になるのか」ということを考えてみるのが簡単です。

正解は、刑法は裁判官を縛るためのものです。刑法を破ることができるのは、裁判官だけ。

つまり、裁判官がもし殺人を犯《おか》した人に対して有罪判決を下《くだ》して「懲役2年に処す」としたら、その裁判官はまさに刑法違反をしたことになる。

殺人罪に対しては、死刑か無期あるいは3年以上の懲役を与えよというのが刑法の規定なのですから、それより軽い刑を与えてはいけない。それとは逆に、窃盗罪に対して死刑を宣告するのも、また刑法違反です。

刑を与えることができるのは裁判官なのですから、したがって刑法とは裁判官に対する命令である、裁判官を縛るためのものであるという結論になる。

さらに付け加えて言えば、裁判官は法律に定められていないような罪を作ってはいけない。たとえ、どんなに不道徳な行為であっても刑法に書かれていないのであれば、裁《さば》いてはいけない。

また裁判官は「事後法《じごほう》」、すなわち後からできた法律で人を裁いてもいけない。問題となっている行為が、その当時、法に触《ふ》れていなければ、今の法律を遡《さかのぼ》って適用してはいけないということです。

こうしたことを総称して「罪刑法定主義《ざいけいほうていしゅぎ》」と言うのですが、罪刑法定主義は近代裁判制度の根幹ともいうべき考えです。日本国憲法で第31条に「何人《なんぴと》も、法律の定める手続によらなければ、その生命若しくは自由を奪われ、又はその他の刑罰を科せられない」と書かれているのが、まさにこのことです。

この罪刑法定主義については、後で触れることになるから、これ以上は述べませんが、刑法が裁判官を縛るものであるという事実は、憲法を理解するうえでも大切な話だから、ぜひ頭に入れておいてください。

裁判で裁かれるのは誰か

さて、刑法の根本意義が分かったところで、さらに応用問題を出しましょう。

〔設問4〕　刑事訴訟法《けいじそしょうほう》は誰に対する命令か

――これは簡単。刑事事件の訴訟《そしょう》に関する法律なんですから、ずばり検察官ですね。

うーん、さっきよりはマシになったけれども、まだまだ不合格。

答えは行政権力に対する命令です。

検察官ばかりではなくて、行政府全体に対する命令が書かれているのが刑事訴訟法だと理解するのが正しい。

だから、下は現場の警察官から上は法務大臣、総理大臣に至るまで、すべて刑事訴訟法に従わなければならない。

ここで念のために述べておけば、裁判官は司法権に属するけれども、検察官は行政権に属する。日本では両方とも同じ司法試験を合格しなければならないわけですが、属するところがまったく違うわけです。検察官は政府の一員であって、かつての左翼の言い方を借りれば「権力の走狗《そうく》」ということになる。

ところが、どういうわけか日本人はその権力の走狗たる検察官を信頼してやみません。なかでもマスコミ、とくに新聞やテレビは検察が調べて発表したことを最初から真実だと決めてかかる。これもまた民主主義を理解していない証拠です。

ちょうどいい機会だから、さらに質問をしましょう。

〔設問5〕　刑事裁判とは誰を裁くためのものか

――それは言うまでもない、容疑者、つまり被告でしょう……といった素直な答えでは不正解なんでしょうな。何しろ、小室先生の質問ですからね。

だいぶ勘《かん》だけはよくなってきたようですな。

お察しのとおり、刑事裁判とは被告を裁くためのものではありません。ましてや「犯罪者を裁くためのもの」など、とんでもない。そんな答えをしていたら即刻、本講座から退学処分です。

そもそも、刑事裁判においては、被告は有罪が確定するまでは無罪と見なされるというのが近代デモクラシー裁判の鉄則です。

たとえ、どれだけ物的証拠《ぶってきしょうこ》があろうと、心証《しんしょう》が真っ黒であろうとも、その人は無実であるとして扱《あつか》わねばなりません。

判決が確定するまでは、どこにも犯罪者は存在しないわけですから、「犯罪者を裁く」という表現は本来、ありえないことになります。

では、いったい刑事裁判は誰を裁くためのものか。

それは検察官であり、行政権力を裁くためのもの。

裁判で裁かれるのは、被告ではありません。行政権力の代理人《アトーニー》たる検察官なのです。

「遠山の金さん」は暗黒裁判をしていた!?

「刑事裁判とは、検察、すなわち行政権力を裁く場である」というのは近代裁判の大前提なのですが、これもまた日本人のよく理解できていないところです。

日本人というのは、裁判を「真実を明らかにする場」と考えています。裁判にかければ、どんな悪事も暴《あば》かれて、真実が満天下に暴露《ばくろ》されると純情にも信じています。

しかし、それは近代裁判では通用しない。そもそも近代裁判では「真実の探求」なんて、本来の目的ではないのです。極論すれば、真実なんてどうだっていい。事件の真相※など、知る必要はない！

※事件の真相　このあたりを論理的に、正確に言い改めると、こうなる。つまり裁判には「客観的な真実」は存在しない。存在するのは、検察官の「真実」と、被告（すなわち弁護人）の「真実」だけである。裁判官の任務は、検察官の主張する「真実」を検討することにある。その「真実」に少しでも法的瑕瑾《かきん》があったり、あるいは真実の立証が完璧でなかったりすれば、検察官の主張は「真実」ではないと判決される。

こんなことぐらいで問題発言呼ばわりされたのではかなわない。シマジくんのようなセンスの人が多いから、日本はいつまで経《た》ってもよくならないんです。

――これまた問題発言。

私に言わせれば、もし日本で悪書追放運動をするとしたら、真っ先に挙《あ》げたいのが「大岡越前守《おおおかえちぜんのかみ》」とか「遠山の金さん」の話です。大岡越前や金さんの時代劇は、テレビでもずいぶん人気があるらしいけれども、これこそ近代裁判を否定する問題ドラマです。

だって、そうでしょう。遠山の金さんなどは、自分で犯罪捜査をして、証拠を集めて容疑者をお白州《しらす》に引きずり出しておいて、それでもって自分で判決を下してしまう。場合によっては、無実の市民の弁護までするのだから、刑事、検事、裁判官、弁護士の4役兼任です。こんなベラボウな話はありません。

遠山の金さんは、物語の主人公だから悪いことはしない。神様のように全知全能で、悪事はかならず見通すことができるというわけですが、実際はそんな立派な人はいません。

もし、極悪非道《ごくあくひどう》な金さんがいて、何の罪もない無実の人を片《かた》っ端《ぱし》から逮捕《たいほ》・告訴《こくそ》して、おまけに裁いてしまったら、どうなりますか。これこそ暗黒裁判中の暗黒裁判。だから、遠山の金さんのような人がいてもらっては困るのです。

ところが日本人は、よほど「お上《かみ》」を尊敬していると見えて、今でも検察官は悪を追及する善玉《ぜんだま》だと信じて疑わない。遠山の金さんと検察官は一緒だと思っている。

近代裁判と時代劇とでは、その前提が180度違います。

時代劇では、遠山の金さんも銭形平次《ぜにがたへいじ》も根っからの正義漢で、間違ったことは1つもしないことになっていますが、近代の裁判では要するに「検察官や刑事にろくな奴《やつ》はいない。国家権力を背中にしょっている連中は何をしでかすか分からない」と考えるのです。

国家権力をもってすれば、どんな証拠でもでっちあげられるし、拷問《ごうもん》にかけて嘘《うそ》の自白を引き出すことだって簡単にできる。そこまで意図的ではないにしても、誤認逮捕《ごにんたいほ》などはしょっちゅう行なわれているに違いないと考えるのが、近代裁判なのです。

言うなれば検察＝性悪説《※せいあくせつ》が近代刑事裁判の大前提。国家はひじょうに強大な権力を持っているのですから、その権力の横暴から被告を守らなければならないというわけです。

※性悪説　この発想と対極にあるのが儒教思想。儒教では権力のトップにある天子は聖人であり、天子を補佐する官僚は君子であると見なす。だから、国家権力は正しいに決まっていると考える。

「有罪率99パーセント」の恐怖

ですから、刑事裁判では検察側に1点でも落ち度があれば、ただちにアウトです。少しでも法に触れる捜査をしたり、手続き上のミスが1つでもあったり、真実の証明が少しでも不完全ならば、検察は負け、被告が勝つ。鵜《う》の目鷹《めたか》の目《め》で検察側の落ち度がないかを調べるのが、裁判官の本来の仕事です。

つまり、裁判官というのは、あたかも中立で公平な存在のように思われているけれども、本質的には被告の味方であって、検事の敵なのです。このことがどうも日本人は分かっていない。

私が「裁判で裁かれるのは、検察官。真実を探求するなんて二の次」だと言ったのは、まさにこういう意味なのです。

――僕たちが思っている裁判のイメージとは全然違いますね。

そうでしょう。

日本のマスコミが、検察の調書は信用できる、警察の言うことが真実であるという前提で、何もかも権力寄りの報道をしてしまうのは、大岡越前や遠山の金さんのイメージが頭にあるからなんです。しかし、日本の警察は有能で、間違いは1つも起こさないなどと考えられますか。そんなことはありえないというのは、先年起きた例の「松本サリン事件」でもよく分かる話ではありませんか。

マスコミは国家権力の暴走から人民を守るためにあるのだから、最初から「警察の言うことは本当だろうか」「検事の調書はどこまで正しいのだろうか」と疑ってかかるのが本当の姿というものです。なのに、実際には自分で調べてもいないくせに、警察発表をそのまま真実であるかのごとく報道するから、松本サリンの河野さんのような犠牲者《ぎせいしゃ》が後から後から生まれてくるのです。言うなれば、日本の新聞やテレビは、国家権力の共犯者になってしまっている。

しかし、何もこれはマスコミだけの問題ではありません。

というのは恐ろしいデータがあるのです。

日本の刑事裁判では実際に告訴された事件のうち、有罪判決が下される率はなんと99パーセント以上にも上《のぼ》るというのです。

——つまり検察に目を付けられて、訴えられたら、一巻の終わり。

少なくとも、このデータからはそういう結論が出てくる。

99パーセントの有罪率というのは、どう考えても高すぎる。

かりに日本の警察や警察機構が優秀で、しかも有罪になる確率の高い事件だけを吟味《ぎんみ》して起訴しているとしても、この有罪率では「本当に裁判官は仕事をしているのだろうか」という気がしてくるではありませんか。

先ほども述《の》べたように、検察側に手続き上のミスが1つでもあれば、自動的に被告は無罪になるというのが近代裁判の鉄則です。日本の裁判官は、本当に検察官を裁いているのだろうか、被告の味方になってくれているのだろうかと不安になってくるでしょう。

デュー・プロセスの原則

さて、そこで刑事訴訟法の話に戻るのだけれども、おそらく読者は刑事訴訟法というのは刑法の付属品みたいなものだと思っているでしょう。しかし、それは大変な誤解です。

刑事訴訟法は刑法よりも大切な法律です。

なぜなら、この法律は刑事裁判において検事をはじめとする、すべての行政権力を縛るルールになるからです。この刑事訴訟法にいささかでも触れる行為を検事などが行なえば、ただちに被告は無罪になる。そう考えてください。

もちろん検察側が守らなければならない法律は、このほかにもたくさんある。法律はいろんな形で検察側を縛りに縛っているから、その法律の網《あみ》に少しでも触れることがないように検察側は行動をしなければならない。

これを法律の言葉で「デュー・プロセス」(due process 英語)の原則と言います。日本語に訳すと「適法手続き」という意味。行政権力は徹底的に法律を守らねばならない。それが少しでもできていなければ、裁判では被告が無罪放免《むざいほうめん》になる。

このデュー・プロセスの原則が徹底しているのが、アメリカです。アメリカの法廷小説が面白いのも、検事や警察があくまでも適法手続きで行動しなければならないという制約があるから。刑事や検察官がスーパー・マンにならないから、かえって小説も面白くなる。そこが日本の遠山の金さんと全然違う点です。

デュー・プロセスが最《もつと》も端的に現われた法廷小説の1つにヘンリー・デンカーという作家が書いた『復讐法廷』(文春文庫)というものがあります。

この小説では、ある老人が黒人男性を射殺したことから話が始まります。

なぜ、この老人が黒人を殺したのかといえば、自分の娘がその男にレイプされ、しかも殺された。なのに、この黒人は裁判で無罪放免になって、娑婆《しやば》をのうのうと歩いている。こんなことは許せないと、白昼堂々《はくちゆうどうどう》と相手を射殺したわけです。そこで老人を裁くための裁判が始まる。だから『復讐法廷』なのです。

では、いったいなぜ、この殺された黒人は無罪放免になったのか。

そこがまさしくデュー・プロセスの見本なのです。

この黒人ジョンソンは、アグネスという女性をレイプし、強盗し、殺したという容疑で逮捕される。アグネスは、もちろん老人の娘です。

ジョンソンが犯人であるということは、誰が見ても明々白々《めいめいはくはく》。アグネスが当時身に着けていたアクセサリーをジョンソンは隠し持っていたし、しかもアグネスの体から採取された精液が彼のものだということも分かっている。また、アグネスの爪の間に残されていた血液が、ジョンソンの血液とも一致している。おまけにジョンソンは事件当夜、アグネスが殺された場所のすぐ近くで不審尋問《ふしんじんもん》を受けているから、アリバイもない。

これだけ証拠があれば、誰だってジョンソンが犯人だと思う。もちろん、裁判官もそう思った。

なぜ、疑わしきは罰せずなのか

しかし、裁判の結果はジョンソン無罪。

なぜか。

デュー・プロセスの原則を、警察が破っていたから。

というのも、この事件が起きた州では、仮釈放《かりしやくほう》中の人間を警察が尋問《じんもん》する場合、かならず弁護士の立ち会いが必要であるという法律があった。仮釈放になっている人間を、警察が別件逮捕したことが過去にあって、その再発を防ぐために作られた法律だということになっている。

実はジョンソンも、別の事件でこの当時、仮釈放中の身。なのに、事件当夜、現場付近を歩いていたジョンソンを、警察はその場で尋問し、逮捕してしまった。弁護士抜きでの尋問、逮捕は州法違反であり、デュー・プロセスを犯しているというのがジョンソンの弁護士の言い分である。

おそらく、おおかたの日本人は「そんなこと、どうだっていいじゃないか。血液や精液鑑定という動かしがたい証拠があるから、ジョンソンは有罪だ」と思うでしょう。

でも、アメリカの法廷は彼を無罪にした。どんなに容疑が濃厚で、彼が100パーセント犯人であることを示す証拠があっても、法廷は被告の味方。デュー・プロセスの原則に照らし合わせて、州法を守らなかった捜査当局はアウトになり、即座に法廷から退場です。検事が提出したすべての証拠は却下《きやっか》となって、自動的にジョンソンは無罪になった。

この話をシマジくんはどう思うかね。

――そりゃあ、デュー・プロセスは大事かもしれませんが、やっぱりジョンソンはどう見たって真犯人ですよ。こいつが無罪なんて、アメリカには正義はないのかという気がします。

そう思うのが人情だろうな。それはアメリカでも同じで、被害者の父親も判決に憤《いきどお》って、ジョンソンを射殺した。

しかし、かりにこの裁判で裁判官が「今回は、州法なんて関係ない」と言ったら、どうなりますか。ジョンソンはたしかに犯人かもしれない。警察の言い分が正しいかもしれない。しかし、ここで「警察は場合によっては法律を無視してもよし」という前例ができたら、次はどうなりますか。1人の犯罪者を逮捕するために法律が無視されたことで、その後、無実の人がどんどん刑務所に放り込まれてもいいのですか。

――そう言われると困るなあ。

近代法の思想を一言で言うと、「1000人の罪人を逃《のが》すとも、1人の無辜《むこ》を刑するなかれ」ということにあります。

権力の犠牲になって、無実の人が牢獄《ろうごく》に送りこまれることだけは、何としてでも避けなければならない。権力の横暴《おうぼう》を絶対に許してはならない。

みなさんもご承知の「疑わしきは罰せず」という原則も、ここから誕生したのです。

つまり、検察側が勝利を収めるためには、犯罪を完璧《かんぺき》に立証しなければならない。そこに少しでも疑問の余地があってはいけないし、ましてやデュー・プロセスの原則を踏《ふ》み外《はず》してもいけない。検察側はパーフェクト・ゲームが求められているわけです。

もちろんその結果、ジョンソンのような犯罪者が無罪になることがあるかもしれない。しかし、その害より権力の害のほうが文句なく大きいと考えるのが、近代法の精神であり、デモクラシーの精神なのです。1人の犯罪者ができる悪事より、国家が行なう悪事のほうがずっとスケールも大きいのです。

だからこそ、刑事訴訟法をはじめとするさまざまな法律で、行政権力をぐるぐる巻きに縛らなければならないというわけです。

法務大臣が死刑執行して、どこが悪い？

ところが、日本にはこうした「法の精神」がいっこうに定着していません。刑事訴訟法がいかに大切な法律かを、マスコミですら知らない。

その最たる例が刑事訴訟法475条をめぐる問題です。

475条（1）死刑の執行は、法務大臣の命令による。（2）前項の命令は、判決確定の日から6ヶ月以内にこれをしなければならない。（以下略）

この規定は言うまでもなく、法務大臣に対する命令です。前にも述べたように、刑事訴訟法は警察、検察を含《ふく》むすべての行政権力を縛るためのもの。この場合は、法務大臣を縛っているわけです。

つまり、裁判所が死刑判決を下して、それが確定したら、何があろうと法務大臣は6ヵ月以内に死刑執行の命令を出せということです。

法務大臣がたとえ死刑に反対だろうと、その死刑囚を無罪だと思おうと、そんなことは関係ない。法務大臣が勝手に裁判所の判決を覆《くつがえ》すようなことはあってはならない。

したがって、法務大臣はマシーンのごとくに何も考えずに、裁判所の判決に粛々《しゅくしゅく》と従って死刑執行の命令を出せというのが、刑事訴訟法475条の趣旨《しゅし》です。

ところが、現実に法務大臣が死刑執行の命令を出そうものなら、マスコミは非難囂々《ひなんごうごう》です。いつまで経っても死刑命令を出さない法務大臣は「いい大臣」だけれども、法律に従って死刑命令を出す大臣は悪逆非道《あくぎゃくひどう》の冷血漢《れいけつかん》と言わんばかり。

そもそも死刑執行を命令する法務大臣こそ、刑事訴訟法に最も忠実であらねばならない。その法務大臣に対して、社会の木鐸《ぼくたく》たるマスコミが「刑事訴訟法を破ってしまえ」と言っているのですから、何をか言わんやです。

断わっておきますが、私は何も死刑擁護論《しけいようごろん》を展開しようというのではありません。どんどん死刑囚を処刑台に送るべしと言いたいのではない。

死刑に反対なら、それもよし。

しかし、その主張を通したいのであれば、刑法を改正しようという話に持っていくのが本筋《ほんすじ》というものでしょう。

なのに権力の監視役たるマスコミが、権力を縛るためにある刑事訴訟法を破れ破れとけしかけるのでは、これは近代国家の風景とはとうてい思えません。

マスコミは日本のデモクラシーを、裁判制度をみずから破壊しているようなものではありませんか。

この異常さ※に気付いている日本人は、はたしてどれだけいるのでしょうか。

※異常さ　日本の律令制《りつりょうせい》では9世紀から12世紀にかけて、死刑制度はあっても死刑が実際に執行されることがなかった。日本で死刑廃止が本気になって論じられないのは、要するに、律令制のころと同じように「死刑そのものを廃止しなくても、死刑を執行しなければいい」と考える人が多いからではないだろうか。

言論の自由は、家庭にも職場にもない！

――それにしても、先生の講義を聴《き》いていると、刑法は裁判官を縛るためにある、刑事訴訟法は行政権力を縛るためにある、デュー・プロセスの原則が守られていなければ検察の負け……ずいぶん法律というのは権力を信用していないんですね。

よく気が付いた！　褒《ほ》めてつかわす。

実はそこにこそ、最初に私が出した〔設問2〕、つまり「憲法は誰のために書かれたか」という問題に対する答えがあるのです。

憲法とは国民に向けて書かれたものではない。誰のために書かれたものかといえば、国家権力すべてを縛るために書かれたものです。司法、行政、立法……これらの権力に対する命令が、憲法に書かれている。

国家権力というのは、恐ろしい力を持っている。警察だって軍隊だって動かすことができる。そんな怪物のようなものを縛るための、最強の鎖《くさり》が憲法というわけです。

したがって、憲法に違反することができるのは国家だけ。

このあたりが日本人には、まったく理解できていませんね。

たとえば、理屈をこねまわして親に反抗する子どもに対して、親が「えーい、お前の言うことなど聞きたくもない。黙《だま》っていろ」と叱《しか》ったとする。すると生意気《なまいき》な子どもが「お父さんは言論の自由を侵《おか》している。憲法違反だ、人権侵害だ」なんて怒ったりするでしょう。

しかし、これは子どもの言い分が間違っている。子どもの意見なんて聞かなくっても、言論の自由とは関係のないことです。

同じように、会社の会議で部下の意見を上司がまったく圧殺《あっさつ》しようと、部下の発言を封じようとも、それは言論の自由を侵害したことにはならない。

さらに付け加えれば、どこかの政治家が言ったことに対して、右翼が頭に来て、街宣車《がいせんしゃ》を繰《く》り出して「あの政治家は怪《け》しからん。さっさと辞《や》めろ」と抗議行動をやったとする。この右翼は、はたして政治家の言論の自由を侵しているか。

これもまた憲法が保障する言論の自由を侵害したとは言えない。

——そんなことを言っていいんですか。それじゃあ、言論の自由なんてどこにあるんですか。

だから言ったではありませんか。憲法とは国家を縛るための命令だと。※

※国家を縛るための命令　憲法は本質的には国家に対する命令だが、資本主義の発展にともなって巨大企業のように、国家に匹敵する強力な権力も出現してきた。そこで、憲法はこうした民間の諸権力をも縛るのだとされるようになってきた。

日本人傭兵は憲法違反か

たしかに憲法第21条には、こう記してあります。

第21条　集会、結社及び言論、出版その他一切の表現の自由は、これを保障する。

憲法は「表現の自由は、これを保障する」と記していますが、では、いったい誰から保障してくれるのか。

その答えは「国家」なのです。つまり国家権力によって国民の言論の自由が侵されるようなことがあってはならないというのが憲法の言っていることなのです。

言論の自由を侵すことができるのは国家だけ。憲法第21条に違反できるのは、国家だけなのです。

だから、親が子どもの口を封じようと、上司が部下の発言を禁じようと、右翼が言論妨害《ぼうがい》をしようと、そんなことは憲法の関知《かんち》せざるところである。言論の自由とは関係ない話だ。

もし、どうしても法に訴えたかったら、もっと別の罪状、たとえば名誉毀損《めいよきそん》や脅迫、営業妨害などで告訴すればいい。それを言論の自由なんて持ち出すから、話が無茶苦茶《むちゃくちゃ》になる。

――なるほど。

さらにこんな馬鹿な議論もある。

最近の日本では海外に単身渡って、どこかの国の傭兵《ようへい》になるという若者が少なくないそうです。なぜ彼らがそんな危険を冒《おか》すのか、その理由はさまざまでしょうが、こうした若者たちのことを非難して「日本は憲法で、海外での武力行使は放棄《ほうき》している。日本人がよその国に行って傭兵として銃をぶっ放すのは憲法違反だ」なんて言う人がいますが、これはまったく憲法が分かっていない証拠。

憲法は国家を対象にしたものであるから、個々の国民とは関係のないものです。したがって、その若者が何をしようと憲法違反に問うことはできない。現時点で、日本には海外で傭兵になることを禁じる法律はないんだから、日本人が個人で外国の傭兵になって何をしようが、それこそ「自由」なんです。もちろん、その国で殺されるかもしれないがね。

十七条憲法と日本国憲法は、まったく別物

日本人は、ふだん憲法など読む機会もないから、何となく「いいことが書いてある法律」というぐらいの認識しか持っていない人がとても多い。いや、学者と称する人の中にも「日本には3つの憲法があった。聖徳太子《しょうとくたいし》の十七条憲法と明治憲法と日本国憲法がそれだ」などと書いている人があるくらいなのだから、困ったものです。

明治憲法を日本国憲法と並べるのはいいとしても、これらの憲法と十七条憲法とではまったく発想が違う。同じ憲法という名前が付いていても、雪と墨《すみ》、月とスッポンくらいかけ離れている。「和をもって貴《たっと》しとなす」というのは、聖徳太子が当時の朝廷《ちょうてい》の役人どもに言い渡した訓戒《くんかい》みたいなものでしょう。そこには国家権力を縛ろうなんて発想はどこにもない。だから欧米流の憲法と、大和《やまと》朝廷の憲法とを同列に並べるなんて言語道断《ごんごどうだん》です。それを普通の人ならともかく、専門家が言うのだから呆《あき》れて、ものが言えない。

先ほどシマジくんが言ったように、近代法の根底には「権力はとにかく縛り付け、抑《おさ》え込んでおかないとんでもないことになる」という思想があるのです。その思想によって誕生したのが、今日の憲法です。国家権力の暴走をくい止める「最後の鎖《くさり》」として、憲法は誕生した。こう考えてください。

近代国家というのは、何しろ恐ろしい。こんなに怖《こわ》い怪物はない。イギリスの思想家※トマス・ホッブ

スは、近代国家を「リヴァイアサン」と呼んでいます。

※トマス・ホッブス（1588‐1679）主著に『リヴァイアサン』『哲学綱要』など。ホッブスの思想については、本書第6章で詳述。

リヴァイアサンとは、旧約聖書に登場する怪物の名前です。旧約聖書の「ヨブ記」には、この怪物のことをこう記しています（新共同訳より。以下、本書中の聖書引用はすべて同じ）。

口からは火炎が噴《ふ》き出し
火の粉が飛び散る。
煮えたぎる鍋《なべ》の勢いで
鼻からは煙が吹き出る。
喉《のど》は燃える炭火
口からは炎が吹き出る。
首には猛威《もうい》が宿《やど》り
顔には威嚇《いかく》がみなぎっている。
筋肉は幾重《いくえ》にも重なり合い
しっかり彼を包《つつ》んでびくともしない。
心臓は石のように硬《かた》く
石臼《いしうす》のように硬い。
彼が立ち上がれば神々もおののき
取り乱して、逃《に》げ惑《まど》う。

剣も槍《やり》も、矢も投げ槍も
彼を突《つ》き刺《さ》すことはできない。

どうです？　このリヴァイアサンの前には、ゴジラなんて形無《かたな》しです。

何しろ、彼が立ち上がれば、神々でさえ戦慄《せんりつ》して逃げまどうというのです。どんな武器も通用しない、まさに無敵の怪物です。

ホッブスは、国家とはリヴァイアサンであると言った。これはまさしく万古不易《ばんこふえき》の名言です。

国家権力が自由に動き出したら、それをくい止める手だてはありません。

何しろ近代国家には軍隊や警察という※暴力装置《ぼうりょくそうち》がある。また人民の手から財産を丸ごと奪うこともできる。さらに国家の命令1つで、人民は徴兵《ちょうへい》され、命を戦場に投げ出さなければならない。こんな怪物を野放しにしていたのでは、夜もおちおち寝ていることはできないでしょう。

ホッブスは著書『リヴァイアサン』で国家権力を伝説の怪獣にたとえた
（同書の表紙）／アフロ

※暴力装置　近代国家は暴力装置（武力）を独占する。軍隊と警察がそれで、民間にはこうした武力に対抗する力はない。これは近代国家の特徴であって、近代以前にはなかった事態である。たとえば中世では封建諸侯が自前の軍隊を保持していた（詳しくは次章）。

だからこそ、近代西洋文明は持てるかぎり

の知恵を振《ふ》り絞《しぼ》って、この怪物を取り押さえようとした。

その知恵の1つが、罪刑法定主義《ざいけいほうていしゅぎ》であり、デュー・プロセスの原則だったりするわけですが、そうしていろんな法律でがんじがらめにしてもなお不安は残る。そこで法律や制度でぐるぐる巻きにしたうえに、さらに太い鎖をかけることにした。それが憲法というわけです。

だから、憲法はあくまでも国家を縛るためのもの。一般国民に対して「仲良《なかよ》くせよ」「平和を愛せ」なんて、訓辞《くんじ》を垂《た》れている余裕はない。敵はリヴァイアサン、そんな悠長《ゆうちょう》なことは言っていられないのです。

分かりましたか、シマジくん？

――うーん、国家ってそんなに怖い存在だったのですか。今日の今日まで知りませんでした。

おそらく読者のみなさんも、同じように感じているでしょう。日本人の多くは、国家権力のことを「お上《かみ》」と呼ぶくらいですから、国家は本来、善であると考えている。ここに大きな誤解があるのですね。

では、なぜ近代デモクラシーは「国家とはリヴァイアサンである」と考えるに至ったか。そのプロセスを次の講義でお伝えすることにいたしましょう。

第3章

すべては議会から始まった

民主主義と憲法とは関係ない！

さて、これから「いかにして近代デモクラシーは『国家とはリヴァイアサンなり』と考えるに至ったか」について説明していこうと思うわけですが、まず講義の最初にシマジくんの迷妄《めいもう》を醒《さ》ましてあげることにしたい。

私がこれから述《の》べることをよく聞いてください。

それは何かと言えば、

「民主主義と憲法とは、本質的に無関係である」

ということです。

今回の講義は、このことが分かれば話が終わったようなもの。

——ええっ？　何ですか、そりゃ。

日本人のほとんど全員が、憲法はデモクラシーの基本、民主主義の根本法なりと思っています。しかし、それは大変な誤解だということです。デモクラシーと憲法は関係ありません。

——でも、それじゃあ、前回の講義はいったい何だったんですか。憲法は国家を縛《しば》り、国家の横暴から国民を守るためのものだとおっしゃったではありませんか。デモクラシーを守るために、憲法があるという話はどこに行ったんですか。

それはそれ、これはこれ。

とにかく、憲法と民主主義とは本質的には何の関係もない。

——そんなあ。

さらに付け加えておけば、みんながデモクラシーの基本要素だと思っている議会制度も、多数決の制度も民主主義とは本質的には何の関係もない。

みなさんは、デモクラシーとは選挙で選ばれた国民の代表が議会で話し合って、多数決で法律や国家予算を決めていくことだと思っているでしょう。でも、それは大きな間違い、勘違いだと言っているのです。

そもそも、ことの起こりから言うと、憲法や議会などという制度はデモクラシーという考えが生まれるずっと前からあったものです。議会や憲法はけっして民主主義のために発明された制度ではなく、別の目的のために作られたものだったのです。

さらに付け加えるならば、これらの制度が作られたのは、むしろ民主主義とはまったく反対の理由からでした。

ところが後になって、憲法や議会制度がデモクラシーの中に取り入れられたものだから、みんな「民主主義イコール議会制度」「民主主義イコール憲法」と思ってしまっているのです。しかし、これはとてつもない誤解と言うべきでしょう。

もう1度、繰り返します。

民主主義と憲法とは、本質的に無関係なのです。

国王はいても、国家がなかったヨーロッパ

では、いったい憲法はいつ、どんな理由から作られたのか。そのことをこれから説明していきましょう。

憲法の成り立ちを知るために、まず第1に知っておくべきことは、そもそも今日の私たちが知ってい

るような「国家」ができたのは、さほど昔のことではないという事実です。

現代のわれわれがイメージする「国家」、すなわち近代国家を特徴づけている3要素とは、国境・国土・国民の3つです。つまり、国境によって明確に仕切られた国土があり、その中に住んでいる人々のことを国民と呼ぶ……私たちの知っている「国家」とは、この3要素が揃《そろ》って初めて成立する。

しかし、このような国境、国土、国民という概念が誕生したのは、けっして古いことではありません。むしろ、最近のことと言ってもいいでしょう。それ以前は「国」はあっても国境はなく、国土もなければ、国民もいなかった。それどころか、国語すらなかった。

といっても、日本人にはこのことを理解するのが至難《しなん》の業《わざ》。

なぜなら、日本は島国で、海に囲まれています。そして、その日本列島に住んでいたのは、アイヌの人たちや大陸からの移住者といった少数の例外を除《のぞ》いて、みんな共通の文化と言葉を持っていた。そのために国境や国土がない状態は想像しにくい。ましてや国民のいない国など、想像もできないでしょう。

ところが憲法発祥《はっしょう》の地となったヨーロッパでは、国境や国土などという考えはずいぶん長い間なかった。ましてや国民などという概念もなかった。実は、これが憲法、そしてデモクラシーを理解するために第1に知ってほしいことです。

――でも、そうは言っても国はあったわけですよね。「国王」がいたぐらいですから。

だが、この時代の「国」は、今の国家とは似《に》ても似つかぬものだった。

歴史を遡《さかのぼ》っていけばキリがない。そこで、ヨーロッパ中世のころから物語を始めることにしましょう。

シマジくんの言うとおり、中世ヨーロッパには国王がいた。

国王と言うと、みなさんは絶大なる権力を持っている人物を想像するでしょう。

ところが、中世の国王というのは、けっして大きな権力を持っていなかった。そもそも国王は自分の王国※すべてを支配しているわけでもなかった。それどころか、中世の国王というのは不自由な存在で、自分の思いどおりになることのほうが少なかったと言ってもいいくらいなのです。

※王国　中世の王国のことを英語ではrealm《レルム》と書く（ラテン語ではregnum《レグヌム》）。一方、近代の国家はstate《ステイト》。また中世の王はrex《レックス》で、近代の国王はking《キング》。日本語では王国も国家も「国」の字が入るので似たもののように思うが、欧米ではまったく違う単語を使うのである。

奴隷と農奴はどこが違う

なぜ、中世の国王は不自由な存在だったか。

古代のローマ帝国が崩壊したのちのヨーロッパは、四分五裂《しぶんごれつ》どころではない、千分万裂くらいの状態になってしまいました。

限られた土地を支配する封建領主《ほうけんりょうしゅ》と呼ばれる権力者がいて、その下では農奴《のうど》と呼ばれる人々が領主のために働き、土地を耕《たがや》していた。広いヨーロッパの国土には、こうした封建領主たちが群雄割拠《ぐんゆうかっきょ》するようになった。

ところで、この農奴というのも日本人にはなかなか理解しにくい存在です。シマジくんは、農奴と奴《ど》隷《れい》の違いが分かりますか？

——農奴という名前があるから、農業をする奴隷ということでしょう？

やはり分かっていないようだね。

たしかに日本人から見たら、古代ギリシャ、あるいはアメリカ南部の奴隷と中世ヨーロッパの農奴は似たようなものに見える。ところが両者の間には決定的な違い※がある。

※決定的な違い　農奴は serf《サーフ》、奴隷は slave《スレイブ》。農奴と奴隷も単語から違う。

それは農奴の場合、土地とセットになっているという点です。その点において、奴隷よりはましだった。

というのは、奴隷の場合は牛や馬と同じように扱われていたので、もし奴隷が子どもを作ったとしたら、持ち主はその子どもを親から引き離して、自由に売ることができた。ひどい話に思えるでしょうが、それが奴隷です。

これに対して、農奴の場合は家族を「バラ売り」することはできません。というのは、農奴は土地を耕すのが主たる仕事ですから、もし子どもを売り払ってしまったりしたら、次の代に農耕をする人がいなくなる。そのため、領主といえども農奴の子どもを勝手に売ることはできない。農奴には、そうした特権がありました。

しかし、その土地が別の領主のものになってしまえば、その領主がいかにひどい奴だろうと、文句を言うことはできません。もちろん逃げ出すことも許されない。農奴の場合は、あくまで土地との「セット売り」になっているというわけです。

とはいえ、やはり特権がゼロの奴隷と比べれば、わずかながらも農奴に特権があったことは重要です。というのも、のちに述べますが、このわずかな特権が手がかりになって、農奴たちはやがて自由になっていくからです。

王様は学級委員長

さて、中世のヨーロッパには、自分の土地と武力を持った領主が大小取り混ぜてたくさんいたわけですが、このように封建領主が群雄割拠《ぐんゆうかっきょ》していたのでは、何かと不安定です。そもそも領主同士のもめごとが起きたときには、誰も仲裁《ちゅうさい》してくれる人がいない。仲裁してくれる人がなければ、すぐに実力行使、戦争という話になってしまうからです。

そこで、中世のヨーロッパでは、やがて国王が誕生することになりました。

この時代の国王は、日本の戦国大名のように実力で他の領主を圧倒したというわけではなくて、そもそもは領地をめぐる争いの調停役《ちょうていやく》として誕生したのです。

つまり、何人かの大領主たちの中で、最《もっと》も勢力の強い人を国王として立てておいて、その人間が全体の取りまとめ役を仰《おお》せつかったというわけです。この時代の国王を「同輩中《どうはいちゅう》の首席《しゅせき》」(primus inter pares ラテン語)と表現するのは、そのためです。

——学級委員長みたいなもんだ。

だから、国王の「権力」たるや限られたものだった。

それぞれの領主は、いわば独立事業主のようなもので、その領地の支配権は領主が持っています。だから臣下《しんか》ではあっても、領地内のことに国王は口出しすることはできません。ましてや、その土地に住んでいるというか、土地にくっついている農奴に対して、国王は何も命令することもできない。

結局、国王が自分の思いどおりにできたのは、国王自身が持っている直轄《ちょっかつ》地の中だけだったというわけです。

——そんな情けない王様で、よく国が続くものですねえ。

そこが中世ヨーロッパのユニークなところです。王様自身にはたいした実力も権力もなくても、国としてまとまっていたのは、王と家来《けらい》との間に契約《けいやく》が結ばれていたからです。

契約を守るのが「いい家臣」と言われるわけ

主従関係《しゅじゅうかんけい》を結ぶというと、日本人の感覚では、家来になった以上は無条件で「主君のために身命《しんめい》を賭《と》す」のが当たり前だと想像してしまうわけですが、ヨーロッパはまったく違う。

主従の関係を結ぶ際に、王と領主とが契約を結ぶ。それが主従関係の基本になる。

つまり、領主の持っている土地を王が保護してやる代わりに、「もし戦争が起きたら、何人の家来を連れて馳《は》せ参《さん》じます」とか、あるいは「王が他国の人質《ひとじち》になったら、これだけの身代金《みのしろきん》を提供します」とか「お姫様がお嫁入《よめい》りなさる場合には、持参金の何割を負担します」などと臣下が約束するわけです。

だから、かりに王様が人質になって、家来が契約で定められた額の身代金を敵側に渡しても、相手が王を解放してくれなかったとします。

その場合、王様は家来に「もっと身代金を払え」と要求することはできない。契約条項にはないことは要求できません。

また家来のほうも「これ以上の支払い義務はない」と、さっさと王様を見捨てて、別の王様と契約を結ぶ。それで誰も「あいつは不忠義《ふちゅうぎ》だ」とは言わない。

日本人の感覚では、家来は王という「人間」に忠実であろうとするわけですが、中世ヨーロッパの場合は「契約」に忠実であることが大切なのです。同時に、部下との契約を守る王様が「名君」であり、契約を守らない王様が「暴君」と呼ばれる。あくまでも評価の基準は、契約を守るか守らないかにある。

——その伝統があるから、欧米のビジネスで契約が何よりも重視されるわけですね。

そのとおりです。

契約の話は別の機会にするつもりですが、今でも日本人はビジネスの基本は人間関係だと思っています。何よりもまず、腹《はら》を割《わ》って仲良《なかよ》くなるのが大切だと思っているのが日本人。

しかし、そんなやり方は欧米では通用するわけはない。大事なのは、あくまでも契約を交《か》わし、それをきちんと守ることです。

契約という概念は、けっして近代資本主義経済が誕生してから生まれたものではありません。それよりもずっと前からあったことだということを、ここではぜひ記憶しておいてください。

日本の武士に「武士道」はなかった

主従の関係が契約に基《もと》づいていると聞くと、おそらく読者は「この当時の王様と家臣はずいぶんドライだったんだなあ」と思うでしょう。日本のように、人間関係で結びついているほうがずっと安心できると思うかもしれません。

しかし、それははたして正しいか。

というのは、ヨーロッパの騎士道《きしどう》と日本の武士道を比較した場合、ヨーロッパのほうが実際には王様の仇討《かたきう》ちが行なわれているのです。この点から見ると、人間関係を重視する日本人のほうがずっと主人に冷たい。そういう結論になるのです。

——そんなバカな。だって日本の年末の定番《ていばん》といえば、ベートーベンの「第9」と忠臣蔵《ちゅうしんぐら》ですよ。主君に命を捧《ささ》げるのが武士道精神ではないですか。

そこがそもそもの勘違《かんちが》いです。

たしかに江戸時代に仇討ちの物語は多い。

しかし、その99・9パーセントは親の仇を討つという話です。武士が主人の仇を討ったという話は、たったの2つしかない。

1つはあなたの言った忠臣蔵、もう1つは信長《のぶなが》の仇を討った秀吉《ひでよし》。わずかに2例しかないから、忠臣蔵は今でも美挙《びきょ》と呼ばれるのです。親の仇は討つけれども、主人の仇は討たないのが日本人です。日本人の主従関係なんて、そんなものだった。

そもそも、戦国時代には「主人の仇」という概念さえありませんでした。

戦国大名の末路《まつろ》をご覧なさい。みな哀《あわ》れなものです。

誰1人として主人の仇を取ろうとは思わない。中には、主人を殺し、敵将に仕官《しかん》する連中だっている。しかも、それでちっとも恥ずかしいとは思わない。いや、それどころか形勢不利《けいせいふり》と見れば、家臣が主人の首を切って、相手側に手みやげで持っていく。

戦国時代には武士道はなかった。武士道ができるのは江戸時代になってからだし、武士道ができても赤穂浪士《あこうろうし》以外、誰も主人の仇を討とうとはしなかったのです。

ところが、その前の戦国時代で唯一、主人の仇を討ったのが豊臣秀吉《とよとみひでよし》です。本能寺《ほんのうじ》で主人・信長が明智光秀《あけちみつひで》に討たれたと聞いて、ただちに京都に向かったのは彼だけ。あとの信長子飼《こが》いの連中は、誰もそんなことをしなかった。だから、当時から「秀吉は偉《えら》い奴だ」という話になったのです。

こんな話があります。

信長討たれるの報を聞いた、あるキリシタン大名がバテレンの宣教師《パードレ》のところに相談に行った。

「パードレよ、光秀と秀吉のどっちの味方をするべきでしょうか」

すると、バテレンの宣教師が呆《あき》れて、

「あなたのご主人は信長だったのでしょう。主人の仇を討つのが臣下の務《つと》めではありませんか」

と答えたとか。ヨーロッパ人なら、たとえキリスト教の宣教師であっても主人が殺されたら、その仇を討つのが当然だと思っていたのに、当時の大名はどうしていいか分からなかったのです。

ヨーロッパ中世では、主従関係は契約に基づいています。その契約の中に「もし王が討たれたら、かならず仇を討つ」という項目があれば、それを実行するのは当たり前のこと。もし、契約を守らなければ、誰も相手にしてくれない。だから、彼らのほうがきちんと仇討ちをしました。たとえ返り討ちに遭《あ》おうとも、契約を守る。

その意味では、契約に基づくヨーロッパの騎士道のほうが確実で、すっきりしているとも言えるのです。日本の家来どものほうが、ずっと頼りにならない※。すぐ裏切る。

※頼りにならない　その点、中国の主従関係は日本よりはむしろヨーロッパに近いようである。『史記』刺客列伝には専諸《せんしょ》、予譲《よじょう》、聶政《しょうせい》など、親ではなく、いわば主君（自分を重んじてくれた人）の仇討ちをした例が記されている。

——何だか、その話は今の日本のサラリーマン社会にも通じるような気がしますねえ。

中世ヨーロッパ理解の2つのポイント

さて、中世のヨーロッパを理解するうえで、重要なのは2つのポイントです。

1つは、中世の王国には国境も国土も国民もなかったという点。もう1つは、国王の力はとても制限されていたという点です。そして、この2つのポイントをつなぐキーワードが「契約」なのです。

まず第1のポイント、つまり国境も国土も存在しなかったという話から始めましょう。

繰り返しになりますが、当時の主従関係、つまり王様と家臣との関係は人間関係ではなくて、契約に基づきます。そのため、島国生活に慣《な》れた日本人にはちょっと想像もつかないことが起きることになりました。

その最たる例が、1人の家来が2人の王様に仕《つか》えることがありうるということです。

日本では「武士は二君《にくん》に仕えず」が常識ですが、ヨーロッパの場合、9世紀のカロリング王朝※の時代から、1人の領主が2人の王様に仕えていても不思議ではなくなった。二君に仕えるのは不道徳なことですらなかったのです。

※カロリング王朝　476年に西ローマ帝国が滅亡した後、西ヨーロッパを統一したのはゲルマン人のフランク王国であった。フランク王国は前期のメロビング王朝、後期のカロリング王朝に分けられるが中世封建制度が確立するのは、カロリング王朝初期のカール大帝（シャルルマーニュ）のころからである。

というのも、たとえばフランスの王から、ある土地を与えられた領主がいて、その領主が同時に別の土地をスペイン王から与えられるとします。

するとこの領主は、契約上、フランス王の家臣であると同時に、スペイン王の家臣でもあるということになる。しかも、彼の領地内で起きたことについては、スペイン王もフランス王も口が出せない。

これでは国境も国土もあったものではありません。この領主の土地の、どこからどこまでがスペインで、どこがフランスかなんて、誰にも決められない。

いや、さらにもっと複雑なことが現実には起きています。それがフランスとイギリスの関係です。

13世紀のころ、英国王はフランスにおける最大の領主だった。つまり、イギリスの王様はフランスの王様から土地をもらっているわけだから、契約上はフランスの家臣です。

日本人の理屈で考えると、イギリスはフランスの属国のように思えるでしょう。しかし、事実は違います。

なぜなら、たとえフランスの家臣ではあっても、彼は同時にイギリスの王である。したがって王としては対等なのだから、フランス王の言うことなど聞く必要はないという理屈も成り立つからです。実際、このころ、しょっちゅうイギリスとフランスは戦争をしているのですから、日本人から見たら理解を絶しているとしか言いようがありません。

こうしたことから分かるように、中世ヨーロッパの王国には国境もなければ、国土という概念もありようもなかった。ましてや国民などいようはずもない。

なぜなら、王の直轄地以外の農奴はみな領主の持ち物であって、国王のものではないからです。王国にあったのは、王と家臣との契約関係だけ。ここが中世理解の第1ポイントです。

王様は中間管理職？

さて、もう1つ重要なのが、国王の持っている権力はひじょうに限られたものだったということです。

この当時のことわざに、「王は人の上に、法の下に」という言葉があります。

これは「国王は人々の中でトップの身分にあるけれども、法よりは下の存在だ」という意味ですが、これを単純に受け取って「国王は偉いのだ」と思ってはいけません。

実際はそんなものではない。人と法の板挟《いたばさ》みになって身動きがとれないのが、中世の王様であると解釈したほうが、ずっと実態に合っている。

――上と下との板挟みなんて、どこかの国の中間管理職《ちゅうかんかんりしょく》みたいですね。

まさしく、そのとおり。

国王といえども、家臣たちが領主として支配している土地には口が出せないことは、すでに述べたとおりです。王が直接支配できるのは自分の直轄地だけでした。

これだけでも王の権力は限られていたわけですが、さらにやっかいなのは家臣たちとの契約です。家臣の側も契約を守るけれども、国王だって契約を守る義務がある。もし王が契約以上のことを家臣に求めたら、いつだって家臣は契約を打ち切りにできる。だから、国王だからといって、むやみに家臣たちを働かせることはできない。

たとえば、他国と戦争をしたくとも、家臣たちが出してくれる兵力は契約で決まっているから、国王が「もう少し兵隊を出してくれたら勝つのに」と思っていても、それを家臣に要求してはいけない。そんなことをすれば、契約解除されてしまうかもしれない。

だから、王様は家臣との契約に縛られた存在であったと言うことができます。

「永遠の昨日」が支配する中世

これに加えて、国王にとってもう1つの手強《てごわ》い敵が「法」でした。

法と言っても、この時代の法は今日の法律とは違います。過去から続いてきた伝統や慣習が、この時代にあっては「法」。別の言葉で言うならば、「慣習法」です。

たとえ、どんな国王であっても、絶対に守らなければならないのが伝統であり、慣習であって、これを破ることは許されない。また、過去からの伝統や慣習だけが法だから、国王が勝手に法律を作ることもできない。

これもまた現代の人間には、ちょっと想像も付かないことです。

こんなことを言うと、読者の中には「われわれだって、いろんな伝統やしきたりに縛られているじゃないか」と反論する人があるでしょう。しかし、中世の伝統と、今日の伝統とはそのパワーには天と地ほどの違いがある。

そこで中世の人々を支配した「伝統主義」（traditionalism 英語、Traditionalisums ドイツ語）を定義するならば、次のような言葉になります。すなわち、

「過去にあったことを、ただそれが過去にあったという理由で、それを将来に向かって自分たちの行動の基準にすること」

この定義は、※大塚久雄《おおつかひさお》博士の言葉ですが、これをドイツの社会学者マックス・ウェーバー※は「永遠の昨日」と表現しています。つまり、昨日と同じことを明日も明後日も、その次の日も永遠に繰り返す。だから、永遠の昨日。

※大塚久雄（１９０７－９６）「大塚史学」と称される、独自の世界史像を提出したことで知られる経済史の大家。東京大学教授を長く務めた。マックス・ウェーバー理解にかけては世界一。一般向けの書籍としては『社会科学における人間』『社会科学の方法』（ともに岩波新書）をお勧めする。

※マックス・ウェーバー（１８６４－１９２０）社会学の巨人。経済史のみならず、宗教史、官僚制の歴史などその研究テーマは多岐にわたる。あまりに頭がよすぎたために30代で神経疾患を患い、以後、長い時間を病院で過ごすが、誰にもわずらわされない環境にいたおかげで、あれだけの研究を残せたとも言われる。

伝統主義においては、過去において行なわれていたことならば、「ただそれが過去にあったという理由」だけで全肯定《ぜんこうてい》される。とにかく昨日と同じことをやるのが正しい。昨日と違うこと、つまり新しいことをやってはいけない。

これに対して、今の私たちが「伝統は大事だ」という場合、そこには1つの単語が抜けています。それは「よい」という形容詞です。

つまり、これは「よい伝統」だから大事にするということです。「よい伝統」と同時に「悪い伝統」も全部丸ごと引き受けるべきだという人はどこにもいません。そこにはかならず、よい伝統とそうでないものとを区別しようとする合理的判断が働いています。合理的判断と伝統主義とは対極※にあるものです。

※対極にある　1例を挙げれば、東京帝国大学で国史学科の教授を務めた平泉澄《ひらいずみきよし》博士（1895－1984）は、神話を歴史的真実であると解し、日本建国以来の伝統尊重を強く主張したことで知られる。それゆえに、この平泉博士の思想は、ウェーバー＝大塚の観点から見れば、伝統主義と対極にあるのだ。

中世ヨーロッパにおいては、よかろうが悪かろうが伝統は絶対です。人間が判断を下してはいけない。慣習法は国王といえども、破るわけにはいかない。合理的判断を下して、役に立たない慣習法を撤廃《てっぱい》しようものなら、みんなから「暴君」と言われることになる。ましてや国王が新しい法律を勝手に作り出すことなど、考えるのもよくない。国王はまさに「法の下」にあった。

かくして、中世の国王は下は家臣、上は伝統主義の板挟みに遭《あ》って、身動きがとれないという状況にあったわけです。

――国王はつらいよ、だなあ。でも先生、こんな情けない王様だったら、憲法で権力を縛ろうという発想はどこにも出てこないのではありませんか。

そのとおり。中世がこのまま続いていたら、憲法は要《い》りません。放っておいても、国王は契約と慣習法でがんじがらめになっている。国家権力はリヴァイアサンにはならなかったでしょう。

ところが、いかに「永遠の昨日」が支配する中世といえども、歴史は動いていく。社会はけっしてそのままではない。中世の封建制度を根底から揺《ゆ》り動かすきっかけとなる出来事がやがて起こり、そのために歴史の法則が動くようになってくるのです。

ペストと十字軍が封建領主を没落させた

中世の社会が解体していく1つのきっかけとなったのは、農奴の人口激減でした。

ことに決定的だったのが、1348年前後から起きた黒死病《こくしびょう》、すなわちペストの大流行です。たとえばイングランドでは、ペストによって人口の4分の1から3分の1が減ったと推定されています。

農奴が減ったことは、結果的に農奴の立場を有利にしました。

領主は農奴なくして生活はできないわけですから、残り少なくなった農奴たちの機嫌《きげん》を取らなければなりません。農奴は領主に対して「地代《ちだい》」という形で、日本で言うところの年貢《ねんぐ》を払うのですが、領主の取り分である地代はどんどん軽くなり、農奴が徐々《じょじょ》に豊かになっていったわけです。

さらに領主に追い討ちをかけたのが、貨幣経済《かへいけいざい》の発達です。

初め中世の経済では自給自足《じきゅうじそく》か物々交換《ぶつぶつこうかん》が主体でした。貨幣はあったものの、ほとんど使う必要がありませんでした。

こうした経済を変える、きっかけの1つになったのが、1096年に始まった数次の十字軍でした。

ご承知のとおり十字軍はキリスト教徒が聖地パレスティナの奪還《だっかん》を目指して、トルコに戦争を仕掛けたわけですが、その中近東でキリスト教徒たちが出会ったのは圧倒的なイスラム文化の高さでした。

この当時の中近東は世界貿易によって経済は栄《さか》え、しかも古代ギリシャの知的遺産を引き継《つ》いで医学、化学、天文学、数学、哲学を発達させていました。十字軍の騎士たちは、さながらジャングルからニューヨークに出てきたキング・コングみたいな思いをしたことでしょう。

結局、十字軍は聖地奪還こそろくに果たすことはできませんでしたが、けっして無駄なことではなかった。というのも、彼らはイスラムからさまざまな文物《ぶんぶつ》を持ち帰ったからです。それらはいずれもヨーロッパにはなかった贅沢《ぜいたく》品ばかりです。陶器《とうき》、織物《おりもの》、金属加工品……これらの「新技術」が十字軍によってヨーロッパにもたらされることになりました。

こうしたこともあって、やがてヨーロッパには新しい階級が生まれます。それは都市の商工業者たちです。彼らは封建領主の手の届かないところに都市を作り、そこで貿易を行ない、手工業品を作り、それをヨーロッパ中に売り歩きました。そこでさらに貨幣経済が発達していくことになったというわけです。

この貨幣経済の発達と、ペストによる農奴の激減は、封建領主たちの生活を直撃しました。

彼ら封建領主は、基本的に自給自足で生活をしていたわけですから、そうした商品を買いたくともたいして貨幣を持っていないし、貨幣を手に入れる当てもない。

そのため、領主の生活はどんどん苦しくなり、それまで労働で納《おさ》めさせていた地代が、生産物、そして貨幣に変わることになったのです。

貨幣地代への転換は、農奴にとって歓迎すべきものでした。

労働や生産物の地代なら「生産量の何割」という形で決まっていますから、江戸時代の農民を見ても分かるとおり、生活はいつまでも苦しい。ところが貨幣地代なら、そこに知恵を発揮《はっき》することができる。なぜなら、収穫物をより高く売ることができれば、より多くのカネが手元に残るわけだし、収穫物は貯金できないけれども、貨幣なら貯《た》めることもできるからです。

この結果、農民はどんどん豊かになっていきます。そして、貯めたカネを領主に渡して農奴から自由農民になる者も出てくるようになりました。また、豊かな生活を目指して、自由な都市に逃げ出す農奴も増えてきた。

こうして農民の数がさらに減っていけば、農民の領主への立場はさらに強くなる。そこで領主が農民に甘くすると、さらにさらに農民の数が減っていく……この悪循環《あくじゅんかん》によって、中世の農村は解体していくことになり、領主の力はどんどん落ちていくことになったのです。※

※落ちていくことになった　これに追い討ちをかけたのが、新大陸からの銀流入にともなう猛烈なインフレであった。1700年の物価は、1500年の物価の3倍以上になった。この物価上昇に対抗するため、領主たちの中には現金収入を求め、農地を牧羊場に転換するものも現われた。いわゆる第1次「囲い込み運動」であるが、土地を追われた農民の多くは乞食や泥棒になるしかなかった。かくして、中世の崩壊はますます加速したのである。

国王の新しい「金づる」

さて、こうした中世社会の解体を見て、誰が最も喜んだかといえば、それは国王です。

すでに述べたとおり、中世の国王は家臣と伝統主義の板挟みで身動きがとれなかった。慣習法は昔から決まっていることだからしょうがないとしても、我慢ならないのが小うるさい家臣ども。その家臣連が没落《ぼつらく》していくのですから、国王の力は相対的に増していくことになったのです。

もちろん、国王も大領主の1人である以上、直轄地からの収入は減っていきます。しかし、その収入減を補《おぎな》ってあまりあるほどの「金づる」が国王にはあった。それは何かといえば、都市の商工業者たちです。

というのも、この当時のヨーロッパといえば、山賊《さんぞく》※、海賊《かいぞく》のパラダイスみたいなところだった。商売のために往来している人々を襲っては、略奪、暴行を行なうのは日常茶飯事《にちじょうさはんじ》。封建領主たちは山賊や海賊どもを取り締まってくれない。それどころか、そうした乱暴者たちを雇《やと》っては、自分の兵隊にしているしまつ。

※山賊、海賊　イギリス海軍もその母体となったのは、海賊たちであった。エリザベス1世時代、スペインの無敵艦隊を破ったことで知られるドレイクやブレイク、ウォルター・ローリーは、その代表である。

そもそも、地方の領主たちが自分の兵隊をほしがるときには、どんな奴を捜《さが》すかといえば、腕っぷしが強い人間です。兵隊が弱くては話にならない。だから、兵隊になりたがる連中は、ふだんから暴行や略奪を行なって、「あいつは強い」と評判を立てておく。そんな人間が兵隊になっているわけだから、最初から盗賊を取り締まるわけもない。いや、それどころか中世の軍隊は平時《へいじ》に山賊、海賊をして食いぶちを稼《かせ》いでいた。

——今で言う独立行政法人。

今の常識からすれば、とんでもない軍隊だが、これが中世の常識だった。

こんな中で商売をしているのですから、都市の商工業者たちにとって封建領主は憎むべき存在です。

そこで彼らは、同じく封建領主を嫌っている国王に目を付けた。すなわち国王に献金《けんきん》や融資《ゆうし》という形でカネを差し出して、「どうかわれわれの安全を保障してください」と頼んだ。

この申し出に王様が飛びつかないわけがない。

カネがたんまり手に入れば、国王は自分の軍隊を持つことができます。

それまでの軍隊では、戦争があるたびに領主たちが提供した兵力で軍を編成していました。しかも、現場で将校として指揮《しき》を執《と》るのは領主たち自身です。つまり、王国軍ではあっても「王様の軍隊」ではなかった。

しかし、カネさえあれば、国王は領主に頼らずとも自分で兵隊を雇うことができる。そうすれば、いっそう家臣どもとの差を付けられると国王は考えたのです。

常備軍、現わる

こうして生まれたのが、常備軍《じょうびぐん》です。

領主たちの軍隊は、先ほども述べたようにチンピラやならず者の集まりで、腕っぷしは強いけれども、しょせんは愚連隊《ぐれんたい》、烏合《うごう》の衆《しゅう》です。これに対して、国王の常備軍は軍資金があるから、ふだんから軍事訓練を怠《おこた》らない。兵器が進歩してくると、アマチュアの軍隊との差がもっと開いてくる。

常備軍の前には、たとえ頭数《あたまかず》が多かろうが、アマチュアの軍隊など敵ではない。これは兵学《へいがく》の基本です。

このことを日本史上で余《あま》すことなく証明したのが、信長です。

それまでの戦国大名たちが抱《かか》えていた兵力の基本は、農民たちでした。いざ戦争となると、農民が鍬《くわ》や鋤《すき》を放り出して鉄砲や刀を担《かつ》いで駆《か》けつけるのが、信玄《しんげん》の軍であり、謙信《けんしん》の軍だった。

これに対して信長が行なったのは「兵農分離《へいのうぶんり》」、すなわち農民から兵力を集めるのではなく、ふだんから軍事訓練を行ない、プロの兵隊を養成した。ここが信長の偉いところです。

だからこそ、信長の強さは圧倒的で、ついに天下を統一した。

たしかに、信玄軍などは精強《せいきょう》という評判はあったけれども、しょせんは農民兵だから農繁期《のうはんき》に戦争はしにくい。ましてや戦争ばかりをしていたら、農業そのものがダメになってしまう。これに対して、プロの信長軍はいつでも、好きなだけ戦争をすることができる。この点だけを見ても、まったく比較にならない。

まさしくそれと同じことがヨーロッパでも起こった。常備軍を持った国王の力はいや増しに増し、そのおかげで商工業者たちはさらに発展し、都市は大きくなった。これに対して、領主たちはますます立場が弱くなってくる。

――いよいよリヴァイアサンの登場ですな。

いやいや、まだ気が早い。

なぜ教会は堕落していったのか

たしかに商工業者と結託《けったく》することによって、王の力は強くなった。しかし、それでもなお領主、すなわち貴族たちには強力な切り札があった。それが伝統主義です。

つまり、王は常備軍という実力を背景に新秩序を作ろうとしているが、それは慣習法《かんしゅうほう》を破るものだというのが貴族の言い分です。すなわち王は勝手なことをするな、貴族の特権、既得権益《きとくけんえき》を守れという主張です。これは伝統主義が力を持っていた当時のヨーロッパにおいては、かなりの説得力があった。

こうした貴族たちと同じように、国王の力の増大に不満を持っていたのが僧侶《そうりょ》たちです。

この当時の教会といえば、ひじょうに広大な領地を持っていました。教会領が王国の3分の1から2分の1を占《し》めている国だってあったくらいです。その教会の頂点にいたのが、言うまでもない、ローマ法王です。このローマ法王は軍隊こそ持っていないけれども、全ヨーロッパに精神的権威として君臨《くんりん》していた。

しかし、その教会とてもまた貨幣経済に翻弄《ほんろう》されて、内情はけっして楽とは言えない。そこで信者たちに免罪符《めんざいふ》を売りつけて、「チャリンチャリンと賽銭箱《さいせんばこ》に音がするたびに、あなたの魂は天国に近づいていく」などと、香具師《やし》みたいなことを言って金集めをしていた。

免罪符といえば、これに憤《いきどお》ったルターが宗教改革を行なったのが有名ですが、実は宗教改革が始まる200年以上も前の1315年から免罪符は発売されています。これと同時に、教会では聖職者《せいしょくしゃ》の地位をカネで売りつけるという「売官《ばいかん》」が横行するようになった。

教会はどんどん堕落《だらく》していくわけですが、その一方で国王の専横《せんおう》に反感と危機感を募《つの》らせるようになったのです。

こうして中世の王国はやがて変質していき、「等族国家《とうぞくこっか》」（Ständestaat ドイツ語、status state 英語）になっていった。

——盗賊なら分かるけど、等族って何ですか。

要するに身分のことです。中世初めの王国では、王と貴族との間にはそれほどの格差がなかったけれども、等族国家の段階になると、王と貴族との差がはっきり分かれてくる。それと同時に商工業者といった新しい階級が誕生してきたし、また教会は教会で既得権を主張しだした。この結果、国は1つでも、現実には異《こと》なるグループの寄《よ》り合《あ》い所帯《じょたい》のようなありさまになった。これを等族国家、あるいは身分制《みぶんせい》国家と言います。

――で、国王＝商工業者連合軍VS貴族＝教会連合軍の抗争《こうそう》が勃発《ぼっぱつ》するわけですね。で、どうなるんですか、ドンパチが起きたんでしょうねえ。

これは『仁義《じんぎ》なき戦い』ではないよ。

たしかに、この2つの勢力はいよいよ激突することになった。だが、その戦いが行なわれたのは戦場ではない。それがすなわち今回の講義のテーマである、議会なのです。

議会が誕生した2つの理由

ヨーロッパの議会は1265年にイギリスで開かれたものが最初とされますが、この後、各地の王国で議会が開催されるようになりました。フランスでは1302年に最初の「※三部会《さんぶかい》」と呼ばれる議会が開かれています。

※三部会　フランス語で三部会は「Etats Généraux《エタ ジェネロー》」と呼ぶ。原義は「すべての身分」という意味である。ちなみに、ドイツの議会はStändetag《スタンデターク》（諸身分の会議）と呼ばれた。

この時代の議会は、「身分制議会」「等族議会」と呼ばれるように、貴族（領主）、聖職者、平民といった身分ごとに構成される部会によって成り立っています。フランスの「三部会」という名前も、そこから来ています。

こうした議会が開かれるようになったのは、けっして民主主義のためではないし、また、みんなで意見を出し合って、よりよい政治を行なうようにしようという前向きなものでもありませんでした。そもそも、この時代には「国民」がいないのですから、議会は国民の代表などではなかったのです。

では、いったい何のために議会があったのか。

これには大きく分けると、2つの理由がありました。

1つは王様の都合です。

というのも、商工業者からの献金や借金によって王権は大きくなったものの、国王の側からすれば、もっともっとカネがあるに越したことはない。それにはまず領主たちの土地に税金をかけるのが手っ取り早い。いわゆる租税《そぜい》の導入《どうにゅう》です。

しかし、前にも述べたとおり、王と家臣との関係は契約に基づいています。租税を新たにかけるにも、契約の改訂《かいてい》が不可欠です。だが、大勢いる大領主たちとの契約を個別に改訂していくのでは、いつまで経《た》っても終わる見込みはない。

そこで考えたのが、議会です。領主、つまり貴族たちの代表を一堂に集めて、そこで租税問題を討議させる。その議会で租税を認めさせることができれば、領主たち全員の合意が取れたものと見なすことができるではないか、と国王は考えた。

つまり、国王の側から見れば、議会招集は民意《みんい》を問うというよりも、むしろカネほしさであったわけです。

議会が開かれることになった、もう1つの大きな理由は、その租税を取られる側の貴族たちの都合です。

彼ら貴族の側からすると、常備軍を増強させ、そのうえに領地にまで税金をかけようとする国王は、慣習法を破る危険な存在です。

好き放題《ほうだい》に王が法を破るのでは、自分たちが伝統的に持っているさまざまな特権がどんどん脅《おびや》かされる。だから、どうしても王に慣習法を再確認させ、自分たち貴族の特権を保障させなければならないと考えたのです。

いかに王とは言っても、好き勝手に法律を作ってはならない。無断で税金をかけることも許さない。あくまでも自分たちの既得権益を守らせようと考えて、彼らは議会に乗り込んでいったわけです。

つまり、王にしても、貴族にしても、議会は自分たちの利益と特権を守るための「道具」にしかすぎなかった。その議会がやがて、民主主義の象徴であるかのように思われるとは誰が想像したでしょう。

マグナ・カルタは「反民主主義の憲法」

こうした動きの中で生まれてきたのが、本書のテーマである「憲法」です。

ヨーロッパで最初に誕生した憲法は、1215年6月15日に公布された、イギリスの「マグナ・カルタ」（大憲章）とされています。イギリス人たちは、このマグナ・カルタこそ近代デモクラシーの原点であるかのように言っていますが、それはいくら何でも言い過ぎというものでしょう。

そもそもマグナ・カルタが作られたのは、このころイギリスの王であったジョン王があまりにも慣習法を無視したからでした。

すなわちフランスとの戦争のために、ジョン王は貴族や教会にどんどん税金をかけ、苛斂誅求《かれんちゅうきゅう》の限りを尽くした。これを見たイギリスの貴族たちは、「王は、われわれ貴族の既得権益と慣習法を踏みにじっている」と怒った。そこで、63ヵ条の「契約」を作って、それを守るように王に要求することにしたというわけです。

つまり、このマグナ・カルタの目的はあくまでも「伝統を守る」という1点にあったと言っても過言《かごん》ではありません。とにかく現状を変えてはいけない、過去と同じようにせよというのがマグナ・カルタの趣旨《しゅし》であり、しかも、それは一部の特権階級の既得権を守るためのものであった。

マグナ・カルタの中には、何度も「自由民」という言葉が出てきますが、自由民とは「自由な市民」という意味ではありません。これは貴族や裕福な商工業者といった、土地を所有している特権階級のことであって、人口の9割を占めていた農奴は含まれない。マグナ・カルタの言う「自由」とは「特権」のことだった。

ですから、このマグナ・カルタはまったく民主主義とは関係のないものだった。

しかし、だからといってマグナ・カルタはまったく無価値かと言えば、そうではありません。この歴史的契約が原点になって、イギリスでは議会政治が発達していくことになりました。

マグナ・カルタでは、王といえども「法の下にある」、つまり国王もまた法を守る義務があることが確認されました。また、王が慣習法を破った場合には反乱に訴えることができるということも明記された。この2つの大原則こそが、その後のイギリス憲法の柱となっていったのです。

先ほども述べたように、マグナ・カルタの時代、「自由民」とは一部の特権階級を指す言葉だったのですが、その自由民の範囲も時代を経《へ》るにしたがって、どんどん広げられ、やがてはイギリス国民全部を指すようになりました。

また、国王の行為が法に基づくものであるかどうかをチェックするために作られた「裁判所《パーラメント》」が、のちのイギリス議会になっていきます。

もちろんイギリスにおいても、初期の議会は王が税金を徴収《ちょうしゅう》するための「道具」であったのですが、その議会はマグナ・カルタで認められた権利をよりどころにして、ことあるごとに国王と対立するようになった。そして、ついに議会の力は国王をもしのぐほどになった。

こうして、民主主義とはまったく関係なく作られたマグナ・カルタが原点となって、イギリスの民主主義が生まれてくるのです。

孔子《こうし》はかつて弟子の子路《しろ》に「蕩々《とうとう》たる揚子江《ようすこう》も、その源流は『濫觴《らんしょう》』、つまり觴《さかずき》を濫《うか》べるほどの細流である」（『孔子家語《こうしけご》』）と教えました。小さな小川を見ても、それが下流で大河になることは誰にも予想ができない。それと同じようにマグナ・カルタという「非民主主義的な」文書から、議会政治や民主主義が生まれてこようとは誰も想像しなかった。しかし、このマグナ・カルタこそがまさに近代デモクラシーの濫觴《らんしょう》となったのです。

多数決誕生の意外な舞台裏

ここまでの話で、議会と民主主義がまったく関係ないものであったことがお分かりいただけたでしょうが、実は多数決もまた民主主義と関係なく生まれたものです。そのことについても、簡単に触れておきましょう。

そもそもゲルマン社会においては、何を決めるのも全員一致が原則でした。中世ヨーロッパの騎士物語を読めばすぐに分かりますが、騎士たちが集まって決議をする際には、全員が自分の剣を掲《かか》げて喝采《かっさい》をする。これが全員一致の原則です。

ところが、こうしたヨーロッパの中で12世紀に早くも、多数決が行なわれるようになったのが、ローマ教会でした。

ローマ法王の任期は今でも終身、つまり死ぬまでと決まっています。

王様なら血筋で王位継承者《おういけいしょうしゃ》※が自動的に決まりますが、法王は1代限りです。そこで枢機卿《すうききょう》と呼ばれる最高位の僧が、法王が死ぬとただちに集まって次期法王を選定する。この会議を「コンクラーベ」と呼ぶのですが、その際、全員一致の原則を適用していたら、いつまで経っても決まらない。

※自動的に決まる　中世ヨーロッパの相続においては、古代ゲルマンの慣習に由来する「サリカ法」が絶対の権威を有していた。サリカ法に定められた相続順位は、国王ですら変えることができなかった。生きている人間の都合で相続順位を勝手に変えることができる日本や中国とは、まったく違うのである。

――コンクラーベならぬ、根比べ。

そこで法王位を空白にしておくのはよくないということから、ローマ教会では、12世紀に多数決の原則が確立したというわけです。

この多数決の方法が、やがて議会にも導入されたのは、全員一致で決めていたのでは、いつまで経っても税金が徴収できない。そこで、「多数決で認められたことは、全体の総意と見なす」という約束事を作ったにすぎません。

つまり、多数決は民主主義とも関係なかったし、議会とも関係がなかったというわけです。たとえば、ポーランドの議会では18世紀になるまで多数決を採用していません。議会だから、最初から多数決であったわけではない。

南北戦争で多数決は定着した

その多数決が今では普通に行なわれるようになったのは、やはり全員一致では物事がなかなか決まらないからです。

全員一致の原則だったポーランドは、かつてはヨーロッパ有数の強国と言われていました。中でも14世紀に始まるヤギエウォ朝時代にはプロイセンもリトアニアも併合して、隣国ロシアの圧力に1歩も引かなかった。そのポーランドが18世紀になってロシアとプロイセン、そしてオーストリアによって分割されてしまった原因の1つが、ポーランド議会の非能率さにあったと言われています。

そこでヨーロッパ各国の身分制議会では、しだいに多数決制度が導入されることになったわけですが、近代デモクラシーの時代になっても「はたして多数決は適当か」という議論は絶えずありました。多数決の名の下に、少数者の意見が無視されるのでは本当の民主主義ではないというわけです。

※**少数者の意見**　アメリカ連邦議会には「フィリバスター」制度が設けられていて、少数意見を持つ議員の演説時間は制限しないことになっている。彼の演説を聞いて、意見を変える議員が現われるのを期待しての制度である。また、連邦議会の議事進行では、多数派と少数派の差が少ない場合、なるべく話し合いで妥協点を見つけるという慣行がある。「数は力なり」と、すぐに強行採決に持ち込む日本の国会とは、大違いだ。

多数決が民主主義で定着したのは、アメリカの南北戦争のころかもしれません。

このとき、ご承知のとおり南部11州は連邦政府に対して反旗《はんき》をひるがえしました。11州の少数意見が多数決の下に無視されているというわけですが、これに対して、時のリンカーン大統領は断固《だんこ》とした態度で、「たとえ南部11州が不満であろうと、勝手に連邦を離脱《りだつ》するのは非合法である」としました。

このような多数決の歴史を日本人は学校で教わっていないから、ときとして途方《とほう》もない間違いを犯します。その象徴が「多数決で決まったことだから、正しい」などという言い方です。

多数決は効率的に物事を決めるための、一種の便法《べんぽう》です。多数決で決まったことが正しいなどとは、誰も保証していない。そこにあるのは「多数の意見を、全体の総意とする」という約束事のようなもの。多数派の意見が、全体の意見であると「かりに」見なしておきましょうということでしかありません。むずかしい言い方をすれば、多数決は擬制《ぎせい》、一種のフィクションなのです。

それなのに、多数決が「正しい」とは！　これも日本人が誤解している点の1つです。

教科書が教えない「憲法」、「民主主義」

どうだね、シマジくん。今日の講義は、これまで知っていた君の「常識」を根底からひっくり返すものだったのではありませんか。

——議会や憲法が民主主義とは関係ないなんて、学校では教えてくれませんでしたからね。

そこなんです、問題は。今の日本の学校教育では、こうした歴史的事実をちゃんと教えていないから、「多数決で決まったことは正しい」などといった間違った常識が広まってしまっているわけです。

と言っても、「憲法や議会と民主主義は何の関係もない」ということを発見したのは私ではない。福《ふく》※田歓一《だかんいち》教授という、政治思想史学者の大発見です。

※福田歓一（1923－2007）兵庫県生まれ。政治思想研究の第一人者。一般向けの著書に『近代の政治思想』『近代民主主義とその展望』（ともに岩波新書）がある。

シマジくんは編集者なのだから、福田教授の名前ぐらいは知っていようね。

——すみません、初めて聞きました。

困ったものだ。東京大学出版会から『政治学史』という大著が出ているが、これは文句なしの名著です。

――小室先生が褒《ほ》めるくらいなんだから、一度読んでみようかしら。

どうかな？　この本は福田教授の講義録をベースに作られたものですが、その講義のむずかしさたるや、東大法学部の講義で何百人も聴講者がいたのに、試験を受けたのはたったの3人だったという逸話があるくらいです。

――東大法学部のエリートでも理解できない。それじゃ、私が読んだって無理だ。

これこれ、東大生だから頭がいいとはかぎったものではない。

さて、この福田歓一教授がノーベル物理学賞の湯川秀樹《ゆかわひでき》博士とある晩、一緒に食事をした。そのとき、ふと福田教授が「憲法や議会は民主主義と何の関係もないのですよ」と話したら、湯川博士ほどの学者も仰天《ぎょうてん》した。

湯川博士は核物理学が専門ですが、けっして「専門バカ」ではありません。何しろ、父上は京大で地理学を講じていた学者だし、中国史の貝塚茂樹《かいづかしげき》、中国文学の小川環樹《おがわたまき》は実の兄弟。ご本人も幅広い教養人でした。その湯川博士でも驚いたのだから、シマジくんが知らなくても無理はない。

――安心しました。

そう簡単に安心してもらっても困る。

さて、湯川博士は最後に福田教授にこう言ったそうです。

「僕がこんなことも知らんのは、福田さんが教科書を書かんのが悪いんや」

――大いに同感。

それについて、福田教授は自分のエッセイでこう記されている。このような事実を「はっきりさせたのでは、(教科書)検定を通る気づかいはない」と(カッコ内は筆者)。

——それは、いったいどういうことですか。真実を書いたら、どうして教科書検定を通らないんですか!

その理由について、福田教授は書いていない。沈黙を守っています。

そこであえて推測すれば、要するに文部省の役人たちは、議会があって、憲法があれば日本の民主主義は安心だと国民に思わせておきたいのでしょう。そういう結論になるではありませんか。

——それでは困りますよ。

しかし、だからこそ、この本を出版する意義があるというものです。さあ、雑談はこの程度にして、次の講義を始めるとしましょう。

第4章

民主主義は神様が作った!?

絶対君主、現わる

前回の講義では、いかにしてヨーロッパで議会や憲法が成立したかという話をしました。王権をいっそう大きくしようとする王と、それに対して伝統主義で抵抗する領主、つまり貴族たちとの争いの中で、議会や憲法というものが作られてきたわけです。

しかし、繰り返しますが、この両者の争いの中からは民主主義は生まれてくるはずはありません。なぜなら、もし王が勝てば、それはますます王の権力が絶大になってくるだけの話だし、逆に貴族の側が勝てば、伝統主義が息を吹き返してくることになるからです。

そこで実際のヨーロッパ史を見てみれば、増大する王権の前に貴族の力はどんどん弱くなっていきました。いかに既得権益を守ろうとも、貨幣経済の興隆という時代の流れの中で、貴族たちは弱体化し、その一方で王権はどんどん強力になっていったというわけです。

こうして成立したのが、絶対王権でした。絶対王権はまずスペインから始まるのですが、それが最も完成した形で現われたのがフランスであり、イギリスです。

フランスではルイ13世の時代、１６１４年になると三部会（議会）は、もう開かれなくなります。この後、フランス革命で三部会が復活するまで、１７０年の間、フランスでは議会すら存在しなくなった。もはや王は、貴族や僧侶《そうりょ》の意見など聞く耳を持たないというわけです。そして、その息子ルイ14世に至っては「朕《ちん》は国家なり」という、あの名文句を吐《は》くに至ります。

一方のイギリスでは議会こそ存続していましたが、やはり貴族は没落し、王の権力が大きくなった。

１５３３年、ヘンリー８世は王妃キャサリンと離婚して、愛人アン・ブーリンと再婚をしようとします。

しかし、神の前で誓った結婚を破棄《はき》することはできないと、ローマ法王クレメンス7世は許しません。するとヘンリー8世はどうしたか。「そんな融通《ゆうずう》の利《き》かない教会は必要ない」として、「国王至上法」を議会に承認させ、イギリスにおけるキリスト教会のトップに国王自身が就任します。また、イギリスの修道院を解散させ、その財産を没収した。絶対王権にとっては、あのローマ教会でさえ恐ろしくない。法王が「イギリス人はみんな地獄に堕《お》ちるであろう」と脅《おど》かしても、何とも思わなかったというわけです。

ちなみに、ヘンリー8世が再婚したアン・ブーリンは、その後どうなったか。

ヘンリー8世と結婚したアン・ブーリンは1人の女児を産んだ。これがのちのエリザベスI世となるのですが、王子を望むヘンリー8世の心はだんだんアン・ブーリンから離れ、ジェーン・シーモアという別の女性に傾いていく。

そこで、ヘンリー8世はアン・ブーリンとの結婚は無効であり、しかも彼女が不倫をしていると言※って、ついに彼女をロンドン塔で処刑してしまった。

※と言って アン・ブーリンとの婚姻が無効であるならば、彼女が何をしようとも不倫、姦通の罪に問えるわけがない。したがって、ヘンリー8世の主張はどう見ても支離滅裂《しりめつれつ》である。ところが時の裁判官はこう言った。「絶対君主の意志は絶対であるから、論理を無視しようと問うところではない」。見よ、これこそが絶対王権の論理。絶対君主は、是非善悪さえも決定しうるのである。

——ひどい王様ですね。それじゃ何のためにローマ法王と喧嘩《けんか》したのか分からない。

さよう。しかし、そんなことをしても許されるほど、国王は自由に振る舞えるようになった。まさに王の権力は絶対なのです。

かくしてリヴァイアサンは生まれた

さて、こうした絶対王権の出現に対して、その理論的根拠を与えることになったのは、ジャン・ボダン[※]というフランスの思想家でした。

※ジャン・ボダン（1530－96。没年は異説あり）旧教と新教の対立によって、長く混乱が続いたヨーロッパで「宗教問題よりも現実の政治を優先させるべきだ」という〝ポリティック〟の思想が生まれてくる。このポリティック思想の理論を作り上げたのが、ジャン・ボダンであった。ボダンにおいては、国家こそが何よりも重要だとされ、そこから主権の概念が出てきた。

彼は1576年、『国家に関する6章』を著《あら》わして、その中で「主権」という概念を提唱しました。ボダンは主権を定義して「国家の絶対にして永続的な権力である」としました。国家主権が絶対であるというのは、他の何者の拘束《こうそく》も受けないということです。教会が何と言おうと、大貴族が文句を言おうと知ったことではない。国家は主権者たる国王の所有物なのだから、それを自由に扱うことができる。

ここで中世封建時代の王国を思い出してください。封建時代の国王は臣下との契約に縛《しば》られ、さらに慣習法に縛られて、思いどおりに振る舞えませんでした。

ところがボダンによれば、主権者たる王は「絶対」なのですから、何をしようとかまわないのです。まず第1に、主権は慣習法を無視することができる。そして、自分が望む法律を自由に作って、人々に強制することができる。すなわち「立法権」という考えが、ここから出てきます。

中世における法とは「発見するもの」でした。中世においては、目に見えない、条文に書かれていない慣習こそが絶対でした。だから、何か問題があれば、慣習の中にその解決策を「発見」するのが当然だったのです。

ところが絶対王権の時代になると、法は「作り出すもの」になった。主権者はたとえ伝統に背《そむ》くような法律でも制定することができるし、また慣習を含むすべての法律を廃止することもできるとボダンは保証します。ヘンリー8世が「国王至上法」を制定したのは、まさにその見本です。

第2に、主権は国家に属する人間に対して、自由に税金をかけることができる。つまり、「課税権」です。

そもそもボダンに言わせれば、国家の財産はすべて主権者の自由にしてもかまわない。主権の力は絶対なのですから、人民の私有財産を売ろうが没収しようが勝手なのです。だから、好きなだけ彼らに税金をかけ、彼らの財産の一部を巻き上げてもいいということになる。

第3に、主権は人民の生命も自由にしてよろしい。

——人民は煮《に》て食おうが焼いて食おうが勝手である！　ひどい王様ですねえ。

このように書くと、とても過激なように見えますが、これは要するに「徴兵権」のことです。

中世の国王軍は、その兵隊は家臣が差し出す軍勢によって構成されていました。したがって軍隊の規模はおのずから限定されていたのですが、絶対王権の時代になると、そんな制約はありません。国王は自由に1人ひとりの人民に「戦争に行け」と命じることができる。たとえ戦争で死のうと、それに対しては文句を言えないというわけです。

——立法権、課税権、徴兵権……今の国家と変わりませんね。

そのとおりです。

まさに絶対王権の時代になって、王国は「国家」になった。ボダンの言う「主権」という考えは今もなお政治理論に生※きています。近代国家の原型がこの時代に作られた。

※生きている　とはいっても、国際法における主権の概念は、ボダンの時代と現代とでは細目において変化している。現代国際法における主権については、たとえば高野雄一『全訂新版　国際法概論（上）』166〜171ページを参照されたい。

――いよいよリヴァイアサンが誕生したというわけですね。

そのとおり！　理論においても現実においても、国家の力はモンスターになった。これがこの時代です。

※ここまでのまとめ　近代国家の成立は重要だから、まとめておきたい。①近代国家は絶対主義国家からスタートした。だから、近代国家はとてつもなく恐ろしい。②近代国家は主権 sovereignty《ソブリンティ》を持ち、その主権は絶対である。③中世の王権 prerogative《プリロガティブ》はひじょうに限定されたものだったが、それが漸次、強大になり、絶対王権 absolute《アブソリュート》 prerogative《プリロガティブ》、主権へと成長した。④中世の「自由」とは特権 privilege《プリビレッジ》のことであって、その内容は身分によって異なっていた。特権が人権 human《ヒューマン》 right《ライト》になるには長い時間が必要であった。

十字架と聖書が怪獣退治をした？

ここで第2章で述べたリヴァイアサンの姿を思い出していただきたい。

リヴァイアサンは口から炎を吐き、その姿を見れば神々でさえ戦慄《せんりつ》する。彼を止める者はどこにもいない……ヨーロッパに誕生した絶対王権も同じです。法を思うがままに改廃し、人民の財産や生命を自由にすることができる王の前には、ローマ教会も大貴族も歯が立たない。まさしく、リヴァイアサンのごとく無敵です。

ところが、そのリヴァイアサンの進軍を阻《はば》む者が、思わぬところから現われた。この「新たなる敵」の出現が、民主主義を産み出すことになったのです。

さて、その敵とは誰であったか。

——じらさないで教えてくださいよ。

ふふ、分かった。教えてあげましょう。

リヴァイアサンのごとき絶対王権を、近代デモクラシーの国家に変えたのは誰あろう、キリスト教です。十字架と聖書が、怪物リヴァイアサンを縛《しば》り上げたのです。

——何だか『エクソシスト』みたいな話になってきましたね。しかし、それはちょっと変でしょう。だいたい、先生はさっき「王の前には、ローマ教会も歯が立たない」とおっしゃったばかりです。

たしかに、シマジくんの言うことは正しい。ヘンリー8世の例を見ても分かるように、当時のローマ教会にはかつてのような権威はなくなっています。

11世紀から12世紀にかけて行なわれた「※叙任権闘争《じょにんけんとうそう》」でドイツ皇帝と対立したことから始まって、14世紀には法王が南フランスのアビニョンで幽閉されるという、いわゆる「教皇《きょうこう》のバビロン捕囚《ほしゅう》」が起きています。あげくの果てには、教会が分裂し、ローマとアビニョンに2人の法王が並立する異常事態さえ生まれた。教会の俗界《ぞくかい》に対する権威は泥舟《どろぶね》のようにズブズブと沈みっぱなしだったと言ってもいいでしょう。

※叙任権闘争　本来、教会聖職者の任免権（叙任権）は教会側にあるのだが、中世、国王の権力が大きくなってくると、国内聖職者を国王が任命し、実質的に教会を支配するようになった。ことにドイツ（神聖ローマ帝国）

ではその傾向が強く、ついにローマ法王の任命にまで皇帝が口を出すようになったので、皇帝と法王との対立は激化した。これを称して「叙任権闘争」と呼ぶ。

ところが、絶対王権が着々と力を付け、リヴァイアサンへと変身しつつあった時代、ヨーロッパのキリスト教には大きなうねりが起きていた。それがいわゆる「宗教改革」です。

腐敗しっぱなしだったローマ教会

前にも述べましたが、14世紀のころから教会は金儲《かねもう》けのために、いわゆる免罪符《めんざいふ》（贖宥状《しょくゆうじょう》）を信者に売りつけて、「善行《ぜんこう》を積まなくとも、お金さえ積めば救われる」などという、本来の教義にもとることを行なった。

そればかりではありません。

信者に対しては「カネを貸して利子を取ってはいけない」と教えておきながら、教会みずからが金貸し業を営《いとな》むようになった。聖職者の地位を、お金で俗人に売りとばすという「売官《ばいかん》」も日常茶飯事《にちじょうさはんじ》になりました。

こうした腐敗は教会のトップである法王にも及ばずにはいられません。独身であるはずの法王がひそかに女性を囲い、子どもを作る。そればかりか、その子どもを「自分の甥《おい》である」と偽《いつわ》って、教会の要職に就《つ》ける法王が後を絶たなかった。

もちろん、その「甥」なる人物が法王の隠し子であることはみんな知っています。そこで英語では情《じょう》実《じつ》主義、血縁者《けつえんしゃ》をひいきすることを「ネポティズム」と言うようになった。ネポとはラテン語で甥のことです。

こうした教会の堕落、変節《へんせつ》に対する批判の声をあげて宗教改革の口火を切ったのが、マルティン・ルターです。1517年、ルターは「95ヵ条の提題《ていだい》」という文書を公表して、マインツの大司教が信者に売りつけている免罪符について弾劾《だんがい》し、法王自身が神の教えを踏みにじっているると書いたわけです。

こうしたルターの批判に教会も怒って、1520年、ルターに「提題」の撤回を求めます。またドイツ皇帝であったカール5世もひじょうに問題視して、その翌年、彼を帝国議会に召喚《しょうかん》するのですが、そこでも自説を曲げない。

このため、ルターは帝国から追放されることになるのですが、彼を支持するザクセン選帝侯《※せんていこう》によって保護を受け、このののちルターの教えはドイツばかりか、ヨーロッパ各地に広まっていきます。ルターの教えを信じる人たちはやがて「プロテスタント」（新教徒）と呼ばれるようになりました。

※選帝侯　イギリスやフランスで絶対王政が発展するのとは反対に、ドイツでは国王（神聖ローマ帝国皇帝）の権力が衰退したので帝位継承に乱れが生じた。これを「大空位時代」と言うが、この後、ドイツの国王は国内7人の有力諸侯（「選帝侯」）によって選ばれるようになったのである。

――なるほど、このルターの信者たちが絶対王権に挑戦することになるわけですね。

君はやっぱり気が早い。

ルターの信仰はローマ教会にとっては「危険思想」でしたが、まだ絶対王権と全面対決するほどではなかった。宗教改革が西洋史、いや世界史全体を変えていくには、1人の天才が現れるのを待たねばならなかった。

世界史を変えた天才

世界史を変えた、その天才とはジャン・カルヴァン。

ルター誕生の26年後、1509年にカルヴァンはフランスに生まれます。彼は幼いころから英才と言われ、12歳のときに教会から奨学金《しょうがくきん》をもらい、パリ大学などで法学と神学を学んだ。

そのカルヴァンこそが、ルターに始まるプロテスタンティズムの思想をさらに突き詰めて、一大思想体系を作り出した。そして、その彼の思想が回り回って、ついには絶対王権をひっくり返し、民主主義をもたらすことになった。

では、このカルヴァンの思想とは、いったいどんなものであったのか。

カルヴァンはキリスト教の唯一にして最高の聖典《せいてん》、聖書を徹底的に研究し、そこに書かれていることを元に思索《しさく》を深めていき、ついに1つの結論に達した。

その結論とは、「予定説」なるものです。

この予定説こそが、絶対王権にとどめを刺し、そればかりか民主主義を産み出すことにもなった。まさに世界史を変えた思想です。

——予定説なんて、学校で習った記憶がないなあ。

学校の教科書は「議会は民主主義と関係がない」という、民主主義にとっておそろしく大切なことでさえ記していないくらいなのですから、予定説のことが詳しく書かれていなくても不思議はない。教科書なんて、しょせん文部省の役人どもが決めた指導要領に沿って書かれているだけの本。だから、それを信用しすぎてはなりません。

さて、この予定説ですが、カルヴァンのこの思想は、単に民主主義を産み出すだけのものではありません。なんと、この思想を信じると、その人はまるごと生まれ変わってしまう。人間の内側も外側も違ってくる。そのくらい卓効《たっこう》があるのが、この予定説です。

まず内面的な効果としては、世間のどんなものも怖くなくなる。どんな敵が来ようが、何が起きようがへいちゃらになる。孟子《もうし》ではないが「千万人といえども、われ往《い》かん」という気持ちが湧《わ》いてくる。

そして外面的には、これを信じると、その人はたいへんな働き者になる。そして、お金もどんどん稼《かせ》げるようになる。

――今のような時代に、予定説はもってこいじゃないですか。どんな不況でもカネが稼げる、リストラなんて怖くない。先生、こんな本を作るのはやめて、さっそく予定説の普及活動をしましょう。

そっちのほうが儲《もう》かりますぜ。

学者に向かって金儲けの勧誘をするとは、呆《あき》れてものが言えない。

そもそも君は大事なことを忘れている。

予定説はあくまでも聖書に基づく思想、もっと言うならば、キリスト教の奥義《おうぎ》中の奥義と言うべきものです。

だから、予定説の恩恵《おんけい》にあずかるには、まずキリスト教に改宗しなければならない。それほど簡便《かんべん》なものではないのです。

――うーむ、言われてみればそのとおり。しかし、それほどまでに人間を変えてしまう予定説というのは、いったいどんな教えなんですか。

さっきも述べたように、予定説はキリスト教の奥義中の奥義。これをマスターしたら、あなたも立派なキリスト教通、宗教通になれます。それでは説明を始めるといたしましょう。

聖書すら読ませなかったローマ教会

ルターやカルヴァンが現われた時代、すでに述べたようにローマ教会は法王でさえ腐敗堕落をきわめていました。ですから、当然のことながら、信仰そのものも変質してしまい、本来のキリスト教とは似ても似つかないものになっていたわけです。

※腐敗堕落をきわめていました　しかし、実のところキリスト教が本格的に広まったのは、宗教改革のおかげなのである。それまでは、キリスト教信者の数はきわめて限られていて、一般庶民はキリスト教を本気で信じていなかった。

何しろ、この当時の教会では、キリスト教の聖典である聖書を信者に読ませなかった。当時の聖書はギリシャ語やラテン語で書かれていたから、それを読めるだけの教養を持った人はごくごく少数だったという事情もあったものの、信者の目の届かないところに隠して、読ませようとさえしなかったのですから、驚きです。

では、当時の信者たちはいったい何をよりどころに信仰をしていたか。

それがいわゆる「サクラメント」（秘蹟《ひせき》）と呼ばれる儀式です。

今でもサクラメントはカトリックに残っていますが、生まれてからすぐに受ける洗礼《せんれい》の儀式から始まり、死ぬときに受ける終油《しゅうゆ》の儀式まで、全部で7種類の儀式を受けさえすれば天国に行くこと請《う》け合《あ》いだというのが、坊主たちの言い分だった。

こんな言いぐさをイエスが聞いたら、卒倒《そっとう》したに相違ない。サクラメントなど、聖書のどこにも書かれていないのですから。

ところが、当時のローマ教会というのは、それこそ全ヨーロッパの俊才、秀才が集まるところでしたから、サクラメントを正当化する理屈もちゃんと用意していた。

というのは、ローマ教会はキリストの後継者たる聖ペテロを創始者としている。その後に現われた法王も聖人ぞろいだ。この歴代の聖人たちがたいへんな善行《ぜんこう》を施《ほどこ》してきたおかげで、教会の中には膨大《ぼうだい》な「救済財《きゅうさいざい》」と呼ばれる、見えない財産が積み上がっている。教会が秘蹟を行なえば、信者は救済財の一部を分け与えられることになるので、聖書なんて読まなくても救われるというわけです。

――いかにもウサンくさい。

秘蹟ならまだしも、免罪符に至っては「何をか、いわんや」です。カネさえ寄付すれば、天国に行けるというのだから、当時の教会はそこまでダメになっていたのです。

宗教改革とは原点回帰だった

さて、こうしたローマ教会に対して、真っ向から批判したのがルターであり、カルヴァンであることは、みなさんもよくご存じでしょう。しかし、彼らがなぜ教会を批判したか、どんな理由から教会と衝突したのか……シマジくんは分かりますか。

――要するに、もっときちんと信仰しなさいということでしょう。形式的な儀式だとか、献金で天国に行けると思うなということですね。

たしかにカルヴァンも、サクラメントや免罪符には反対です。しかし、その理由はもっと別のところにありました。

予定説の考えによれば、そもそも人間はどんなことをしようとも、絶対に救われない存在なのです。どんなに一所懸命聖書を読んでも救われない。どんなに善行を施そうと人間は救われない。何をやってもムダである。それなのに、信仰すれば救われるかのごとく言うこと自体が間違っているというのです。

――それじゃあ、宗教そのものの否定でしょう。

いいえ、そうではありません。

実はこれこそがキリスト教本来の教義。カルヴァンは堂々たる正論を述べているのです。

ルターやカルヴァンの行なったことを歴史上、「宗教改革」と呼びますが、それは正確な呼び方とは言えません。

カルヴァンの行なったのは、キリスト教を本来の姿に戻せ、イエスがいたころの教えに戻せという運動なのです。だから、改革というよりは原点回帰の運動と言うほうが実態に即しています。

実のところ、ルターもまた予定説を信じていた時期があった。しかし、この予定説はあまりにも「過激思想」なので、さしものルターも途中で日和《ひよ》ってしまったのです。

だが、天才カルヴァンは違います。彼は徹底的に予定説の教義を押し進め、いささかもひるむところがなかった。ここがルターとカルヴァンの大きな違いです。

――しかし、信じても救われないというのでは、何のための宗教なんですか。人々を救うのが宗教ではないんですか。

そこが分からなくても、無理はない。たとえキリスト教徒であっても、この「過激思想」を本当に理解している人は少ない。あなたが分からないというのも、当然です。

よろしい、それではそもそもキリスト教とはどんな教えなのか。そのエッセンスからまず説明をし、予定説の奥義をあなたに伝授してさしあげましょう。

近代科学と仏教の共通点

キリスト教のエッセンスを理解するためには、私たち日本人が慣《な》れ親しんでいる仏教との比較で考えるほうが分かりやすい。そこで、まず仏教とは何かを手短かに確認したいと思います。

仏教の論理を一言で言うならば、それは因果律《いんがりつ》にあります。

因果とは原因と結果。つまり「原因があるから結果がある」、この因果関係の発見こそが釈迦《しゃか》の悟《さと》りのすべてと言っても過言《かごん》ではありません。

伝説によれば、釈迦はこの因果律の原理を、菩提樹《ぼだいじゅ》の下で瞑想《めいそう》しているうちに発見したと言われています。

人間はなぜ、この世に生まれて、さまざまな苦しみを経験しなければならないのか。

この大問題に対して、釈迦は「すべての苦しみには、原因がある」ということを発見した。苦しみや悲しみは、突然に降りかかってくるのではない。すべて、それをもたらす原因があるということに気付いたわけです。

この因果関係の法則を、彼は「ダルマ」(法)と名付けました。ダルマは、この宇宙全体を支配する法則と言ってもいいでしょう。人間の苦しみもまた、この法則に従って生まれてくるというわけです。

では、人間が救われるにはどうしたら、よいのか。

その答えもまた、「ダルマ」にあります。

まず第1に、今の苦しみをなくすには、苦しみそのものを取り除こうとするのではなく、苦しみをもたらす原因を除去《じょきょ》すればいい。目の前の結果にとらわれていては、いつまで経っても苦しみはなくならない。

では、その原因はどこにあるのか。どうすれば、苦しみは消えるのか。

これを探るには、まず宇宙を動かしているダルマを知る必要がある。ダルマが分かれば、苦しみの原因をどうすれば消せるかも分かるし、悟りの境地に達するというのが、釈迦の教えです。

――おそろしく合理的ですね。

この論理はまさしく近代科学に通じるものです。

近代科学の目的も、要するに因果関係の発見にある。なぜ、リンゴは地面に落ちるのか。なぜ、月は落ちてこないのか。その原因を探り、万有引力の法則を発見したことで、ニュートンは物理学を開いた。釈迦とニュートンの姿勢[※]は同じです。

※姿勢は同じです ただし仏教は倫理的因果律で、ニュートン物理学は事実（起こるか起こらないか）の因果律。この点は大きく異なる。

さて、こうした仏教の考え方を一言で表わすならば、「法前仏後《ほうぜんぶつご》」ということになるでしょう。

この宇宙を動かしているダルマの法則、つまり因果律の法則は、釈迦が悟る前から存在していた。そして、いかに釈迦といえども、このダルマの法則を変えることはできない。だからこそ、ダルマを悟る必要がある。

つまり、法が先にある。だから「法前仏後」なのです。

神はすべてを超越する

さて、「法前仏後」の仏教に対して、キリスト教は「神前法後《しんぜんほうご》」です。つまり、神様が先にあって、その神様が法を作ったと考えるのがキリスト教の教えです。

旧約聖書「創世記《そうせいき》」の冒頭にあるがごとく、神は「最初に光あれ」と言った。そうしたら、光が生まれた。つまり、神様は光という物理現象をも作った存在です。聖書の教えによれば、神こそがこの宇宙を作り、そして宇宙の法則を作った。

物理現象でさえ、神様が作れるのですから、神に不可能はありません。

「神は全知全能にして絶対」、すなわち、神様はやろうと思ったことは何でもできる。神様の意志を妨《さまた》げる要因はどこにもない。

キリスト教の神は、あらゆるものから自由な存在です。釈迦といえども、ダルマを変えることができないという仏教とは正反対です。

出発点からして正反対なのですから、キリスト教と仏教とでは正反対の結論が出てきます。つまり、人間はどんなことをしても救われることはない。

――そこが分からない。どうして、そんな結論が出るんですか。

だって考えてもみてください。

もし、あなたがキリスト教に目覚めて、信仰を持ったとします。毎日毎日、善行を積んで、清く正しい生活を送るようにした。あなたは1つの悪いこともしなくなった。そうすれば、絶対の力を持った神様が救ってくれると思いますか?

――それは救ってくれるでしょう? キリスト教の神様に不可能はないのですから。

どうして、そんな結論になるのです。

もし、神様が君の姿を見て「ああ、こいつはこれまで堕落《だらく》した人間だと思っていたが、違ったようだ。救ってやろう」と思ったとします。

すると、神様の決断はあなたの行動に左右されたということになりませんか。あなたの行動に神様が影響を受けたことになりませんか。

こんなことで神様の考えが変わるようでは「絶対神」とは言えません。

そもそも神様は物理法則の影響すら受けない。なぜなら、神様こそが物理法則を作ったからです。神はこの世のすべてを超越した存在なのです。

それなのに、たかが人間ごときで考えが変わるはずがない。それでは、神様の名がすたる。

地上にいる人間がどんなことをしても、太陽の運行を妨げることはできません。どんなに祈ろうと、何をしようと太陽は東から昇り、西に沈む。その動きは、いささかも揺るがない。

それと同じように、あなたが善行を積もうが何をしようが、神の決断はけっして動かされない。※こう考えるのがキリスト教なのです。

※こう考えるのがキリスト教　5世紀初頭、キリスト教の教義をめぐってアウグスティヌスとペラギウスとの間で大論争が行なわれた。「人間に自由意志はある」と考えるペラギウスにアウグスティヌスは断固として反対し、「人間には独力で善をなしうる能力はない。それは神の恩恵のみによって可能である」と言った。ルターやカルヴァンの思想は、アウグスティヌスと基本的に同じである。

人間は2度死ぬ

さて、「神はあらゆることから超越している」というのがキリスト教理解の第1ポイントとすれば、2番目に知っていただきたいのは「1人の例外もなく、人間は堕落した存在である」という教義です。

アダムとイブの楽園《らくえん》追放《ついほう》の話は、日本でもよく知られた話ですが、この物語の意味するところを本当に理解している人はあまりいません。

アダムとイブは、ご存じのとおりエデンの園《その》に住んでいましたが、神の命令に逆らって、禁断《きんだん》の木《こ》の実《み》を食べたために楽園を追放されます。その際に、神の命令に逆らった罰として、「死」が与えられることになった。

死が与えられたのは、もちろんアダムとイブだけではありません。連帯責任《れんたいせきにん》として、以後生まれた人間すべてに同じ罪が与えられた。これをキリスト教では「原罪《げんざい》」と言います。

つまり、すべての人間には「原罪」がある以上、それに対応して、すべての人間には死が与えられることになった。

ここまでは、みなさんもご承知のことでしょう。

しかし、実はここからが肝心なところです。

楽園追放で人間は現在を与えられた
（マサッチオ『楽園追放』1425年頃）
／アフロ

シマジくん、また読者代表として、あなたに質問します。キリスト教において、死んだ人間はどうなるのですか？

——どうせ点数はいただけないことは分かっておりますが、ご指名だから答えます。いい人間は天国に行き、悪い人間は地獄に行く。

正解は「どうにもならない」です。

そもそも私たちの知っている死というのは、キリスト教では死だとは考えません。心臓は止まり、肉体は朽《く》ち果てても、それは「仮《かり》の死」であるというのが聖書の教えるところです。

だから、死んですぐに天国に行くとか、地獄に行くということはない。

そもそも、天国だの地獄だのといった言葉は、本来のキリスト教にはありません。これは後の人間が考え出した仮説、比喩《ひゆ》なのです。

本来のキリスト教の教えでは、人間は心臓が止まると、その後は死んだような、死んでいないような状態になる。これが「仮の死」です。

では、人間が本当に死ぬのはいつのことか。

それはやがて来るとされる「最後《さいご》の審判《しんぱん》」のときです。

最後の審判の話はあなたもご存じでしょう。

世界の終わりに人々の前に神が現われる。このとき何が起きるかと言えば、それまで死んでいた人々にも肉体がいったん与えられて、生前の姿に戻る。しかし、神様はそこで人間に対して本当の死を与えるというのです。

これこそが本物の死、つまり永遠の死であるから、もう復活する見込みはゼロです。

——『007は二度死ぬ』という映画があったけれども、人間はみんな2度死ぬんですか。そりゃ、あんまりだ。

人間はみんな原罪を持っているのですから、文句を言っても始まりません。死はすべての終わりということですから、そこから先はありません。だから、地獄に行くということもない。それっきりです。

これがキリスト教の描く、人間の死なのです。

ルールを変えられるのは神様だけ

——でも、1人の例外もなく救われないというのでは、キリスト教が「絶望教」に見えてきます。

ところが、そこには例外がないわけではない。

最後の審判において、神は一部の人たちに対して「永遠の生」を与える。これがキリスト教で言う「救済《きゅうさい》」の本質です。神に救われた人たちは、神の国で永遠に生きることができると聖書には記されています。

先ほども述べたとおり、アダムとイブの子孫たる人類は1人の例外もなく原罪を背負っています。

これは神の定めたことである以上、人間がどんなに努力しても、その罪をなくすことはできません。

神は絶対なのですから、人間の力では神の決定を覆《くつがえ》すことはできないのです。

では、なぜ救われる人がいるか。永遠の生を与えられる人がいるのでしょうか。

それは人間が努力したからではない。神様が「こいつは救ってやろう」と決めたからです。

これは論理的に見れば、当然の帰結です。

神様が定めた「原罪」を免除できるのは、神様しかいない。ルールを変えることができるのは、そのルールを作った人だけではありませんか。

神は万能で、何にも縛られないのだから、自分の決めたことをひっくり返そうと、それは自由なのです。

――なるほど、それは理屈ですね。

ここまで分かれば、カルヴァンの予定説も分かったも同然です。さあ、そこでいよいよ予定説の解説に入りましょう。

善人が救われない理由

そこでシマジくんに質問です。

〔設問〕最後の審判において、神が救済するのはどんな人か

神様は、いったいどういう人に対して、永遠の生命を与えるのだと思いますか。どんな条件を満たしていたら、神様は救ってくれると考えますか。

――やっぱり神様が見て「こいつは善人だ」と判断した人でしょう。つまり、立派な信仰を持っている人間を救う。

まったくの不合格だ。いや、それよりも悪い。シマジくん、君は今までの講義をちゃんと理解していたのかね！

考えてもごらんなさい。

もし、神様がいわゆる善人を選ぶというのであれば、誰だって善人になろうと努力する。善人になれ

ば救われるという規則が分かってたら、誰だってその規則を利用しようとするに決まっています。

しかし、それは要するに、神様を人間が操《あやつ》ることに他《ほか》ならない。

親が望むとおりの「いい子」になって、親の機嫌《きげん》を取ろうとする子どもがよくいますね。

何かオモチャを買ってほしいときに、わざと親が気に入るような振る舞いをする。するとバカな親は喜んで、「お前は良い子だから、ほしがっているオモチャを買ってやろう」と言う。

このとき、親は自分の意志どおりに振る舞っているように思っているけれども、結局は子どもに操られているわけです。

もし、神様が「善人を救う」といった、人間にも分かりやすいような基準を持っていたとすると、こんな生意気な子どもと同じような信者をたくさん作ることになる。善人を救うと分かっていたら、誰だって善人になって神様のご機嫌を取ろうとするに決まっています。

しかし、神様ともあろうものが、バカな親と同じことをするわけがない。

何度も述べたように、神様は全知全能です。人間がそのくらいの悪知恵《わるぢえ》を働かせることくらい、ちゃんとお見通しです。だから、そんな分かりやすい条件で救済の選択をするはずはない。

さらに考えてみれば、神様が人間と同じ尺度で物事を判断しているかどうかも疑わしい。

何しろ、神様は人知を超越した存在です。人間には想像も付かない判断の尺度を持っていると考えるほうが理屈に合っている。かりに神が善人を選ぶとしても、その善人の条件は私たちの思いも付かないものだと思うべきでしょう。

したがって、先ほどの設問に対する答えは、次のようになります。

〔回答〕　どんな人間が救われるかは誰にも分からない

つまり、とんでもない悪人が救われて、善人が救われなくても、何の不思議もないということです。神様の判断基準は、人間にはとうてい推測も付かないと考えるべきなのです。

人間の努力も意志も意味がない！

――いやはや、日本人には想像もできない結論ですが、これがカルヴァンの予定説なんですか？

いや、さらにカルヴァンはそこからもう1歩進みます。

彼の予定説とは、次のようなものです。

「誰が救われるか救われないかは、その人が生まれるずっと前から決まっていることである」

救済が前もって定まっているから、「予定」の説なのです。救済されるか否《いな》かは、本人が誕生する前に、すでに決定されているのです。

先ほどは「どんな条件を満たせば、神は救済してくれるか」という話をしました。結局のところ、「それは分からない」という結論が出てきたわけですが、カルヴァンによれば、その考えも甘いということなのです。

というのも、いちいち、その人がどのような人生を送ってきたかを、最後の審判の段階になってようやく判断するなどという、まどろっこしいことを神様はするわけがない。1人ひとりの人生を点検して、「お前は神の決めた条件に適合している」などと判断することなど、ありえない。

なぜなら、神様は万能にして、その力は無限なのです。

神様ほどの存在であれば、その人が生まれる前から、彼がどんな人生を送ることになるかはお見通しです。いや、その人がどのような人生を過ごすかを決めているのが、他ならぬ神なのです。

したがって、どの人が救われるか、救われないかも、とっくの昔に決まっていたに相違ないとカルヴァンは考えた。

その人の人生が決定された時点で、同時に救いの可能性も決定されているというのが、この予定説です。このほうが理屈に合っているでしょう。

——しかし、それだと何をやってもムダということになりませんか。

そのとおり、人間の努力も意志も結局は、何の意味もない!

神様は物理法則も宇宙も作れるくらいの存在です。その神様にとって、1人ひとりの人間がどのような人生を送るかを決めることなど、朝飯前《あさめしまえ》です。人間がどうあがこうと、神様のスケジュールを変えることはできない。いや、人間が救いを得ようと悪あがきすることさえ、神様のスケジュールには書き込まれているはずです。

すべては神が予定したとおりに起こる。最後の審判も例外ではない。偶然はありえないのです。

預言者は「神のラウド・スピーカー」

——カルヴァンの予定説が、どういう論理で組み立てられているかは分かりました。しかし、何をやってもムダというのなら、やっぱり宗教じゃないですよ。

そう思うのも無理はない。実際、カルヴァンが活躍していた当時でさえ、予定説に対して批判が後を絶たなかった。

その代表がミルトンです。※ジョン・ミルトンはイギリスではシェイクスピアに次ぐ大文豪ですが、彼は予定説を批判して、こう言っています。

「たとい地獄に堕《おと》されようと、私はこのような神をどうしても尊敬することはできない」

※ジョン・ミルトン（1608－74）　彼の代表作『失楽園』はキリスト教における「原罪」をテーマにした大叙事詩である。天使との戦いに敗れた悪魔が、神に復讐するためエデンの園でアダムとイブをそそのかして禁断の木の実を食べさせるという物語が書かれている。

――同感ですなあ。

しかし、この予定説はけっしてカルヴァンが頭の中で作り上げた理屈ではありません。実際、聖書をつぶさに読んでいけば、神はすべてを予定しているという教義があちこちに現われている。カルヴァンは、そうした実例を踏まえたうえで、この予定説にたどりついた。また、前にも述べたように、ルターだっていったんは予定説を信じていた。

だから、どんなに奇妙に見えたとしても、これは立派なキリスト教なのです。

神がすべてを予定していることが、最も端的《たんてき》に現われているのが預言者《よげんしゃ》たちの物語です。

預言者というのは、読んで字のごとく、「神の言葉を預《あず》かる人」。

つまり、神が人間に対して何かのメッセージを伝えたいときに、預言者を任命する。預言者は神のお告げを聞いて、それをそのまま伝える人です。言うなれば、神のラウド・スピーカーです。

預言者は旧約聖書の中に何人も登場してくるのですが、彼らは誰1人として自分から志願して預言者になったのではない。みんな神様が指名してくる。突然、神が彼の前に現われて、「これこれのことを、みんなに伝えよ」と命令するわけです。

では、いったいどんな人が預言者に選ばれるのか。

この基準は、まったく分からない。「神の考えは人間には想像も付かない」と前に述べましたが、預言者の選定基準も例外ではありません。前々から人一倍、信仰心が篤《あつ》かったというのなら、分かりやすいけれども、そうともかぎらないのです。

その最たる例が預言者エレミアです。

神はこうやって現われる

あるところに、エレミアという少年がいました。

旧約聖書には、彼がどのような少年であったか何も書いていません。

書いていないところを見ると、どこにでもいる少年だったのでしょう。何か取《と》り柄《え》があったなら、それを書いていたはずだからです。

そのエレミア少年のところに、ある日、突然、神様が現われて、「お前は預言者である」と言った。

何の前触《まえぶ》れもなく、エレミアの前に現われたのだから、それだけでも彼は驚くわけですが、さらに神はびっくりするような話をする。

「わたしはあなたを母の胎内《たいない》に造る前から/あなたを知っていた。母の胎《はら》から生まれる前に/わたしはあなたを聖別《せいべつ》し/諸国民の預言者として立てた」(「エレミア書」1―5)

つまり、神様はエレミア少年が生まれる前から彼が預言者になることを決めていたというのです。

――まさに予定説ですね。

そのとおりです。神様は何もかも決めている。預言者の選定に関しても、例外ではない。

生まれる前から自分が預言者となることが決まっていたと聞いて、エレミアは「光栄です」と言ったか。

違います。降《ふ》って湧《わ》いたような話に、彼は仰天《ぎょうてん》した。
「ああ、わが主なる神よ／わたしは語る言葉を知りません。わたしは若者にすぎませんから」（同1－6）
しかし、神様はエレミアの意見など、聞くはずもありません。
「若者にすぎないと言ってはならない。わたしがあなたを、だれのところへ／遣《つか》わそうとも、行って／わたしが命じることをすべて語れ」（同1－7）
預言者はしょせん神の言葉をそのまま伝えるだけの役目ですから、能弁《のうべん》である必要はありません。だから、年齢とは関係ないというわけです。

預言者ほど、つらい仕事はない！

さて、こうして、エレミアは神様の決めたとおりに預言者になった。
では、神様から選ばれたから、この少年は幸福な人生を送ったか。
とんでもありません！
神に従ってエルサレムの地に行ったエレミアはこう神から命令されます。
「あなたはこのところで妻をめとってはならない。息子や娘を得てはならない」（同16－2）
「あなたは弔《とむら》いの家に入るな。嘆《なげ》くために行くな。悲しみを表《あらわ》すな」（同16－5）
「あなたは酒宴《しゅえん》の家に入るな。彼らと共《とも》に座って、飲み食いしてはならない」（同16－8）
エルサレムの人々は神のことを忘れ、享楽《きょうらく》にふけっている。それを警告するためにエレミアは派遣されたのです。だから、そんな不信心な連中と仲良くしてはいけない。彼らには神の警告だけを伝えろというわけです。

こんなことをすれば、もちろんエレミアはエルサレムの人々から嫌われるに決まっています。付き合いは悪いし、しかも不吉なことばかりを言って歩くのだから、当然です。

しかし、エレミアは神様の命令を守る。

なぜなら、それはエレミアの意志ではなく、神が定めたもうたことだから。

——預言者っていうのは、大変ですね。

聖書の場合、預言者は神様の警告を運ぶものと相場が決まっている。「このままでは滅《ほろ》びるぞ、災《わざわ》いが起きるぞ」と言って回る。そんなことを言って歩く男を誰が大切にするものですか。だから、およそ預言者になるくらい不幸なことはありません。

しかし、それでも預言者は触れて回らなければならない。神があらかじめ定めたことなのだから、抵抗の余地はない。人間は神の決めたとおりに生きろ。この厳しさこそが、聖書の神の姿なのです。

予定説の恐るべきパワー

——しかし、分からないなあ。なぜ、そんな神様を信仰しようと思うのです。信仰しても、自分が救われるかどうかは、すでに決まっている。しかも、神様は決定を絶対に覆《くつがえ》さない。信じたって、何の御利益《ごりやく》もないではありませんか。

そう思うのが、日本人。

真実は逆です。神様が偉ければ偉いほどありがたいと考えるのが本当のクリスチャンであり、本当のカルヴァン主義者なのです。

実際、カルヴァンの予定説を信じたら、おそろしく信仰熱心になる。神のことが四六時中《しろくじちゅう》、頭から離れなくなるほど、熱心な信者になるのです。

だから、カルヴァンの思想は燎原《りょうげん》の火のごとくヨーロッパに普及した。ドイツ、フランス、イギリス、さらには大西洋を越えて、新大陸のアメリカにまで予定説は普及した。フランスでユグノー、イギリスやアメリカでピューリタンと呼ばれた新教徒たちは、みんな予定説を奉じていました。そのくらい、予定説というのはすごいパワーがある。

——でも、何のために？　信仰しても意味がないのでしょう？

たしかに日本人の感覚では、信仰は御利益を求めるものですから、彼らが神を信じる理由が分からないでしょう。カトリックのように「何かをしたら救われる」と言われるほうが、理解しやすい。

しかし、予定説を信じると、信仰そのものの意味が変わってくるのです。ここが重大なポイントです。この理由が分かれば、もう予定説は完全にマスターしたも同然。

いくら頭で予定説の論理が理解できても、それは本当に分かったとは言えない。まだまだ半人前です。大事なのは、この予定説を信じた人の気持ちになることです。

救われる人は、どんな人？

予定説では「誰が救われるか」の条件は人間の理解を超えている、したがって、誰が救われるかは分からないと言いました。

しかし、どういう基準で救済されるかは分からないとしても、「結果として」、どのような人が救われているかは、人間の頭でも推定できるのです。

ここに神様が救済を予定している人がいると仮定してみましょう。神様の考えていることは本質的に理解不能で、誰が救われるかは人間に分からないと言っても、その人たち全体を考えてみれば、そこには実は共通点があるのです。

というのも、神様から救われるほどの人だったら、きっとキリスト教を信仰するに違いない。

そもそも、その人物は最後の審判において、永遠の生命を手に入れて、神の国に入るわけですから、神様のことを深く深く尊敬していなければ困る。神の国で「俺は神なんて信じない」と毒《どく》づく輩《やから》が出てくるとは、とうてい思えません。

だとしたら、その人は間違いなくキリスト教を信じ、神の万能を信じ、予定説を信じているはずだという結論が出てくる。

考えてみれば、神様は万能なのですから、その人間がキリスト教を信仰するように導《みちび》くことなど、簡単にできます。となれば、神は救済を予定すると同時に、その人がキリスト教を信じ、神を信じるように予定するに違いないという結論が出てくる。

したがって、「神から救われるほどの人であれば、キリスト教を信じているはず」という結論が出てくる。

——いくら心が広くても、キリスト教の神が仏教徒やイスラム教徒を救うはずがない。

そのとおり！

しかも、神様が救うくらいなのだから、単なるキリスト教徒ではない。これも推測できます。教会にろくに行かないグウタラ信者は救われない。ましてや、当時のローマ教会みたいな、堕落したキリスト教を信じているわけもない。

もっと筋金《すじがね》入りのキリスト教徒でなければ、神様から救われるはずはない。では、その筋金入りの信者とは、いったいどこにいるか？

その答えは、言うまでもありません。

キリスト教の根本である予定説を信じている信者、すなわちカルヴァンの教えを信じている人々にこそ、その資格はある！

——なるほど、そう来たか。

なぜ、予定説を信じると熱心な信者になるのか

もちろん、厳密に言えば、カルヴァンの教えを信じていれば、ただちに救われるという保証にはなりません。

前にも述べたように、神様の選考条件は人間には絶対に分からない。しかし、救われることになっている人であれば、その人は間違いなく予定説を信じている。

これを数学の術語《じゅつご》で言い換えるならば、予定説を信じることは「必要条件」であるということ。予定説さえ信じていれば、それだけでかならず救われるというのであれば、これは「十分条件」です。しかし、そうではない。

だが、予定説を信じているのだから、自分が救いの決定を受けている可能性はゼロではない。少なくともカトリックよりは大きいはずだ。そう思えば、心安らぐというものではありませんか。

そもそも予定説の論理で行けば、人間の一生はすでに神に定められています。

ということは、今、自分が予定説に出会って、それを信じているというのも、神が定めたことである

に違いない。

だから、予定説を信じてプロテスタントになることだけでも、あの絶対にして万能の神様のお導きがあったればこそ。そこに「神の予定」を感じるではありませんか。

「自分はひょっとしたら神から選ばれた人間なのかもしれない」

そう考えると、あまりの光栄に体も震《ふる》えてくるというものでしょう。

だからこそ、カルヴァンの予定説を信じたプロテスタントは熱狂的に神を信じました。

しかも、その信仰心はどんどん篤《あつ》くなる一方。けっして信仰心が冷めることがないし、加速度的に信仰心は増していく。これが予定説を信じている人の特徴です。

「新人類」が近代を作った

なぜ、予定説を信じると、信仰心はどんどん篤くなるのか。

その理由は、信者の気持ちになって想像しないかぎり分かりません。

先ほども述べたように、予定説を信じている人にとっては、自分がこの説に出会ったのも神のお導きに思えてくる。そればかりか、すべてのことに神の導きを感じるようになるのです。

神を信じれば信じるほど、「ああ、自分が前にも増して熱心に信仰するようになったのも、やはり神様のお導き」と感じる。

そうすれば、ますます神様はありがたい、自分は幸せ者だと思う。自分はひょっとして救われるのかもしれないと思うでしょう。

その結果、さらに信仰に拍車がかかってくる。信仰がますます盛んになると、ますますそこに神の導きを感じて、さらに神を信じるようになる……こうして、どんどん信仰心はエスカレートし、神を信じる心は堅くなる。

もちろん、どれだけ信仰心を募《つの》らせても、はたして救われるかどうかは、結局のところは分かりません。しかし、分からないからこそ、さらに一所懸命に信仰するのです。

――救われると分かっていて、努力していたらバカですものね。

そのとおりです。人の救いは神が予定したことだから、もし自分が救われると分かったら、何もしなくても救われる。

しかし、救われるかどうかは絶対に分からない。だから、カルヴァンの予定説を信じた人にとって、信仰心に終着点はない。どこまでもどこまでも信仰心を募らせていく無限運動に入るのです。

――果てしがないというのは、すごいですね。

ようやく、シマジくんも予定説のすごさが分かったようですね。

予定説を最初に紹介したときに、私が「この教えを信じると人間は生まれ変わった以上の変化をとげる」と言ったのを覚えているでしょう。

カルヴァンが現われて、予定説を普及させていったことで、ヨーロッパのプロテスタントはまさに人が変わったようになった。信仰の無限サイクルに入って、昼も夜も片時《かたとき》として信仰が頭から離れることはない。

こんな人間は、それまでのヨーロッパにはいなかったタイプです。何しろ、それまでのキリスト教徒は聖書さえ読むことがなかったわけですから。

――なるほど、この「新人類」の出現が、絶対王権をひっくり返すことになるわけですね。

いや、それだけではありません。

こうしたプロテスタントの登場こそが、近代への扉を開いたのです。

予定説は単に王権を覆《くつがえ》しただけではありません。近代民主主義も近代資本主義も、予定説がなければ生まれなかった。だからこそ、カルヴァンは歴史を変えた大天才なのです。

カルヴァン自身は、もちろん宗教者ですから、キリスト教のことしか頭にない。歴史を変えようといった野心はありません。しかし、その彼の思想がヨーロッパ全体を、そして世界史を変えたのですから、思想の力というのは恐るべきものです。

では、いかにして予定説が近代民主主義や近代資本主義を産む土壌《どじょう》になったのか……その話を次回の講義ですることにいたしましょう。

［コラム］かくして議会は誕生した——イギリス憲法小史

イギリスはなぜ議会を産み出したのか

憲法と民主主義の発展を知るためには、イギリス史の理解が欠かせない。そこでイギリス史のアウトラインをここで述べてみよう。

すでに述べたように、中世封建体制の崩壊とともにヨーロッパでは王権が発達していき、やがては絶対王権になっていく。これは基本的にはイギリス（イングランド）も同じなのだが、なぜ、イギリスでは王の権力とともに議会の力も大きくなっていったのだろうか。そこにイギリス議会政治と民主主義の発達を解くカギが隠されている。

イギリスではマグナ・カルタから半世紀後の1265年に、最初の議会が招集された。1273年にはすべての身分が参加した「模範議会」が開かれるようになった。このとき、イギリスの議会は貴族院（上院）と庶民院（下院）の2つに分かれていたのだが、最初は貴族院の力が強く、庶民院はその言いなりになっていた。

ところが、時間が経《た》つにしたがって、庶民院は貴族院を圧倒するようになった。そして、ついに庶民院は国王の力をも上回るようになったのである。この逆転現象こそが、じつはイギリス独特のものなのであり、イギリスに独自の民主主義を産み出すことにつながったのである。

ジェントリーとヨーマン

では、イギリス史の主人公になった庶民院とは何者か。

イギリスの身分制度

貴族	公爵 duke（デューク）	
	侯爵 marquis（マーキス）	
	伯爵 earl（アール）	
	子爵 vice count（ヴァイス カウント）	
	男爵 baron（バロン）	
準貴族	準男爵 baronet（バロネット）	
	士爵 knight（ナイト）	
準々貴族	ジェントリー gentry	平民（庶民）
準々々貴族	ヨーマン yeomanry	平民（庶民）

※フランスの身分制度は割合にイギリスに近い。
ドイツの貴族制はあまりに複雑である。

そこで大事なのは、名前こそ「庶民院 House of Commons」と言うものの、その実体は今日の「庶民」とはまったく別物であったということである。

この時代の庶民院を支配していたのは、「ジェントリー gentry」、「ヨーマン yeomanry」と呼ばれる特権階級である。

ジェントリーは、貴族、準貴族に次ぐ身分で、「準々貴族」に当たる。貴族たちほどではないが、中小の土地を所有していたのだから立派な特権階級である。

ピューリタン革命直前で、ジェントリーは全国で2万5000人程度いた。当時のイギリスの人口は約450万人だから、全人口の1パーセントにも満たなかったのである。後には、富裕な商人や医者、弁護士などの中からジェントリーになる者も増えた。

ヨーマンは、ジェントリーに次ぐ「準々々貴族」。ヨーマンもまた小さいながらも土地を所有する自作農で、イギリスの中堅階級を形成していた。大塚《おおつか》久《ひさ》雄《お》博士は、イギリスの産業革命で主人公となったのがヨーマン出身者であった事実を指摘している。

イギリスの議会政治史は、このジェントリーとヨーマンが中心となって動いていくのである。

国王と手を組んだ「庶民」

中世の封建制度が崩壊するにつれ、イギリスでも国王の力が強まっていったわけだが、イギリスの場合、貴族と対抗するために国王はジェントリーやヨーマンを積極的に登用した。

この点、フランスなどの絶対王権で、国王が独自の軍隊、独自の官僚を持つことで貴族と対抗したのとは大きく異なる。

この傾向が顕著になるのは、ヘンリー7世の時代（在位1485－1509）である。

国王は大貴族の力を抑えるために、地方行政をジェントリーから選ばれた治安判事justice of the peaceに任《まか》せることにした。治安判事は無給だが、国王の期待に応えて王国の統治に力を発揮した。これをマックス・ウェーバーは「イギリスの名望家行政《めいぼうかぎょうせい》」と呼んでいる。

さらに国王軍の中心となったのは、勇敢なるヨーマンたちである。彼らヨーマンは「何人《なんぴと》にも服従せず、ただ自分の王に服従するのみである」と言われた。

すでにヘンリー7世の時代、大貴族たちは直前に行なわれた対仏戦争や内戦で多くが戦死し、没落していたのだが、ジェントリーやヨーマンの活躍によってますます力を失ったのである。

「議会の中の王」

イギリス国王はこうして大貴族を弱体化させたわけだが、それで絶対王権が安泰になったわけではない。というのも、教会が国王に抵抗していたからである。

この当時、教会領は王国の3分の1を占めており、そのうえに信徒から教会は貪欲《どんよく》に富を巻き上げていた。そして、その富はローマの法王庁にそっくり送られていたのである。この教会勢力を封じないかぎり、王権の未来はない。

ヘンリー8世（在位1509－47）は、そこで王妃キャサリンとの離婚問題が起きたときに、徹底的にローマ教会と戦うことにした。かねてからイギリス国王と対立していた法王は、キャサリンとの離婚を認めない。そこでヘンリー8世は議会の力を利用して、この問題を解決することにした。

すなわちヘンリーは議会を招集して、そこでローマ教会との絶縁を決定的にする法案を次々と審議させた。ジェントリーやヨーマンの間でも、かねてからローマ法王は不人気であったので、王と議会は一致結束して、「国王至上法」（1534年）などを制定し、また修道院を解散させた。没収された修道院の財産は、王室財政の悪化でのちにジェントリーたちに払い下げられたので、彼らの地位はさらに向上した。

かくしてヘンリー8世のもくろみは見事に成功し、イギリスはローマ教会から離脱することができたわけだが、そこで議会政治において決定的に重要なことが起きた。

というのも、宗教改革において国王がジェントリーの力を活用したことによって、議会の地位と重要性が確実なものになったからである。議会の協賛なくしては、王はその絶対権力を振るうことができない（King in Parliament 議会の中の王）という原則が確立した。また王は、枢密顧問官《すうみつこもんかん》としてジェントリーを登用して、彼らを活用した。こうして英国独特の絶対王政がスタートする（チューダー統治革命）。

ヘンリー8世ほどの絶対君主であれば、議会を無視することはできたかもしれない。しかし、彼は従来の慣習法を無視せず、議会を尊重した。その意味においては、議会の権威は国王によって与えられたと言える。

しかし、ヘンリー8世が議会を尊重したことによって、イギリスの議会は確実に「議会主権」に向けてスタートを切ることになった。庶民院は王権と手を組むことで、着実に力を付けていったのだ。

混乱するイギリス

ローマ教会との対立を通じて、王権の拡大に成功したヘンリー8世が1547年に死ぬと、イギリスは混乱期を迎えることになった。

ヘンリー8世の後を継いだのはわずか9歳のエドワード6世であったから、伯父のサマセット公が摂政となったのだが、そこで問題となったのは宗教問題であった。

というのも、エドワードもサマセット公も新教徒であったので、イギリス国教会の教義をプロテスタント流に変えることにしたのである。1549年には「礼拝《れいはい》統一法」が議会で制定された。

これによって、聖職者の結婚が合法化され、教会内の聖像を撤去するなどの変革も強行されたところ、国内各地で反乱が起こった。

この大混乱の中、病弱なエドワードが在位6年で死ぬと（1553年）、ますます政局は混乱した。

というのもサマセット公の弟であったウォリック伯（のちのノーサンバーランド公）がエドワードをそそのかして王位継承順位を変更して、自分の息子の嫁であったジェーン・グレイを新女王にしようとしたのだ。この順位変更は「王国の基本法 lex fundamentalis」に反するものであったから、いかに強要されても、当時の議会は承認できないものであった。

この事態に対して、ヘンリー8世の最初の妻キャサリンの娘で、正当な王位継承者だったメアリ・テューダーは、ジェーン・グレイを王座から引きずり下ろし、のちに彼女を死刑にする。

ブラッディ・メアリとの対立

「ブラッディ・メアリ」（血なまぐさいメアリ）が即位しても、イギリス政治の混乱は終わらなかった。というのも、新女王は母親譲りのカトリック教徒であったからである。

メアリは父ヘンリー8世の時代に作られた反ローマ教会の法律を次々と廃止したし、また新教徒の聖職者たち多数を「異端」として処刑してしまった。議会はこのメアリの暴挙を拒否できなかった。

といっても、この時代の議会が完全に無力であったかといえば、そうではない。

メアリにしても、ヘンリー8世時代の法律を廃止するには議会での決議を必要とした。彼女もまた議会を無視できなかった。

さらにメアリがカトリック大国であるスペイン王子（のちのフェリペ2世）と結婚したときには、イギリスがスペイン王国と、その政策に左右されないことを議決した。また、スペイン王が「イギリス王」を称することや、スペイン王が直接にイギリスの国費を使うことも拒否した。

かくして、ヘンリー8世のころの「従順議会」は、新しい時代の議会への第1歩を踏み出したのである。

名君エリザベスが議会を育てた

メアリ女王の偏狭《へんきょう》な信仰姿勢を見て、イギリス人はカトリックが嫌になっていたので、彼女の死後、新教徒のエリザベス1世が女王になったのを見て、大いに歓迎した。エリザベスは、ヘンリー8世の2番目の妻アン・ブーリンの娘である。

このエリザベス女王は美貌と同時に、政治の天才にも恵まれていた。彼女は父ヘンリー（8世）の政治手法を踏襲し、さらにそれを深めていった。また議会との関係もさらに良好になった。

彼女は絶対君主でありながら、その権力を直接に振るうことが少なかった。どんな政策もかならず議会の支持を得てから行なうことにしたし、また、議会をそのように導くことの名人であった。

スペインに対する宣戦布告（1588年）や、スコットランド女王メアリ・ステュワートの処刑といった歴史的決断は、すべてエリザベスの意志でありながら、彼女はけっして自分からそれを言い出さず、議会から言い出すようにし向けた。彼女は純粋な絶対君主であったけれども、後代の立憲君主のように振る舞ったのである。

女王と議会の良好な関係の中で重要な変化が起きた。

それは「議会における言論の自由」の確立である。この権利こそ、のちに憲法の最重要項目となる（日本国憲法第51条、帝国憲法第52条）のだが、その濫觴《らんしょう》（源流）はエリザベス朝に発する。

エリザベスは議会を重視し、議会の支持を渇望《かつぼう》したから、けっして議会に圧力をかけなかった。そこで議員たちは女王を愛しながらも、あえて女王の結婚問題や相続問題を活発に論じた。こうした「無礼な発言」をしても女王自身は、それを許した（議会の側が自粛《じしゅく》したり、枢密顧問官が弾圧した例はある）。

こうして議会は言論の府へと変貌していったのである。

子どものなかったエリザベスが死に、「王国の基本法」に基づいて即位したのが、「謀反人《むほんにん》」メアリ・ステュワートの子ジェームズ1世である。

スコットランド生まれのジェームズはイギリス議会の何たるかを知らなかったので、議会を無視して、王権神授説を振り回した。また、議員に対して有形無形の圧力をかけた。

その結果、ついにジェームズの弟であるチャールズ1世のとき、ピューリタン革命が起こるわけだが、このとき議会が国王に抵抗したのも、エリザベス時代に作られた伝統ゆえであった。

名君エリザベス時代に発達した議会は、ついに国王をも倒すほどに成長したのである。

王政復古から名誉革命へ

ピューリタン革命がクロムウェルの死とともに終わりを告げると、王党派が力を盛り返し、殺された国王の子であるチャールズ2世が1660年に即位する。いわゆる王政復古である。

王政復古は、当初、革命の混乱に懲りたイギリス人に歓迎されたが、チャールズ2世も、その弟ジェームズ2世もともにカトリックであったため、その蜜月《みつげつ》状態は長く続かなかった。

ジェームズの時代になると、議会の離反は決定的になった。かくして行なわれたのが名誉革命である。

1688年、議会の代表者たちは秘密裏にオランダ総督であるオレンジ公ウィリアムに嫁《とつ》いだ新教徒のメアリに接触した。彼女にその意志があるのならイギリス国王位を与えるという前代未聞の提案がなされた。

この提案を聞いたメアリとウィリアムはさっそくイギリスに軍隊を率《ひき》いて上陸、ジェームズは亡命した。

こうして議会はみずからの力で新しい国王を選んだわけだが、そこで問題になったのはメアリの夫ウィリアムの扱いであった。

結局、議会は1689年、「権利の宣言」を起草し、これを承認することを条件にウィリアムとメアリを「共同統治者」にすることに決した。

この宣言では、法の支配が国王の支配に優先すること、課税には議会の承認が必要であること、議会内における言論の自由などが記されていた。この宣言は「権利の章典 Bill of Rights」として議会で可決され、法律となった。

この名誉革命によってついにイギリス議会の地位は確定したのである。

第5章

民主主義と資本主義は双子だった

人間は便器である!?

前回の講義で、予定説についての解説をしてきました。

予定説では、人間が最後の審判において救済されるか否《いな》かは、すでに決まっているというわけなのですが、この教えをさらに突き詰めて考えていくと「人間は神の奴隷《どれい》にすぎない」という結論が出てくる。

つまり、人間は一見、自由意志を持っているように見えるけれども、そんなものはマヤカシである。しょせん人間というのは神様の操《あやつ》るがままに動くデク人形、要するに、神の奴隷であるというわけです。

だから、最後の審判の際に、誰が救われ、誰が救われまいと、そんなことは神様が勝手に決めることであって、奴隷である人間には何の発言権もない。文句があっても、黙っていろということです。

これを明確に述べているのが、パウロの「ローマ人への手紙」です。

察するに、当時の信徒の中にも「神が一方的に救済を決めるなんてひどいじゃないか」という声があったのでしょう。

しかし、パウロはキリストの12使徒の1人ですから、後代のローマ教会のように変節《へんせつ》などしません。堂々とこう言《い》い放《はな》っています。

「神に口答えするとは、あなたは何者か。造られた物が造った者に、『どうしてわたしをこのように造ったのか』と言えるでしょうか。焼き物師は同じ粘土《ねんど》から、一つを貴《とうと》いことに用いる器に、一つを貴くないことに用いる器に造る権限があるのではないか」(「ローマの信徒への手紙」9－20〜21)

同じ土が美しい花瓶《かびん》になることもあれば、便器になることもある。土から何を作るかは、陶器職人が決めることで、土には何の権利もない。

それと同じで、人間が救われるか救われないかを決められるのは、人間を作った神様だけである。

「どうして自分が救われないのか」と神にたずねるのは、土が「どうして自分は便器になったのか」と陶器職人に聞くようなものだというのです。

なぜ、神は人を救うのか

――救われない人は、便器である！　そこまで言われると、やはり腹が立ってくる。だったら、いったいなぜ神様は人間を救ったりするんですか。いっそのこと全員を永遠の死に追いやったほうが、話も簡単でしょう。

いい質問です。それについて、パウロは明確にこう述べています。

「御自分の豊かな栄光をお示しになるため」（同9－23）

つまり、人間を救うのは、神様の力の素晴《すば》らしさを示すためであるというわけです。堕落《だらく》しきった人間でさえも救えるのであれば、神様の力が無限大であることが明確に証明できるというものでしょう。だから、神様は人間を救うのです。

――というと、別に神様は「哀れな便器」だと思って、人間を救ってくださるわけじゃない。

神様の心は人間には計《はか》りしれないが、そう考えたほうが理屈に合う、というわけです。

そもそも人間がエデンの園で神様を裏切ったことがすべての始まりなのだから、今さら憐《あわ》れみを期待できる立場ではありません。人間は例外なく原罪《げんざい》を背負った身。その原罪を与えたのは、他ならぬ神様です。

したがって、神様が人間を救うのは、憐れみ以外の要素であろうと推測したほうが合理的ではありませんか。

結局のところ、人間とは神の栄光を顕《あら》わすための道具にすぎない。こう考えるのが本来のキリスト教であり、カルヴァン主義者なのです。

――ずいぶんキリスト教の神様というのは、人間軽視ですね。

人間軽視どころではありません。人間には何の価値もないし、何の可能性もないというのがキリスト教です。そのくらい、人間はどうしようもなく堕落しきった存在です。しかし、だからこそ神様にすがるしか、人間には方法はないというわけです。

※人間には何の価値もない 古代末期に現われた思想家アウグスティヌスはこう言い放っている。「人間は本来、無であって、神は無から人間を創造したのであるから、放っておけば無にしかならない」。人間とは真夏のかき氷みたいなものなのである。

――でも、本当にこんな宗教から民主主義が生まれてくるんですか。先生の話を聞いていると、キリスト教くらい民主主義とはかけ離れた宗教はないように思えるんですが。

たしかに、キリスト教の予定説では人間は奴隷であり、神の道具です。その意味では、人間には権利もなければ、自由もない。近代民主主義とは正反対です。

これに対して仏教は「人間も努力次第《しだい》で悟《さと》りを開ける」というわけですから、人間の能力や可能性を肯定しています。その点においては仏教のほうが、民主主義に近いと言うこともできるでしょう。

しかし、近代民主主義は仏教から生まれてこなかったし、儒教《じゅきょう》からも生まれてこなかった。民主主義とは最も遠いキリスト教が支配するヨーロッパから生まれてきた。これはけっして偶然などではありません。そこには、ちゃんとした必然性があるのです。

では、キリスト教、ことに予定説がいかにして民主主義の土壌《どじょう》になったかを、これから説明することにいたしましょう。

笑止千万「子どもの人権」

さて、民主主義の誕生を語るためには、まず「民主主義とは何か」を明確にしておく必要があります。民主主義の定義が曖昧《あいまい》では、議論も曖昧になるというものです。

そこでまず、大切になってくるのが「人権」に対する理解です。人権という概念は、近代民主主義の誕生によって、初めて生まれたもの。

民主主義よりも議会や憲法は先に生まれていたわけですが、人権は違います。人権と民主主義はワンセットであり、切っても切れない関係にある。だから、人権が理解できていなければ、民主主義も理解できていないことになる。

ところが、困ったことに日本人は、この人権という言葉を実に理解していない。

その最たる例が、「少年の人権」などという言い方です。

つい先日も少年法改正をめぐる問題で、大新聞がさかんに「少年の人権を守れ」などと言った論説を掲《かか》げていました。未成年者の起こした事件を大人と同じように法廷で裁くのは、少年の人権という観点から考えると問題であるから、少年法を軽々《かるがる》しく改正すべきではないといった趣旨のキャンペーンが行なわれました。

しかし私に言わせれば、「少年の人権」など笑止千万《しょうしせんばん》。バカもいい加減にしなさいと言いたい。

――いいんですか、そんなこと言って。

本当のことを言って、どこが悪い！

今の大新聞の記者は偏差値《へんさち》の高い大学を出た連中が多いはずだが、民主主義の「み」の字も知らないと見える。こんなことだから、日本のジャーナリズムは世界で評価されないのです。

日本のマスコミは何かにつけて「人権、人権」と騒ぎ立てるのに、人権とは何かという基礎知識すら持っていない。

そもそも人権というのは、万人に平等に与えられるもの。人間でありさえすれば、誰にでも無条件で与えられるというのが人権の概念です。

しかるに、「少年の人権」とは誤用《ごよう》もはなはだしい。子どもだけに認められ、大人には認められない権利があるとしたら、それは子どもの「人権」とは言いません。それは、子どもの「特権」です。

だから、少年法の問題にしても、「少年に特権を与えよ」という論説を書くべきなのです。

——たしかに殺人事件を起こしても刑事裁判にかけられないというのは、大人にはない特権ですよね。

しかし、「少年に特権を与えよ」というのでは大衆の支持が得られないと思ったのか、新聞社は「少年の人権」なる用語を濫発《らんぱつ》した。だが、それでは議論のすり替えと言われてもしかたがありません。

少年法をめぐる議論はあくまでも、子どもに特権を与えるべきか否かの問題です。それなのにマスコミみずからが議論のミスリードをするとは、嘆《なげ》かわしいにもほどがある。しかし、これが今のマスコミのレベルなのです。

——これでは憲法が死んでもしかたがない。

そういうことです。

最初に特権ありき

さて、なぜ「少年の人権」などという話を私が持ち出したかといえば、「人権」という考えそのものが近代民主主義の誕生と密接に関係しているからです。もっと言うならば、近代民主主義が出てくるまで、地球上のどこにも「人権」などという概念はなかった。

人権がまったく存在しなかった代わりに、それこそ腐《くさ》るほどあったのは「特権」です。

中世には、あらゆる人が特権を持っていました。王様には王権があったし、領主たちにも領主の特権があった。商人や職人たちはギルドという特権的な組合を結成して、新規参入《しんきさんにゅう》する業者を徹底的に排除した。農奴の場合、その特権はとても小さかったけれども、それでも「家族をバラ売りされない」という権利を持っていました。領主といえども、農奴の特権を奪うことはできませんでした。

このように中世は特権だらけの社会であったので、王様といえども自由に振る舞うことができなかったことは、すでに述べたとおりです。しかも、中世は伝統主義が支配する社会ですから、その特権は親から子に受け継がれていった。商人の子は商人になり、領主の子は領主になったのです。かくして特権社会は、営々《えいえい》と続いていった。

こうした事情は、絶対王権が成立した後も基本的には変わりません。

たしかに王権が強大になったことで、それ以外の人々の持っている特権は相対的に弱くはなりました。しかし、それでも領主の特権は領主の跡取《あとと》りが、商人の特権は商人の跡取りが受け継いでいたのです。伝統主義も残っていました。

ところが、予定説を信じる人々が登場したことによって、そうした特権は「人権」へと変貌《へんぼう》した。一部の人だけが特権を持つのではなく、誰もが同じ特権を持っている。それを人権と呼ぶようになったわけです。だから、「少年の人権」などという言葉を使うのは、歴史の歯車《はぐるま》を反対に回す暴挙としか言いようがない。

人権とは、あくまでも誰もが等《ひと》しく持っているもの。一部の人しか持ってない人権は、中世の特権と何ら変わることがないのです。

王様も領主も神の奴隷

なぜ、1000年も続いてきた中世の社会が、予定説によってあっという間に覆《くつがえ》ったのか。そして特権が人権へと変身したのか……その理由は、プロテスタント信者の気持ちになって考えればすぐに分かります。

シマジくん、予定説を信じたプロテスタントというのは、どんな人たちだったかね。

——信仰の無限サイクル、つまり朝から晩まで神様のことを考えている人たちですね。

寝ても醒《さ》めても、彼らの意識の中にあるのは神様のことであり、最後の審判の時、はたして自分が救われるのかということだけ。それが熱心なプロテスタントです。

では、そんな人たちにとって、現世のことはどう見えるでしょう。

——要するに「どうだっていい」という感じでしょうね。信仰オンリーなんですから。

そのとおり！　そこが大事なところです。

そもそも予定説の考えの基本にあるのは、無限で万能の力を持つ神様。この神様なくしては、予定説はありえない。こんな神様は仏教にも儒教《じゅきょう》にもありません。だからこそ、日本人には予定説が想像もできないわけですが、こうして神様をとてつもなく高い場所に置いたとき、その神様を信じる人にとって、世界はがらりと変わって見える。

どんな人間だって、偉大な神様に比べれば、けし粒以下の存在に見えてくる。そして、この世の決まり事など、大したことはないと思えてくる。プロテスタントの人々はまさしく、そう感じたのです。

それまでのヨーロッパ人にとっては、王様や領主というのは、途方《とほう》もなく偉い人に見えた。生まれたときから、王や領主としての特権を持っているのですから、農奴や商人などから見れば「人間の種類が違う」という感じでした。

ところが、予定説を信じると、その風景が違って見えるのですね。

神様の目から見たら、王様も自分も大した違いはない。しょせんは原罪を背負った、神様の奴隷にすぎない。スペースシャトルから富士山を見れば、せいぜい地面に皺《しわ》が寄ったようなものだというのと同じです。予定説を信じると、王様だろうが領主だろうが、平民と同じ人間ではないかという意識が生まれてくる。

——なるほど、そこで人間が平等であるという考えが出てくるわけですね。

人間は神の下にあって、みな平等である。したがって、人間が持っている権利もまた、みな同じである。そこから人権という考えが生まれた。予定説が民主主義のスタートラインであるというのは、まさにそのことです。

予定説は「革命のすすめ」!?

しかし、大事なのはそれだけではありません。社会を見る目さえも変わってくる。ここが肝心《かんじん》です。

繰り返しになりますが、当時の社会は伝統主義が支配する社会です。「永遠の昨日」という言葉が示すように、社会の仕組みや決まりを人間の都合で変えてはならないというのが伝統主義です。

ところが予定説を信じると、その伝統主義もまた色あせて見える。

なぜなら、神の絶対を信じているプロテスタントからすれば、「昨日まで、そうやって来たから」という理由では納得《なっとく》できない。彼らにとって何より大事なのは、それが神の御心《みこころ》に沿《そ》っているかどうかだけです。だから、神様のためなら社会の仕組みなんてぶち壊して、作り替えてもかまわない。

——つまり、革命だ。

そう！　近代の歴史は革命の歴史と言ってもいいわけですが、その革命もまた予定説の産物[※]だった。

※予定説の産物　20世紀の世界を動かしたマルクス思想は、本質的に予定説である。マルクスは資本主義の崩壊は必然であって、その後に「労働者の楽園」が来るとしたが、これはまさに予定説ではないか。もちろん、この場合、「救済」されるのはマルクス信者に限られるというわけである。だがマルクスの予定説は、ソ連の崩壊によって力を失った。これに対して、カルヴァンの思想は回り回ってアメリカ合衆国を作ったわけだから、やはり本家本元は強い。

神のためなら、社会をひっくり返してもいい……この考えがそのままフランス革命、ひいてはロシア革命につながるのです。

革命の概念にしても、平等の概念にしても、予定説がなければ作られないものです。カルヴァン以前には、まったく誰の頭にもなかった。ここが近代民主主義の本質を理解するうえで、絶対に忘れてはならないポイントです。

革命を起こした総理大臣の子孫

予定説が近代民主主義を作り出すバックボーンになったことを示す、最も目覚ましい例はイギリスのピューリタン革命です。

この「革命」は、まさしく予定説を基礎に行なわれたものでした。

ルター、カルヴァンによって広められたプロテスタンティズムは、ヨーロッパ各地に広がっていき、信者を増やしました。フランスではユグノー、イギリスではピューリタン※（清教徒）と、信者の呼び名こそ違いますが、いずれも予定説が信仰の根底にありました。

※ピューリタン　厳密に言えば、ピューリタンの中には、カルヴァン派ではない人もいたのだが、思想的に見ればカルヴァンの影響は否定できない。

このプロテスタントの人たちにとっては、それまでの特権だらけの社会がデタラメなものに見えた。王が生まれながらにして尊《とうと》いなどという考え方は、彼らからしてみれば信じるわけにはいかないのです。

1579年にネーデルランド（オランダ）北部のプロテスタントたちがフェリペ2世の廃位を宣言して、ネーデルランド共和国を作ったのも、その1つの現われと言えます。

しかし、予定説が最も先鋭《せんえい》的な形となって政治の前面に現われたのは、何と言っても1642年に始まるピューリタン革命です。

ピューリタン革命は、当時のチャールズ1世が絶対王権を振りかざしたことに対して、議会が反発したことから始まるのですが、騒ぎは激化して内戦が勃発《ぼっぱつ》し、オリバー・クロムウェル率《ひき》いるピューリタンの独立派が主導権を得て、ついには国王を処刑してしまいます。

国王に対して臣下が死刑宣告を下すなど、それまでのヨーロッパでは考えられなかったことでした。

この革命の中心人物クロムウェルは、革命家なのだから民衆の出身なのだろうと思う人もあるかもしれません。しかし、それは違います。

彼の出たクロムウェル家は、イギリスのジェントリー階層の出身で、もともと貴族の次の次くらいの特権を持っていた。彼の先祖に当たるトマス・クロムウェルはヘンリー8世時代の大政治家で、※枢密顧《すうみつこ》問官《もんかん》などの役職を歴任し、いわゆる「チューダー統治革命」※を完成させた人です。今の感覚でいえば、総理大臣くらいに出世したのですから、クロムウェル家は堂々たる王党派の特権階級であった。

※枢密顧問官 枢密院とは絶対王権における国王の諮問《しもん》機関のこと。君主の任命する枢密顧問官の合議によって、政策の立案が行なわれた。議会制度の発達で、内閣が作られるようになると枢密院の役割は低下した。

※チューダー統治革命 ヘンリー8世は絶対君主でありながら、重要な決定はすべて議会を通した。これによって議会はその重みを増すのだが、こうした変化を指して「チューダー統治革命」と称する。詳しくは第4章末のコラム「かくして議会は誕生した」を参照。

ところが、その王党派の出身であるオリバー・クロムウェルでさえ、母親の影響で熱心なピューリタンになると、「王様を殺しても許される」と考えるようになった。この一事を見ても、いかに予定説が人間を変えるかがよく分かるというものです。

実際、歴史書を読むと、このオリバー・クロムウェルという人物は、若いころは内気で、臆病《おくびょう》な青年だったそうです。

ところが、だんだんにピューリタンの信仰に目覚めてくると、人間ががらりと変わった。チャールズ1世の軍隊と衝突したときは、さしものクロムウェルも負けを覚悟した。しかし、たとえ殺されても、それでもかまわない。これは神が自分に与えたもうた使命なのだから、死んだっていいと言った。

——前回の講義で、「予定説を信じると、怖いものがなくなる」とおっしゃっていましたが、本当なんですねえ。

民主主義の扉を開いた「人民協約」とは

クロムウェルはピューリタンの信仰に目覚めて、ついには「国王殺し」をしたわけですが、しかし、思想の鋭《するど》さから言えば、まだまだ上があった。クロムウェルと協同して革命を行なった「水平派」と呼ばれる人々です。

この水平派の考え方は、その名のとおり、万人は平等なのだから選挙権も等《ひと》しく与えるべきだという主張を持っていた。そして1647年、この考えを盛り込んだ、きわめて民主主義的な成文憲法案「人民協約」をクロムウェルたちに認めさせようとしたわけです。

もし、この人民協約が成立していたら、このとき民主主義の1ページは華々しく開かれたでしょう。

誰もが生まれながらにして、平等の権利、つまり人権を持っているという考えはアメリカ独立宣言で結実しますが、人民協約はそれよりも120年以上も前のことでした。しかも、その人民協約には選挙権の平等ばかりでなく、思想信仰の自由までが保障されていたのですから、今の民主主義の基礎がここにあったと言っても過言ではありません。

しかし現実には、そうなりませんでした。

というのも、さすがのクロムウェルでさえ、この水平派の考えにはついて行けなかった。

これに先立つ1645年、クロムウェルは史上名高い「ニュー・モデル・アーミー」※という革命軍を組織して王の軍隊を破るわけですが、そのとき彼の勝利に貢献《こうけん》したのが、手工業者や農民を中心とした水平派でした。

※ニュー・モデル・アーミー　「新模範軍」とも訳されるクロムウェルの軍隊が強かったのは、この軍隊のシステムが画期的であったからである。中世の戦争は、騎士と騎士の一騎打ちといった個人プレーが中心だったが、ニュー・モデル・アーミーは集団としての作戦行動を重んじた。家柄や職業に関係なく、実力主義での人材起用が行なわれたし、軍律も厳しかった。

こうして革命が成立すると、まずクロムウェルが行なったのは革命軍全員による会議です。将兵《しょうへい》全員の討議で革命方針を決めようというのだから、クロムウェルも先進的な考え方を持っていたわけですが、しかし、それよりも先を行っていたのが水平派だった。

パトニーの大論争

この会議で行なわれた激論は、会場となったロンドン郊外のパトニーという地にちなんで「パトニーの大論争」と言われています。

「イングランドで生まれたすべての人間に選挙権を」という水平派の主張に対して、クロムウェル側の代表者アイアトン将軍は「万人に共通する権利など、あるはずがない。財産を持っていない人間が、国政に口出しすべきではない」と猛反対した。

アイアトン将軍はクロムウェルの娘婿《むすめむこ》ですから、もちろん革命の思想はよく理解している。しかし、その彼でさえ「バカなことを言うな」と反発したのです。

私たちは「万人は平等である」ことなど、当然の常識のように思っていますが、それは全然違う。当時の感覚からすれば、アイアトン将軍のほうがごく一般的な反応です。というのも、すでに述べたように当時の社会では「権利は身分によって違う」、つまり身分ごとに特権があるというのが、不動の真理だと思われていました。

中でも重要なのが、アイアトンの言った「財産による区別」、とりわけ土地による区別でした。土地を持っている貴族、あるいは準《じゅん》貴族、準々貴族などの特権階級は、議会に代表者を送ることはできるけれども、それ以外の人々は政治的発言権を持たない。これが中世の常識です。

それをいきなり「万人が平等な権利を持っている」というのですから、これは言ってみれば、天動説をひっくり返して、地動説を唱えるようなもの。だからコペルニクスと同じように、水平派の人々は迫害された。

――しかし、結局は地動説が真理と認められたように、平等や人権という概念も定着したわけですよね。

だが、それには大変な時間がかかりました。

アメリカの独立宣言は120年以上も後のことですし、またイギリスで普通選挙らしきもの[※]が行なわれはじめたのは、それから3世紀近くも経った1911年です。そのくらい人権という概念は、人類にとって馴染《なじ》みのない、受《う》け容《い》れがたいものだったと言うことができるでしょう。

※普通選挙　イギリスでは最初、選挙権を持つのはごく限られた特権階級だけであった。その選挙権の範囲は1832年に少しだけ広げられたが、1911年になって、さらに拡大された。といっても、このときも男性は普通選挙になったが、女性の選挙権はごく限られたものだった。イギリスの選挙が本当の普通選挙になるのは第2次大戦が終わってからのことである。

しかし、いったん生まれた「平等」「人権」という概念は、けっして失われることがなかった。

最初は、今にも消えてしまいそうな小さな流れがやがて渓流になり、最後には渺々《びょうびょう》たる大河になった。今の民主主義は、こうして生まれたのです。

資本主義の起爆剤

ところで、予定説が誕生した結果、作り出されたのは民主主義ばかりではありません。それと同時に、近代社会を支えるもう1つの柱、すなわち近代資本主義が生まれました。

言うなれば、民主主義と資本主義は同じ母から生まれた双生児であって、この2つを切り離して考えることはできません。ですから、いかにして予定説が近代資本主義を産み出したかをここで述べておきたいと思います。

近代資本主義というのは、単に技術が進み、産業が勃興《ぼっこう》し、経済が盛んになれば自然に生まれてくるものだと思われがちです。しかし、それは違います。近代資本主義が成立するためには、プロテスタンティズムという起爆剤《きばくざい》が必要でした。

この歴史的真実を見事《みごと》に言い当てたのが、本書ですでに紹介したドイツの社会学者マックス・ウェーバーです。彼は不朽《ふきゅう》の名著『プロテスタンティズムの倫理と資本主義の精神』において、このことを立証しました。彼の論文は日本語訳で400ページ近くの大著ですが、その要点をかいつまんで説明しましょう。

陶朱・猗頓の富

先ほども述べたように、資本主義は、その名のとおり産業が発展し、資本が蓄積されていけば、自然に生まれてくるものと思われています。しかし、考えてみれば、何も近代のヨーロッパを待たずとも、それ以前にも経済が発展した場所はあるし、また大富豪もたくさんいた。

そのいい例が中国です。かの司馬遷《しばせん》が著わした『史記《しき》』の中に「貨殖列伝《かしょくれつでん》」という有名な巻があります。

これは春秋《しゅんじゅう》・戦国《せんごく》時代の中国において、商業で成功を収め、大富豪となった人々の伝記を記したもの。言うなれば、サクセス・ストーリーの巻です。

中でも有名なのは、陶朱《とうしゅ》の物語です。熟語に「陶朱・猗頓《いとん》の富」という言葉があるくらい、この2人の成功はよく知られています。

春秋時代の越王《えつおう》であった勾践《こうせん》の忠臣《ちゅうしん》に范蠡《はんれい》という人物がいた。この范蠡はある時、越王に進言して「国を富ませたければ、物価法則を利用すべきです」と言った。

つまり、物価上昇が極端になれば、やがて物価は下落《げらく》に転じる。逆に、物価が極端に下がれば、その後は上昇する。この法則を熟知して、市場でモノを売り買いすれば、国庫はたちまちにして豊かになるでしょうと言ったわけです。

この当時でも優《すぐ》れた商人なら、こうした法則は知っていたかもしれませんが、それを国家の経済政策にすべきだと説《と》いたのは、おそらく范蠡が史上最初であったでしょう。

この結果、越国はたちまちにして豊かになり、長年の宿敵であった呉国《ごこく》を倒すに至るのですが、この大成功を見届けると、范蠡は越国の首相を辞任して、自分自身が商人になって金持ちになることを思い立った。

――首相から商人とは、大胆な転職ですな。

こんな例は現代でも、なかなか見あたりません。そのくらい、当時の中国においては商業が盛んであったとも言えるわけですが、その范蠡は陶《とう》という地に行って、朱公《しゅこう》と名乗った。すなわち、陶朱です。陶は天下の中央で、諸国の通商がしきりに行なわれている。朱公はそこで店を開き、マーケットの動向をよく観察して、大いに利益を上げた。あまりにも金持ちとなったものだから、陶朱と言えば金持ちの代名詞になった。

ちなみに、「陶朱・猗頓の富」の猗頓とは、朱公の弟子になった人物です。猗頓は朱公から経済法則の奥義を伝授され、牧畜で得た富を元手《もとで》に製塩業を行なって巨富をつかんだと言われています。

なぜ、中国やアラブでは資本主義が誕生しなかったか

さて、この陶朱・猗頓の物語は、春秋・戦国時代、つまり今から2000年以上も前の話ですが、その後も中国ではどんどん経済が盛んになり、ついに宋《そう》の時代になると中国の経済力は世界一になります。※この経済大国・宋との交易によって巨富を得て、日本で政権を取ろうとしたのが、かの平清盛《たいらのきよもり》であることは、よくご存じでしょう。

※中国の経済力 この後も中国の経済力は大きくなり、それが国際的に頂点に達したのは明代《みん》（1368－1644年）である。万里の長城も、この時代に完成する。明の永楽帝《えいらくてい》（在位1402－24）は西欧よりも100年も前に、鄭和《ていわ》に命じてインド洋を越える大航海を行なわせた。

宋においては大運河がいくつも造られ、各地に世界最大規模の商業都市が誕生した。また地方では、さまざまな鉱山が開発されたり、また景徳鎮《けいとくちん》の陶磁器をはじめ、各地に産業が勃興《ぼっこう》します。

さらに文化の面でも、宋は中国史の頂点をきわめたと言っても過言ではありません。学問は朱子学《しゅしがく》を

はじめとして多種多様なものが生まれたし、また美術においては皇帝の徽宗《きそう》みずからが大画家になったほどです。

しかし、それだけ巨大な経済が成立しても、とうとう中国には資本主義は発生しませんでした。

これはアラブ世界も同じです。前にも述べたとおり、かつてのアラブ世界はヨーロッパとは桁違《けたちが》いの経済力、文化力を持っていました。

それを象徴するのが、例の「シンドバッドの冒険物語」※です。シンドバッドは海を渡って、さまざまな冒険を重ねながら大富豪になるわけですが、これはそのまま当時のアラブ人の姿でもありました。アラブの商人たちは、世界を股《また》に掛《か》ける大貿易商だったのです。

※シンドバッド　アラブ古典文学の『千夜一夜物語』の主人公がシンドバッドである。シンドバッドはペルシャ湾からインド洋にかけて7回の大航海を行なったとされている。

しかし、そのアラブでも近代資本主義は生まれませんでした。

中国もアラブも、かつてはあれだけの栄華《えいが》を誇りましたが、いまだに近代資本主義は存在しないと言っても過言《かごん》ではありません。

資本否定の思想が資本主義を作る

大塚久雄《おおつかひさお》博士は、このことを「前期的資本《ぜんきてきしほん》」という用語を使って説明しています。すなわち元手としての「資本」は歴史が始まって以来、世界中のどこにでもある。その意味では資本の歴史は、人類の歴史と同じくらい古いのです。

しかし、そうした元手がどれだけ1ヵ所に集中しようとも、そこに「資本主義の精神」が注入されないかぎり、それはいつまで経っても前期的資本のままで、近代資本主義の精神にはならない。

では、近代資本主義の精神とは、どういうところに生まれるのか。

そのことをウェーバーは、こう記しています。

「近代資本主義の萌芽《ほうが》は、オリエントや古典古代とは違って、徹底的に資本に敵対的な経済学説が公然と支配してきた地域に求められなければならない」(『一般社会経済史要論』黒正・青木訳)

近代資本主義が誕生するには、資本、すなわち金儲けを真《ま》っ向《こう》から否定する思想がなくてはならない
……このマックス・ウェーバーの言葉を聞いて、何かを思い出さないかね、シマジくん。

――なんだか、民主主義の始まりと似ていますね。

そうです。近代民主主義の平等や人権という概念が生まれるのには、人間の価値を徹底的に否定する予定説の教えが必要だったと、この講義の冒頭で述べました。

近代資本主義の成立もまた同じです。利潤《りじゅん》を追求する資本主義が誕生するには、まず金儲けそのものが徹底的に否定される必要があった。その資本否定の思想とは、他でもない、あの予定説なのです。

利息を禁じたキリスト教

そもそもカルヴァンが現われる以前から、キリスト教は金儲けを許さない宗教でした。それはなぜかと言えば、聖書にそう書かれているからです。
「もし、あなたがわたしの民、あなたと共にいる貧しい者に金を貸す場合は、彼に対して高利貸しのようになってはならない。彼から利子を取ってはならない」(「出《しゅつ》エジプト記」22-25)
これは神が預言者モーゼを通じて、イスラエルの民に伝えた戒律の中にある言葉です。

したがって、旧約聖書を聖典とするユダヤ教徒もキリスト教徒も、金貸しをしてはならなかったわけです。

というと、読者の中には、「『ベニスの商人』に登場するシャイロックはユダヤ人なのに金貸しをしているではないか」と思う方もあるでしょう。

しかし、神の与えた掟《おきて》によれば、同胞《どうほう》から利子を取ってはならないのであって、異教徒ならいくらむしり取ってもかまわなかった。ユダヤ人のシャイロックがキリスト教徒から利息をふんだくっても、これは別に問題にはならないというわけです。

キリスト教でも本来は高利貸しなどをして、貪欲《どんよく》に金儲けをしてはいけないとされていました。

ちなみに、こうした考え方は儒教にはありません。孔子《こうし》の言行集《げんこうしゅう》である『論語《ろんご》』をつぶさに検討してみれば分かりますが、儲けるのは悪いとは一言も言っていない。

たとえば、孔子は「富と貴《たっと》きとは、これ人の欲《ほっ》するところなり」（里仁・第4）、つまり「富や地位を求めるのは人間の性《さが》である」と言っていますが、これは単に「人間とはそういう存在だ」と述べただけのことで、儲けるのが道に反しているとは明言していません。

儒教と独占禁止法の共通点

――それにしても儒教が金儲けを禁じていないとは意外ですね。

そもそも孔子の儒教とは、君子たる政治家が天下、すなわち中華世界の統治をうまく行なうためにある教えです。

つまり孔子が教え導《みちび》きたいのは、国の統治者たる「聖人」と、その役人たる「君子」であって、庶民ではない。

つまり、天下をあずかる政治家が儒教を守って正しい政治を行なえば、社会全体がうまく行く。これが儒教の本質です。

キリスト教や仏教は個々人を救済するための宗教ですが、儒教では個人を相手にしません。天下全体を救う、いわば集団救済の宗教だと言うことができるでしょう。

そんなわけだから、孔子は利潤の追求を否定も肯定もしないのです。商人は商人で、勝手に稼業《かぎょう》に励《はげ》めばよろしい。そんなことは、天下国家を考える儒教とは関係のない話なのです。

ただし、そんな儒教でも、商業について制限がまったくないわけではありません。

というのも、一部の人だけが豊かになれば、社会全体の秩序や幸福が乱される可能性もある。そうなれば、天下の政治もまた乱れてくるからです。

それを明確に述べているのが、孟子《もうし》です。「独《ひと》り富貴《ふうき》の中において、壟断《ろうだん》を私《わたくし》するものあり」（『孟子』公孫丑・第2）、つまり商売はよろしいが、富の独占はいけない。

——まるで公正取引委員会のスローガンですね。

たしかに、その意味では儒教は近代資本主義と共通の面も持っています。

資本主義を追求すれば、やがては独占に行き着いて、市場原理が失われてしまう。自由市場を放任しておけば、やがて自由ではなくなる。

これはご承知のとおり、経済学の基本テーゼの1つです。

だからこそ、アメリカ政府などは独占企業のAT&Tを分割したし、今もビル・ゲイツのマイクロソフトに対しても、「壟断《ろうだん》を私《わたくし》するもの」としてさかんに牽制《けんせい》しています。

しかし、儒教の下では、1000年経っても、1万年経っても近代資本主義は出てきません。利潤追求を最初から許してしまったのでは、前期的資本の段階を越えることはできないのです。

やはり、そこにはキリスト教のような、利潤追求を真正面《ましょうめん》から否定する宗教がなくてはならないというわけです。

世界の1割を所有したフッガー家

さて、キリスト教が堅《かた》く利潤追求を戒《いまし》めていたとは言っても、世の中には商業も金貸しも必要です。

そこで徐々に、こうした規制はゆるんできて、中世のカトリック教会ともなれば抜け穴だらけになった。

その象徴的な例が、イタリアのメジチ家※であり、南ドイツのフッガー家※です。フッガーに至っては、世界の富の10分の1を所有していたと言われるくらいです。

※メジチ　15世紀のフィレンツェで銀行業を営んだメジチ家は、ローマ教会との取引を通じて大富豪になった。メジチ家から2人の法王、2人のフランス王妃が出たことは有名。

※フッガー　南ドイツ・アウクスブルクのフッガー家は銀や銅の採掘によって巨利を得た。その富はメジチ家の5倍以上もあったと言われ、スペインとオーストリアのハプスブルク家はフッガーに巨額の借金を負っていた。ルターは「これほどの財産が1人の人間の手元に合法的に、かつ神の御心にかなう形で蓄積されることがあろうか」と批判した。

これだけ巨大な前期的資本が誕生しても、当時のカトリック教会は何も言わない。それもそのはず、こうした大金持ちがどんどん教会に献金したからです。

とはいっても、カネを稼いでいる連中にしても、後ろめたいところがないわけではない。

やはりキリスト教で金儲けは否定されているわけですから、自分はひょっとして救われないのではないかと心配でしょうがない。

そこで、フッガー家は「フッガライ」という共同住宅を自費で建築して、生活に困っている人たちに提供した。フッガライは世界最初の福祉施設だと言われています。

貧民用のアパートだからといって、大したことないだろうと思ってはいけません。何しろ、世界一の富豪が建てたものだから、今から見ても、なかなか立派なものです。

ただし、そこに入居するには条件があります。それは何かと言うと、「フッガー家の人々の魂が救済されますように」と祈ること。

――それでフッガー家の人たちは救われたんですかね。

それは最後の審判の日になってみるまで分からない。フッガー家の人々にとっては、文字どおり「死んでも死にきれない」思いだったでしょう。

しかし、世界の富の10分の1を所有するほどの金持ちが現われても、そこから資本主義は出てこなかった。

いかにキリスト教といえども、当時のカトリックだけでは資本主義は生まれてこないわけです。

カルヴァンのルール

そこで、カルヴァンの予定説では金儲けはどのように考えられていたか。

カルヴァンの思想は、キリスト教を本来の姿に戻すというものですから、もちろん富は絶対によろしくない。カネを持つと人間はますます堕落する。

何しろ、カルヴァンは「たとえ酒を飲んでも、酔《※よ》っぱらってはいけない」と言っていたくらいの人物です。生活は徹底的に質素にして、ほんの少しの楽しみでも遠ざけるべきであるという考えでした。

※酔っぱらってはいけない　仏教やイスラム教とは違い、キリスト教には飲酒に関する戒律はない。したがって酒を飲むこと自体は問題ではないのだが、カルヴァンは酒が理性を失わせることを問題視した。そこで、酒は飲んでも酔っぱらってはいけないという理屈が出てくるのである。このカルヴァンの思想は、のちにアメリカで「禁酒法」として復活する。アメリカの禁酒法も、飲むこと自体は禁じていない。酒を売ったり、運んだりするのが違法なのである。

カルヴァンは生前、ジュネーブ市当局から要請され、市民の信仰生活を指導する公的な立場にいたのですが、そのとき彼が出した禁令が、それを物語っています。

いわく、成人前の少女が絹《きぬ》の衣装を着ることは禁止。成人の未婚女性がビロードを着ることは禁止。金や銀の刺繡《ししゅう》のある服をはじめとして、すべての金や宝石類は禁止。婚礼の宴席《えんせき》で菓子や砂糖漬けの果物を出すことを禁止。

酒は地元の赤ワイン以外を飲んではいけないし、酩酊《めいてい》することもいけない。獣肉や鶏肉、パイを食べることも禁止。結婚以外のあらゆる男女関係は、もちろん許されない。たとえそれが婚約者であっても不可。

さらに、ジュネーブではあらゆる形式の芸術が禁止されました。芸術によって、ほんの少しでも心を楽しませることがあってはならないのです。

だから、音楽も駄目《だめ》、彫刻も駄目。聖書の「詩篇《※しへん》」を朗唱する際でも、「心を旋律《せんりつ》に向けてはいけない」とされていました。

※詩篇　旧約聖書「詩篇」には150の詩が収められているが、この詩は古くから節を付けて歌われていた。そ

の音楽がのちに「グレゴリオ聖歌」などに進化していく。

では、信仰に関係あることなら問題ないかといえば、そうではありません。カルヴァンはクリスマスやイースターのお祭りも、「それは聖書に書かれていない」と禁止しました。

KGBをしのぐ秘密警察

この結果、ジュネーブの生活からはすべての娯楽《ごらく》は排除されたといっても過言ではありません。とにかく、ほんのちょっぴりでも楽しみを感じるようなことをしてはならないというのが、カルヴァンのルールだったのです。

――しかし、本当にジュネーブの市民はそれを守ったのですか。

守ったとも。そもそも当時のジュネーブはカルヴァン主義の牙城《がじょう》だから、熱心な信者はそれを当然のことと受け止めた。

また、不信心な連中を取り締まるためには、宗教評議会という名の秘密警察が作られたのです。

この当時のジュネーブのことを知りたければ、シュテファン・ツヴァイクの『権力とたたかう良心』(みすず書房・高杉一郎訳)という本に、実にありありと描かれています。

ツヴァイクはカルヴァンの下で働く密偵《みってい》たちのことを「道徳関係のチェカ」と表現しています。チェカとは、初期のソ連で創設された秘密警察で、のちにKGB《カーゲーベー》に発展する組織です。

しかし、私に言わせればそれは正確ではない。KGBといえども、ここまで徹底的に市民を縛り上げることはできなかったでしょう。

何しろ、この密偵たちは個人の家に押し入って、食卓にご禁制《きんせい》の食べ物が並んでいないか、棚の中に甘いお菓子が隠されていないかを調べたほどです。信仰生活をコントロールするのですから、この宗教評議会の密偵たちは市民生活のありとあらゆるところに入り込んだのです。

このカルヴァンのルールを守らなければ、もちろん刑罰が与えられました。町角で唄を口ずさもうものなら、たちまち監獄《かんごく》行き。カルヴァンの教えを誹謗《ひぼう》しようものなら、死刑です。

いや、死刑ならまだ軽い。もっと重い罰がありました。それは「破門《はもん》」です。

死刑なら、ひょっとして最後の審判で救いを与えられるかもしれませんが、教会から見放されたら救済の可能性はゼロ、永遠の死が待っています。だから、ジュネーブ市民は破門にならないよう、ひたすらカルヴァンのルールに従ったというわけです。

予定説を信じれば、カネが貯まる

さて、このようにジュネーブの市民たちは、すべての娯楽を捨て、ただただ質素に暮らしていたわけですが、これは何もカルヴァンのお膝元《ひざもと》だけの話ではありません。他の土地のカルヴァン主義者たちも大同小異《だいどうしょうい》の生活を送っていました。

したがって、予定説の信者で、カネを儲けて、楽な暮らしをしようという人は誰もいなかったのです。先ほどのウェーバーが記したごとく、カルヴァンの教えは「徹底的に資本に敵対的な」思想であったわけです。

ところが、ここにおいて、ひじょうに面白い皮肉が生まれるのです。

というのは、カルヴァンの教えを信奉し、予定説を信じれば信じるほど、その人の手元にはどんどんカネが流れ込んでくる。

——前回の講義で、先生が予定説の効能として言っておられたことですね。

もともとカルヴァンの言うとおりに質素に暮らしていたら、もちろんカネは使いません。だから、出費が減ることはすぐに予想できるわけですが、それと同時に収入が増えてくるのです。使わないのに稼《かせ》げば、放っておいても裕福になる。そこが大切なポイントです。

「天職」の誕生

いったい、なぜ予定説を信じると、その人は以前よりも裕福になってしまうのか。

そのことを知るには、まず当時の人の金銭観、労働観を知る必要があります。

読者もよくご存じのとおり、キリスト教では日曜日が安息日《あんそくび》とされています。この日には仕事をせずに、教会に行けというわけですが、実は中世の人々は安息日以外もあまり働いていなかった。

というのも、要するにカネというのは自分の生活を支《ささ》えるのに必要な分だけ稼げばよいと思われていたからです。だから、職人などにしても、週のうち1日か2日だけ働き、日銭《ひぜに》を稼いだら、あとは家でゴロゴロしていた。

——そういえば江戸時代の日本も、同じですね。落語に出てくる大工《だいく》の熊さんも、ちょっと働いたら、あとは長屋でゴロゴロ寝ているか、そのカネを持ってバクチか女郎屋《じょろうや》に行くくらいのもんですよ。

近代以前の人間なんて、どこでも似たようなものです。ことに当時のヨーロッパでは、キリスト教特有の金銭倫理があるから、必要以上にカネを稼ぐのは悪徳《あくとく》だと思われていた。だから、最低限の労働でいいのです。

ところが、予定説を信じている人たちは違います。この人たちは、安息日以外の週6日、働きづめに働く。

というのも、予定説においては、すべての人間の人生はあらかじめ神が定めたもうたこと。ならば、自分の職業もまた神が選んでくださったものに違いないという考えが生まれたのです。

これをプロテスタントでは「天職《てんしょく》」（Beruf ドイツ語、calling 英語）もしくは「召命《しょうめい》」と言います。天職という考えは、プロテスタント以前にはヨーロッパには存在しなかったと、ウェーバーは言っています。

自分の仕事が天職であるならば、怠《なま》けているわけにはいきません。働いて働いて働くことこそが、神様の御心《みこころ》に沿《そ》う方法。

したがって、プロテスタントの人は安息日以外はずっと働いている。稼ぐ必要はないから、あとは楽に暮らそうという発想はありません。

――それでカネを使わなければ、貯まるでしょうね。

働かざる者、食うべからず

予定説にかぎらず、もともとキリスト教には「労働こそが救済の手段である」という思想がありました。

「働かざる者、食うべからず」という言葉を、たいていの人はレーニンの発明だろうと思っていますが、そうではありません。もともとはキリスト教の修道院の戒律です。

キリスト教の修道院では、修道僧たちがワインを作ったり、バターを作ったりするわけですが、これは何も自給自足のためではありません。「祈り、かつ働け」というのがキリスト教の教えで、働くことがそのまま救済につながるとされていたのです。

こんな思想は仏教にはありません。

仏教の考えでは、働かなくても食ってもよろしい。それどころか、インド仏教では僧侶の経済活動を一切禁じていた。

僧侶は悟りを得るために、俗世《ぞくせ》との交渉を断ち切って、全力集中して修行しなければなりません。その僧侶の生活を支えるのが、いわゆる檀家《だんか》、つまり在家信者《ざいけしんじゃ》からのお布施《ふせ》です。

もともと、仏教の発祥《はっしょう》の地、インドは気候もいいし、食べ物も豊富です。着るものなんて薄布《うすぬの》1枚でかまわないわけですから、カネもさほど必要ない。インドの修行者たちは庶民《しょみん》からのわずかなお布施で暮らしていくこともできた。

ところが、その仏教が中国に広まっていくと、そうも行かなくなった。中国の冬は寒いから、布きれ1枚ではカゼを引く。

そこで仏教もやがては変質して、時の権力者におもねったり、あるいは信者からの布施を強要するようになったわけですが、しかし、いくら貧乏になっても仏教の坊さんは自分で働いて稼ごうとは思わない。働くことは、かえって修行の妨《さまた》げになる。ここが仏教とキリスト教との大きな違いです。

受験勉強とキリスト教

労働することが修行につながるという、このキリスト教独特の考え方を「行動的禁欲《こうどうてききんよく》」(aktive Askese ドイツ語)とウェーバーは呼びます。

禁欲というと、仏教では「欲望を絶《た》って、何もしない」ことを意味しますが、キリスト教では行動、つまり働くことが禁欲であると考えるのです。

ウェーバーによれば、この行動的禁欲の考えはパウロあたりから生まれてくると言います。パウロはキリスト教の伝道《でんどう》をするために各地を渡り歩くのですが、そんな自分の姿を古代オリンピックの陸上ランナーにたとえています。

陸上ランナーは1等賞を得るために、すべての喜びを犠牲《ぎせい》にして、ただただ走る。自分もまた、すべてをなげうって伝道するのだと言うのです。

つまり、パウロにとっては伝道という天職をまっとうするために、あらゆることを禁欲している。これこそが行動的禁欲です。

こうした行動的禁欲は、プロテスタントが出てくるまでは修道院の中にいる僧だけのものでした。すでに述べたように、修道僧たちは毎日毎日、労働することによって行動的禁欲を行なっていた。ところが、プロテスタントは行動的禁欲を修道院から解放した。大工《だいく》も鍛冶屋《かじや》も農民も、自分に与えられた天職を一所懸命に行ない、他の喜びをすべて禁欲する。それこそが、神の御心に沿うことであるとされました。

しかも、予定説では「救済されているかどうかは、人間には知りえない」とされていました。

だから、自分の仕事を天職だと信じて一所懸命働いても、本当のところ、自分が救われるかどうかは自信がないわけです。その答えは、最後の審判まで分からない。

そういう状況に置かれると、人間は気が狂ったように働く。

——そんなものですかね。

どれだけ頑張って働いても、救いの確信は得られない。だったら、少しでも気持ちが落ち着くためには、働く以外に道がないではありませんか。

ちょっと手を休めていると「こんなことでは救われないのではないか」と不安になる。熱心に働いている間だけは、そうした不安も和《やわ》らぐのですから、一心不乱に働く※のです。

※一心不乱に働く　こうしたプロテスタントの心理をよく映したのが、バニヤンの小説『天路歴程』である（マックス・ウェーバー『プロテスタンティズムの倫理と資本主義の精神』大塚訳159ページ参照）。

――何だか、昔の受験勉強を思い出すなあ。睡眠時間を削《けず》って勉強したところで、本当に成績が上がるかどうか分からないけれども、とりあえず机に向かっていないと不安でしょうがない。

受験勉強なら、春になれば結果が分かるから、そこで勉強はおしまいです。しかし、信仰となれば、そうはいかない。何しろ最後の審判まで結果が分からない。

だから、予定説を信じたクリスチャンは死ぬまで働きどおしです。働いた結果、どれだけカネが儲かっても、けっして仕事を辞めたりはしない。こんな「仕事中毒」の人間は、世界史上、どこにもいなかった。

たとえば、紀伊国屋文左衛門《※きのくにやぶんざえもん》のことを思い出してください。

※紀伊国屋文左衛門　元禄時代の豪商。その生涯は多くの謎に包まれており、生没年さえ分からない。木材取引で巨富を得て、幕閣とも強い結びつきを持っていたらしい。日常生活は贅《ぜい》をきわめ、江戸の遊郭・吉原では「紀《き》文大尽《ぶんだいじん》」と呼ばれたが、あっという間に没落した。その理由もまた定かではない。

紀伊国屋は木材取引で、巨万の富を築き上げるわけですが、いったん大金持ちになると、もう働かない。やはり庶民と同じで、あとは楽しく面白《おもしろ》く暮らす。だから、伝説に残るような豪遊をした。船乗りシンドバッドだって、同じですね。

ところが、予定説ではそうはいかない。どんなにカネが貯まろうとも、救いの確信はけっして得られない。だから、カネがどんなに貯まっても、まだ働く。「天職」にはゴールがないのです。

隣人愛が定価販売を作った

さらにもう1つ付け加えれば、労働はキリストが教える隣人愛《りんじんあい》の実践《じっせん》にもつながります。

なぜなら、他人が求める商品やサービスを提供すれば、それだけ隣人愛を行なったことにもなる。だから、ますます働くことは正しくなった。

そこで、隣人愛をどれだけ行なったかの指標となるのが、利潤、つまり儲けです。

キリスト教は儲けを堅《かた》く否定しましたが、だからといって、無料でモノを配れとまでは言わない。暴利をむさぼるのはよくないと言っているだけです。商品やサービスを適正な価格で売るのであれば、差《さ》し支《つか》えない。

ヨーロッパで定価販売が広まっていくのも、このことが関係しています。

それまでのヨーロッパでも、商人は買い手を見て値段を決めていた。客が金持ちならば高くふっかけるし、あまり持っていないようなら、そこそこの値段を付ける。

——いまでも中近東あたりのマーケットはそうらしいですね。

そんな商売は、要するに客からできるだけ絞《しぼ》り取ってやろうということに他なりません。プロテスタントにとって商売とは、隣人愛の実践なのですから、貪欲《どんよく》はいけない。そこで掛《か》け値《ね》なしの定価販売が急速に普及するようになったというわけです。

こうしたやり方でプロテスタントたちは、「隣人愛」を実践していきました。そして、自分の隣人愛の高さを確認するために、より多くの利益を上げようと考えるようになった。

カルヴァンは本来、富を激しく否定していたわけですが、それがかえって利潤の追求を許すようになった。った。ここでもまた、逆転現象が起きていると言うことができるでしょう。

エートスこそが、すべてのカギ

予定説の教えは、あくまでも信仰、つまり人間の内面に関《かか》わる問題を取り扱っているわけですが、これを信じると外面に現われている行動そのものも変わってしまう。これまで見てきたように、恐るべき働き者になる。

このことを指して、ウェーバーは「エートスの変換」と言っています。

エートス（Ethos　ドイツ語、ethic　英語）というのは、日本語に訳すと「行動様式」ということになるのですが、行動様式といったのでは単に外面の行動だけを指すように思われかねません。

しかし、外面の行動が変わっただけでは、エートスも変わったとは言えない。エートスは、内面的で測定不能な行動も含みます。内面的行動とは、思想、動機、信念……そういったもろもろのことです。

たとえば、厳しい上司がシマジくんの尻を叩《たた》いて、1日12時間働かせたとしても、それだけではシマジくんのエートスが変わったとは言いがたい。

シマジくんの内面、つまり心が「仕事をしたくてたまらない」と思うようになって初めて、エートスが変わったことになる。

——うーん、それはちょっと無理な相談かもしれない。

しかし、カルヴァン主義の信者になれば、紛《まぎ》れもなくエートスが変わる。

予定説を信じれば、まず労働に対する見方が変わる。つまり、内面に変化が起きる。そして、それにともなって外面的行動も勤勉《きんべん》で質素《しっそ》な生活を送るようになる。

また民主主義との関連でいえば、内面的には人間に対する見方が変わる。

――人間は平等であると思うわけですね。

そして外面的には王様の首をちょんぎって、革命を起こすようにもなる。エートスの変化が起きるわけです。

資本主義の精神とは

ウェーバーが言っている「資本主義の精神」というのも、要するにこうしたエートスのことです。

いくら陶朱や紀伊国屋文左衛門のような豪商がいて、前期的資本が作られたとしても、資本主義は生まれない。

カネが資本主義を作るのでなく、エートスの変換こそが資本主義を作る。これがウェーバーの言いたかったことです。

その資本主義のエートス変換の媒体《ばいたい》、触媒《しょくばい》となったのが、かの予定説なのです。

まず予定説によって、人々の間に「労働は救済の手段であり、隣人愛の実践である」という考えが生まれた。そして、外面的には毎日毎日、働くようになり、利潤を追求するようになる。キリスト教徒のエートスがプロテスタントの登場で、まず変化した。これが資本主義誕生の第1段階です。

しかし、これだけではまだ資本主義とは言えない。

働くことが救済であるとは、日本の二宮尊徳《にのみやそんとく》も言ったこと。しかし、二宮尊徳だけでは資本主義は出てこない。

資本主義が出てくるには、さらに第2段階のエートス変化が必要である。こうウェーバーは考えます。そのエートスを一言《ひとこと》で表わすとすれば、目的合理性です。

つまり、ただがむしゃらに働くのではなく、利潤を最大にするという目的を達成するために、何をすべきかを合理的に考えるという精神が生まれた。これこそが資本主義精神の真髄《しんずい》と言っても差し支えありません。

伝統主義に縛られていたら、利潤を最大化することはできません。刃物を鍛冶屋が昔ながらの方法で手作りしているのでは、どうしても生産量は限定され、利益の上限も決まってきます。しかし、同じ品質の刃物が作れるのであれば、設備投資を行なって機械を導入し、大量生産したほうが儲けが大きくなる。こう考えるのが、初歩の目的合理性です。

しかし、さらに目的合理性を突き詰めて考えていけば、要するに目的は利潤を最大化することにあるのだから、先祖代々の商売をしている必要すらない。もっと儲かる仕事があれば、さっさと転業するほうがいい。こう考える人たちがどんどん現われてきた。

――なるほど、そこで産業革命が起こって、新しい産業が続々と生まれてくるわけですね。

さらに利潤最大化という目的を達成するには、日常の経営そのものもまた合理的でなければなりません。

そこで従来の大福帳《だいふくちょう》方式から、複式簿記《ふくしきぼき》という近代的な簿記システムが生まれてきます。要するに、勘《かん》と経験で仕事をするのではなく、もっと数学的、客観的に事業を把握《はあく》しようという動きが出てきたわけです。

こうして、私たちの知っている近代資本主義がどんどん育ってくる。その資本主義のエートスも、プロテスタンティズム、つまり予定説という媒体、触媒があって誕生したものだというのが、ウェーバーの主張なのです。

日本人に民主主義は理解できるか

——先生のお話で、予定説から民主主義や資本主義が生まれてきたことは分かりました。しかし、そうなってくると、はたしてキリスト教徒でもない日本人が本当に民主主義、資本主義が理解できるのだろうかという気もしてくるのですが。

うむ、いいところに気付きました。

資本主義にしても、民主主義にしても、その根っこを掘っていけば、かならずキリスト教に突き当たる。

キリスト教の「神」があって初めて、人間は平等だという観念が生まれたのだし、また労働こそが救済になるという考えがなければ、資本主義は生まれてこなかった。

それだけでも日本人にとって、いろいろと考えさせられるわけですが、実はこれ以外にも大きな問題があるのです。

それは契約という概念です。この単語は、民主主義にとっても資本主義にとっても欠かすことのできないものなのですが、これもまた聖書から生まれた考えなのです。

はたして日本人は民主主義、資本主義を理解し、体得しているのか。そのゆゆしい問題を考えるうえで、契約は避けて通ることのできない問題です。

そこで次の章では、この基本概念を説明していくことにしましょう。それによって、日本の民主主義、そして資本主義の実像も見えてくるはずです。

※読者に 民主主義と予定説の関係をもっと知りたい方は、小室直樹著『悪の民主主義――民主主義原論』(青春出版社)第3章を、また資本主義と予定説については同『小室直樹の資本主義原論』(東洋経済新報社)第4章をお読みいただければ幸いである。

第6章

はじめに契約ありき

レボリューションと革命の違い

いわゆる革命思想の原点が、キリスト教の予定説にあったという話を前回の講義でしました。それまでのヨーロッパでは伝統主義のために、ほんの少しでも社会の決まりを変えることなど誰も考えもしなかったわけですが、予定説を信じれば世の中のシステムなど覆《くつがえ》してもかまわないと考えるようになる。

だからこそ、イギリスのピューリタンたちは王様を殺すことさえ恐れなかった。それがクロムウェルのピューリタン革命であったというわけです。

しかし、そうやって社会体制をひっくり返すのはいいとしても、問題はその後です。王様を殺して、その後釜《あとがま》に自分が座ったのでは革命とは言えません。以前とは違う社会を作ってこそ、本当のレボリューションです。

この点において、革命とレボリューションは違います。

英語のレボリューションは漢字に直すと「革命」ですが、中国史における「易姓革命《えきせいかくめい》」では王朝交替《おうちょうこうたい》が起きても変わるのは、文字どおり、皇帝の姓《せい》だけです。社会の体制そのものは、本質的には変わらない。それは異民族が皇帝になった元《げん》や清《しん》のケースにおいても、例外ではありません。皇帝を殺した人が、次の皇帝になる。その繰り返しが中国史です。

近代ヨーロッパにおけるレボリューションは違います。フランス革命でも、ロシア革命でも、レボリューションとは旧体制の否定を意味します。同じ「革命」でも、中国とヨーロッパではまったく中身が異なるというわけです。

では、中世の伝統主義的社会をひっくり返したヨーロッパの人たちは革命の後に、どんな社会を次に作ろうとしたのか。彼らは、どんなビジョンをもって革命に臨《のぞ》んだのか。

そこで、大きな影響を与えたのが、ジョン・ロックの「社会契約説」でした。中世を終わらせたのが予定説だとすれば、ロックの思想はヨーロッパ近代の基礎を作ったものと言えるでしょう。この2つの思想が揃《そろ》って初めて、近代民主主義は生まれたのです。

18世紀を支配した男

ジョン・ロックは1632年、イギリスに生まれます。彼が10歳のころ、ピューリタン革命が始まるわけですから、まさにロックの人生は革命とともにあったと言っても過言ではありません。

革命が始まったのがロック10歳のころ、国王チャールズ1世が大衆の目の前で処刑されたのが17歳のころ。さらに、そのピューリタン革命がクロムウェルの死によって崩壊して、王政復古《おうせいふっこ》となったのが、1660年、ロック28歳のときでした。

このような激動の中、若きジョン・ロックはオックスフォードのクライスト・チャーチで哲学と医学を学びます。このころのオックスフォードでは、町の中心部にある家に科学に関心を持っている人たちが集まっては、議論をしたり、実験をしていたそうです。ロックは、この自然科学サークルの一員で、「ボイルの法則」で知られる化学者のボイルとは死ぬまで親交があったと言います。

ロックについて、※丸山眞男《まるやままさお》教授は「17世紀に身を置きながら18世紀を支配した思想家」と言っています。

※丸山眞男（1914－96）政治学者、思想史家。終戦直後に発表した、戦前日本のファシズム分析で一躍有名になる。日本近世および近代の政治思想研究を中心に幅広い業績を残す一方、東大法学部で長く教鞭を執り、

多くの弟子を育てた。主な著書として『日本政治思想史研究』、『日本の思想』、『現代政治の思想と行動』などがある。

18世紀最大の事件はアメリカ合衆国の独立とフランス革命ですが、実はその2つの出来事はロック[※]の思想なくしては起こりえなかった。ロックはアメリカの独立も、フランス革命も知らずに死にますが、その影響は時代を超えたものになったのです。

※ロックの思想なくしては起こりえなかった　ロックの思想はまずイギリスの名誉革命を指導したが、その思想はより徹底されてアメリカ革命で実現した。フランス革命には、モンテスキューなどを通じて間接的に影響を及ぼした。

ではロックの思想がなぜ、かくも巨大な影響を与えたのか。その理由はいろいろあるけれども、オックスフォード時代にロックが自然科学に興味を持っていたという事実は、けっして見落とすことはできません。

というのも彼の思想は、ひじょうに科学的なのです。だからこそ時代を経《へ》てもその説得力は失われなかった。17世紀のロックが、18世紀を支配できた理由はそこにあったと見ることができます。

「自然人」と「自然状態」

では、彼の思想のどこが「科学的」であったか。

それは彼が、人間や社会を抽象化《ちゅうしょうか》して考えたことにあります。

社会とは何かを考えようとしたときに最も困るのは、一口に国家、社会といっても、その形態や歴史は千差万別《せんさばんべつ》だということです。

彼の時代で言えば、フランスのように絶対王権が強いところもあれば、イギリスのようにピューリタン革命を起こす国もある。また、社会を構成している人間にしても、王様と農民とでは生活も違えば、考え方もまったく違います。

そこで、彼は議論をシンプルにするために、そうした違いをいっさい無視することにした。

――それはチト乱暴ではないですか。

たしかに現実の社会を分析するのであれば、ディテールを無視することはできません。しかし、そこで彼は、こう考えた。

つまり、現代のように社会が複雑になる前、言い換えれば国家や社会ができる前の人間はどのような暮らしをしていたのだろう。

おそらく、そこに生きていた人たちは、みな同じようなものだったに違いない。現在のように貧富《ひんぷ》の差もなかっただろうし、また、階級もなかっただろう。つまり、みなが平等であったのではないだろうか。

さらに言えば、そこに暮らしていた人たちはみんな自由であったはずです。

というのも、人間が不自由なのは、社会のシステムが出来上がって、いろいろな決まりや伝統に縛《しば》られているからです。そんなルールや伝統ができる前の人間は、誰もが自由だったのではないだろうか。

ロックは、このように考えました。そして、自由で平等な人間のことを「自然人《しぜんじん》」と呼びました。

自然人は、誰にも束縛《そくばく》されずに自分の意志で行動することができます。そして、自然人同士は、まったく対等です。

さらにロックは、この自然人が生きている状況のことを「自然状態」と呼びました。自然状態とは、国家も社会もない世界のことを指します。

ロックは自然状態に暮らしている自然人たちが、なぜ今のような国家や社会を作ることにしたのか、その理由を考えようとしたのです。

もちろん、彼の言う自然状態が本当に存在していたかどうかは誰にも分かりません。そんな自然状態など、なかったかもしれません。いや、人間は本来、群《む》れで生活する動物だと考えられていますから、社会がまったくない状態などなかったと見るのが、むしろ正解でしょう。

だから、自然人や自然状態なんて単なる空想だと切って捨ててしまえば、それまでです。もちろん、そんなことは彼だって分かっていました。

しかし、それではいつまで経《た》っても「社会とは何か」「国家とは何か」という一般的な議論にならない。フランスの社会、イギリスの社会といった個別的な話で終わってしまいます。

だからこそ、彼はあえて自然人や自然状態という仮定を考えて、そこから社会の成り立ち、国家の成り立ちを考えようとしたのです。

社会科学の始まり

ロックのこうした発想の原点となったのは、彼が青年時代に出会った自然科学でした。

数学や物理学では、あらゆる現象を抽象化して考えます。

たとえば幾何学《きかがく》において、点は「位置だけがあって大きさがないものである」と説明します。また線は「太さを持たないもの」とされています。

もちろん、この世の中には、大きさのない点や、太さのない線など存在しません。そんなことは3歳の子どもにだって分かる事実ですが、点や線をそのように仮定することから数学はスタートするのです。

ロックの自然人という概念は、幾何学における点や線の概念と共通しています。大きさのない点が存在しないように、完全に自由で平等な個人など、どこにも存在しません。しかし、それを承知のうえで、あえて「人間とはまったく自由で平等な存在である」と考えることから、社会論をスタートさせようとしたのです。

自然状態についても、同じです。

物理学では、物体の運動を考えるときに、その物体が移動する際に起きるはずの空気抵抗《くうきていこう》や摩擦《まさつ》はゼロであると仮定します。

無論、現実にはそんな仮定はありえません。たとえば真空に見える宇宙空間にだって、ごく微量《びりょう》ではあるけれども、物質分子はただよっています。だから、月や地球といえども、厳密に言えば、そうした分子によって抵抗を受けて、スピードが落ちていることになる。

しかし、そうした複雑な現実をいっさい無視したからこそ、ニュートンは運動方程式や万有引力《ばんゆういんりょく》の法則を見いだしました。

それと同様に、ロックは法もなければ、政治権力もない社会を想定しました。これが自然状態です。

この宇宙には本当の真空が存在しないように、この地球上にも自然状態など存在しません。どんなに自由に見える社会でも、人間はやはり集団のルールに縛られています。

しかし、あえて人間が自由に振る舞うことのできる世界を仮定することで、彼は人間社会の原理を考えようとしたのです。

近代科学は自然現象を抽象化して考えたことによって、「宇宙とは何か」を解き明かしました。ロックはその姿勢に学んで、人間を抽象化することによって「国家とは何か」を解き明かそうとしたのです。

ちなみに、こうしたロックのアプローチを引き継いでいるのが経済学です。

なぜ、経済学は科学になったのか

たとえば、自由競争という概念もその1つです。

経済学では競争が最も理想的に行なわれる状態のことを「完全競争」と定義します。一般には、これを「自由競争」とも呼びます。

完全競争の市場では、①売り手も買い手も充分に多数存在し、②売られている商品の質がまったく均一で、③市場の参加者が誰でも同じ情報をフリーに利用でき、④誰もが自由に参加・脱退できるという、4つの条件が成立していると考えます。

もちろん、そんなマーケットは世界中のどこを探しても、見つかりません。

実際に市場に並んでいる商品は、同じ石鹸《せっけん》でもメーカーによって質の違いがあります。また情報においても、一部の人だけが特権的に重要なニュースを先取りすることができます。だからこそ、市場の動きは複雑怪奇《ふくざつかいき》で、誰にも予想が付かないものになるのです。

でも、その複雑さにとらわれていたのでは、いつまで経《た》っても経済学は「学問」にはなりません。

ところが、完全競争というモデルを考えると、そこからはさまざまな法則や原理を導き出せます。どのようにして商品の価格が決定されているのか、また銀行の金利とマーケットとはどんな関係があるのか……こうした現実の動きも、完全競争という抽象モデルを導入すれば、ひじょうに分かりやすく説明することができるのです。

ですから、やはり自然科学と同じように、社会科学においても抽象モデルを利用することは、とても重要なのです。

こうした理論研究の先駆《さきが》けを作ったのが、他でもないジョン・ロックです。だから、ロックは政治学の父であると同時に、経済学の祖父でもあると言うことができます。

王はアダムの子孫である!?

さて、自然人と自然状態を考えたロックは、そこから何を導き出したか。それがいわゆる「社会契約説」という考えです。

自然状態に置かれた自然人は、最初、社会など持たずに暮らしていた。ところが、時代を経《へ》るにしたがって、国家や社会の必要性を感じるようになった。そこで、平等な人間同士が契約を結んで、政治権力を作るようになった……つまり、国家は人間相互の契約で作られたというのが、社会契約説です。

現実の歴史において、最初の国家がどのようにして生まれたのかは記録がないのですから、誰にも分かりません。社会が最初に作られた時期には、文字もなかったのですから、政治権力の始まりは想像するしかありません。

そこでロックは自然人と自然状態という2つを仮定することによって、「人間というのは、放っておいても、じきに契約を交《か》わして社会を作るようになるのだ」ということを理論的に〝証明〟したというわけです。

この考えを彼は1680年前後に『統治《とうち》二論』という論文にまとめたと言われています（刊行は1690年）。

彼がこの論文を書いたのには、当時の政治情勢も大きく関係していました。

この時代のイギリスは、すでにピューリタン革命が終わって、王政復古の時期に当たっています。1658年にクロムウェルが死んでピューリタン革命が崩壊すると、イギリスの王党派たちはオランダに亡命していたチャールズ2世に帰国を要請しました。チャールズ2世は革命で処刑されたチャールズ1世の息子です。そして、1660年5月、熱烈な歓迎の中、チャールズ2世はロンドンに入って戴《たい》冠式《かんしき》を行ない、ここに王政復古が成立します。

つまり、ロックが『統治二論』を書いたのはイギリスがふたたび王政に戻っていた時期に当たるのです。

このころのイギリスでは、ピューリタン革命の反動もあって、王党派の力が強くなっていました。

折しもドーバー海峡を挟んだフランスでは、ルイ14世が「太陽王」として絶対王政を行なっています。イギリスとフランスは、長年にわたる宿敵《しゅくてき》同士ですが、この時代はまだフランスの国力が盛《さか》んでした。

ですから、当時のイギリス人の中にも、「やはりフランスのように王様が絶対権力を持っているほうがいい」と考える人がたくさんいました。イギリスでは議会が王様にしょっちゅう反抗しているものだから政治が乱れ、国全体が弱くなったのだというわけです。

中には「国王はアダム直系の子孫であり、神から統治者としての権利を与えられている。したがって、王に逆らうのは神に逆らうことだ」と言う人さえいました。いわゆる王権神授説（divine right of kings 英語）という考えです。

革命の哲学

ロックが『統治二論』を書いたのは、こうした王党派の人たちに反論※するためでもありました。

※反論するため　ロックの『統治二論』のうち、第1論文はサー・ロバート・フィルマーが書いた王権神授説論文に対する批判に充てられている。

ロックは社会契約説を持ち出すことで、「王の権力を議会が牽制《けんせい》するのは当然のことだ」ということを論証しようとしたのです。

そもそもロックの考えによれば、王が偉いのは神様に選ばれたからではありません。人民が契約によって国家を作ったときに、その権力を王様に預けただけにすぎないのです。だから、本来、国王とは人民を守るための存在と言ってもいい。

ところが、実際には王様が傍若無人《ぼうじゃくぶじん》に振る舞って、人民を不幸にすることがしょっちゅう起きている。だからこそ、王様が勝手なことをしないように、人民の代表者が集まる議会が国王の権力濫用《らんよう》を戒《いまし》める必要がある。

これこそが、ロックの言いたかったことです。

――要するにリヴァイアサンを縛《しば》れというわけですね。

このロックの考えはまさしく現在の憲法や民主主義の思想につながるものです。国家権力はかならず肥大化《ひだいか》して暴走する。それをくい止めるのが憲法であり、民主主義なのです。ですから、ロックの登場によって、初めてヨーロッパ人は「民主主義の哲学」を持ったと言っても過言ではありません。

さらに付け加えれば、ロックは同時に「革命の哲学」をも作り上げました。

いかに議会が国王の権力を縛り上げようとしても、それがうまく行かないことがあるかもしれない。フランスのように絶対王権が成立してしまったら、いったいどうすればいいいか。

ロックはそこで「抵抗権」と「革命権」という考えを出しています。

つまり、国家権力が暴走した際には、1人ひとりの人間はそれに抵抗することができる。しかし、それでもなお横暴を続けるのであれば、革命を起こしてもいい。

国家を作ったのは他ならぬ人民なのだから、人民にはそれをひっくり返す権利があるというわけです。

このロックの思想によって、初めて革命は理論的根拠を得たと言っても過言ではありません。

――ロック先生も過激なことを言いますね。

革命権の思想は「革命のすすめ」のように思われがちですが、それほど過激な意見ではありません。というのは、ロックは「人間というのは辛抱強いものだから、少し気にくわないことがあったからと言って、すぐに革命を起こすわけではない」と書いています。つまり、革命権を認めても、現実にはそれほど革命が起きる心配はないというわけです。

つまり、ロックにとって革命権とは「伝家《でんか》の宝刀《ほうとう》」のようなものです。しょっちゅう持ち出すことはありえないが、国民の側に革命権があると思えば、国家もおのずから横暴を控《ひか》えるという効果もあるわけです。

前にも述べたように、イギリスではマグナ・カルタ以来、国王が法を無視した場合、反乱を起こしてもよいとされていました。しかし、その抵抗権が実際に行使されたのは、ピューリタン革命と名誉革命ぐらいのものであった。そうした歴史的事実があるから、ロックは「抵抗権」を認めても、社会が混乱つづきになる心配はないと断言できたわけです。

ロックの論敵はホッブスだった

さて、ロックがわざわざ『統治二論』を書いて、「国家権力は制限されるべきだ」と主張したのには、もう1つ理由があります。

というのは、同時代のイギリスに「国家の主権者は絶対的な権力を持っている」と考える思想家がいた。その人物によれば、何が正義であるかを決められるのも国家の主権者だけであるというのです。

――誰ですか、そんな怪《け》しからんことを言う奴は。

あなたもご存じの人ですよ。かの『リヴァイアサン』を著わしたホッブスです。

――ホッブスは国家をリヴァイアサン、つまり無敵の怪獣と呼んだ人でしょう？　それなのに、その化け物を弁護するんですか！

ホッブスは、たしかに国家をリヴァイアサンと呼びました。

しかし、彼が言ったのは「本来、国家権力は怪獣のように強くなくてはならない」ということなのです。ロックの言うような「人民に奉仕する政府」など、チャンチャラおかしい。

ところが、このホッブスこそが、実は社会契約説の元祖開山《がんそかいざん》※なのです。彼はロックよりも早く「社会は人民の契約によって作られた」という考えを『リヴァイアサン』の中で記しているのです。

※社会契約説の元祖開山　そもそもホッブスが政治学に取り組むようになったのは、40代（！）のころにユークリッドの『幾何学原論』を読んで感銘を受けたからだった。ホッブスは数学の証明を行なうように、政治や社会の問題を解くことができるのではないかと考えたのである。この点、近代科学を思想的出発点とするロックと共通している。

――人民が作った国家が、なぜ人民を苦しめていいと言うんですか。

ホッブスがなぜ、このようなことを考えるに至ったか。それを知れば、ロックの思想もより深く理解できます。ですから、彼が書いた『リヴァイアサン』のアウトラインを紹介しておきましょう。

人間は人間に対して狼である

先ほど私は、ロックは人間を抽象化して考えて、「自然人」や「自然状態」という仮定を初めて作り出したと述べましたが、実はホッブスも『リヴァイアサン』の中で、自然状態という概念を出しています。

といっても、ホッブスの場合はロックほどには抽象化をしていません。彼の考える自然状態というのは、要するに原始時代であり、そこに暮らしている人々はまさに原始人です。

ホッブスの考える自然状態に生きている人間は、知性以外は動物と変わりません。つまり、自分自身を守ることが最優先であり、善悪の判断は二の次という存在です。

こうした人間にとって、最大の関心事は食べ物の確保です。自分が生きていくためには、何としてでも食料を得なければなりません。

ところが、聖書の「エデンの園《その》」とは違って、現実の世界には食べ物が無尽蔵《むじんぞう》にあるわけではありません。食べ物の総量は決まっていますから、人口が増えていくにしたがって、食物獲得の競争が激しくなってきます。

人間の場合、さらにやっかいなのは動物とは違って、知性、とくに予見能力《フォーサイト》を持っている点です。ライオンならば、目の前にいる獲物《えもの》を捕まえ、それを食えばとりあえずは満足します。「明日は明日の風が吹く」です。

しかし人間はそういきません。

なまじ知恵があるものだから、「今日は食えても明日は食えないかもしれない」と心配になる。そこで、今日食べる分だけではなく、明日の分、明後日の分まで手に入れようと考える。つまり欲望は無限に膨《ふく》らむ。

しかし、食べ物の全体量は限られているから、そんなことをみなが考えるようになったら、どうなるか。

言うまでもありません、その結果は絶え間ない競争であり、闘争です。

人間同士が食べ物を奪い合う、戦いの連続……これがホッブスの考える自然状態です。

このことを彼は「万人《ばんにん》の万人に対する戦い」(bellum omnium contra omnes　ラテン語)、「人間は人間に対して狼《おおかみ》である」(homo homni lupus ラテン語)と表現しています。

ホッブスの考える自然状態は、要するに文明のない、原始時代のことですから、個々人の力の差はそれほどありません。隙《すき》をうかがえば、一番弱い者でも一番強い人間を殺すことができる。その意味では、みんな平等です。

だから、この戦いでは最終的な勝者は決まらない。いつまで経っても、戦いが繰り広げられるというわけです。したがって、人々は「孤独、貧困、不快、殺伐《さつばつ》そして短命」という人生を送ることになると彼は言います。

——いやはや、何とも陰惨《いんさん》な話。

ビヒーモス対リヴァイアサン

ホッブスによれば、こうした自然状態はなかなか解消することはできません。

こうした闘争の連続を収めるには、みんながルールを決めて仲良く暮らしていこうと決めるしかないわけですが、そんなことを決めたところで、みんなが約束を守るとはかぎらない。きっと、抜《ぬ》け駆《が》けする奴が現われるから、やがて誰も約束を守らなくなる。結局は元《もと》の木阿弥《もくあみ》である。

では、いったいどうすればよいか。

それには「力」が必要であるということです。

ホッブスも社会の成立には、社会に参加するメンバーの合意が必要だとは認めています。みんなが取り決めを交わし、一定のルールを決めないかぎり、社会は生まれない。その意味では、ロックと同じ社会契約説です。

しかし、約束だけではその社会は続かない。先ほども述べたように、かならずルール破りが出てくる。だから、社会を維持しようと思ったら、契約だけではなく、同時にパワーも必要であるというのがホッブスの考えです。

もし、ルールを破る人間がいたら、国家権力が出てきて、彼に刑罰を与える。その力がないかぎり、社会は成り立たないというのがホッブスの結論なのです。

だから、彼は「国家がリヴァイアサンになるのも、やむをえない」と考えた。

もし、国家の権力が弱くなれば、ふたたび社会はバラバラになり、自然状態に戻ってしまうでしょう。

つまり、内乱が起きてしまいます。

ホッブスは「内乱とはビヒーモスである」と言います。

ビヒーモスとは、リヴァイアサンと同様、聖書に登場する怪獣です。ビヒーモスもまた、恐るべき怪獣で、その力の前に敵はいません。彼が動き出せば、世界は原始時代に逆戻りになる。内乱が起きてしまえば、文明も秩序も失われます。

ホッブスは「文明破壊のビヒーモスを止めることができるのは、リヴァイアサンしかいない」と考えました。リヴァイアサンが強ければ、それを恐れてビヒーモスは姿を現わさなくなると考えたのです。

――怪獣キングギドラを倒せるのはゴジラだけ、という話ですね。ゴジラとキングギドラは両方とも怖いけれども、どちらかを選べと言われているようなものだ。

ホッブスは、ゴジラ、つまり国家権力を選ぶほうが自然状態に逆戻りするよりはマシだと考えた。ですから、彼にとっての権力とは「必要悪」なのです。

しかし、どんな理由であるにせよ、ホッブスの説は王権を弁護するものであり、革命を否定する思想になりかねません。これに対して、同じ社会契約説を持ち出して、ロックは真っ向から反対したというわけです。

土地フェティシズムとは

では、いったいロックの社会契約説は、ホッブスとどこが違うのか。

ロックはホッブスと同じように、人間の自然状態を仮定します。自然状態においては、人間はバラバラであり、社会はない。ここまでは一緒です。

しかし、そこから先の考えが、ロックは違います。

たしかにホッブスの言うとおり、人間には動物とは違って、知恵がある。ケダモノのように刹那《せつな》的に生きるのではなく、未来のことを考えて行動する。

しかし、ロックの考えた自然人は、そこで他人を蹴落《けお》としてまで食物を奪おうとしません。「人間の知恵は、もっと建設的なものだ」とロックは言うのです。

では、いったいロックの自然人は、そこでどうするか。

働くのです。

自然界の恵《めぐ》みに頼っているだけでは、たしかに食物は有限です。しかし、そこで知恵を使い、体を動かして働けば、食べ物はもっと増える。

今日食べる分を少し我慢して、小麦を畑に播《ま》く。すると、やがて収穫時期がやってきて、もっともっと多くの小麦が穫《と》れるようになる。そうすれば他人を殺してまで、食物を奪う必要はないというわけです。

したがってロックの考えでは、ホッブスの言うような「人間は人間に対して狼である」といった状態は起きない。

――言われてみれば「なーんだ」という話ですね。

シマジくんは現代人だから、ロックの考えを聞いてもことさらに驚かないのです。しかし、彼の考えは、当時としてはとてつもなく画期的《かっきてき》だった。

というのも、ロックは、みなが働くことで食料はいくらでも増えていくと言いました。これは別の言葉で言い換えるならば、労働によって富は無限に増やすことができるということです。

こんな考えは、ロックが現われるまでには存在しなかった。富の量は有限であって、増えたりはしないというのが当時の常識だったのです。

その最たる例が、土地です。

中世の社会では、富の代表といえば土地です。王様や領主は、広い土地を持っていればいるほど、豊かであると思われていました。また新興の商工業者、いわゆるブルジョワジーたちも少しカネが貯まると、土地を手に入れようとした。

しかし、土地は有限であって、その総量は決まっている。そのころはまだ、海外に行って植民地を増やすという思想はないし、埋《う》め立てで土地を増やすという発想もない。だから、いつも中世ヨーロッパでは限られた土地をめぐる争いがけっして収まらなかった。ホッブスの言ったような闘争状態が続いていたのです。

もちろん今の考えからすれば、何も土地にこだわることはありません。金銀財宝を蓄《たくわ》えてもいいではないかと思うわけですが、当時の人にとっては土地こそが財産であって、他のものでは安心できないのです。中世とは、いわば「土地フェティシズム※」の時代であったわけです。

※フェティシズム　fetishism　ここでのフェティシズムは宗教学における「物神崇拝《ものがみ》」の意。すなわち、原始的な宗教において剣や鏡、トーテムポールなどをあがめることを指す。経済学者マルクスが「資本主義とは貨幣や商品に対するフェティシズムである」と批判したことは有名。

なぜ信長は茶の湯を奨励したか

土地フェティシズムは何もヨーロッパに限ったことではありません。これは日本の戦国時代（ことに初期）でも同じです。

戦国大名にとっては、とにかく少しでも自分の土地を増やしたい。1000石《ごく》でも1万石《まんごく》でもいいから、増えると嬉《うれ》しい。しかし、土地の総面積は限られているから、しょっちゅう戦争になりました。戦国時代とは要するに土地争いの時代なのです。

そのことを見抜いていたのが織田信長《おだのぶなが》です。

信長はやはり天才ですから、戦国時代が続くのは、みんなが土地にこだわっているからだという事実がはっきり分かった。だから、この争いを収め、天下統一するには土地フェティシズムを追い払わなければならないと考えたのです。

彼が楽市楽座《らくいちらくざ》で商業を盛んにしようとしたのも、要するに土地中心の経済から商品経済への移行を目指したからです。

彼が部下に茶の湯を奨励《しょうれい》したのも、その1つです。

――お茶を飲んで心を落ち着けろということですか。

お茶で土地フェティシズムがなくなるんだったら、信長も苦労しません。

戦国武将の中で、信長くらい茶道に熱心だった大名はいないでしょう。彼は千利休《せんのりきゅう》を重用《ちょうよう》し、茶道の保護者となりました。しかし、それには理由があった。

彼は無骨《ぶこつ》な部下たちをしょっちゅう茶会に呼んで、茶道は素晴らしいものだと洗脳《せんのう》する。そして、彼らに芸術的な関心を植え付けた。

こうした下準備をしておいてから、信長は武功《ぶこう》のあった武将たちを呼んで、褒美《ほうび》として茶器を与える。

「これはルソンから来た茶器である。ありがたく受け取れ」と言うわけです。

すると、武将たちも、これは土地に換算したら何万石分にもなるものだと思って感謝感激する。

しかし、そのルソン渡りの茶器なんて、現地では貧乏人が使っていたようなボロ茶碗《ぢゃわん》です。そんな粗末な器でも、千利休あたりが「侘《わ》び」だの「寂《さ》び」だの言うと、価値があるように思う。だから、本当は元手は大したものではない。

――まるで霊感商法だ。

利休の場合は、彼なりの芸術的感性があって、そうした茶器を褒《ほ》めているのだから、今どきの新興宗教が壺《つぼ》だの水晶《すいしょう》だのを売りつけているのとはわけが違います。

でも、信長のほうは明らかに意図的《いとてき》に、茶道を利用しようとしています。

というのも、戦国時代の常識では大名は部下に褒美として土地を与えることになっていた。お前は一番槍《ばんやり》を付けたから何千石、お前は大将首《たいしょうくび》を取ったから何万石という具合《ぐあい》です。

しかし、これを続けていたのでは、土地フェティシズムはなくならない。しかも、土地の総面積は限られているのだから、与える褒美には限界がある。そこで土地以外の恩賞《おんしょう》でも満足するように、彼らの頭を変えようとしたのです。

――なるほど茶碗なら、無尽蔵《むじんぞう》にありますものね。

その精神を受け継いだのが、豊臣秀吉《とよとみひでよし》です。秀吉も千利休を重用しました。

ところが、やはりいかに信長や秀吉をもってしても、人間の発想はなかなか変わらない。

のちに秀吉がいわゆる朝鮮出兵をして、明《みん》の都である北京《ペキン》にまで攻め入ろうとします。ところが、この出兵に対して、大名たちはひじょうに非協力的であった。

そこで業《ごう》を煮《に》やした秀吉が「この出兵に参加して功績を挙げたら、お前たちに明国の領土を何百万石と分け与えよう」と言った。

すると部下たちは何と言ったと思いますか。

「そんな遠い場所の土地など要《い》りません。1万石でいいから日本の土地をください」と答えたというのです。

――大名と威張《いば》っているわりに、みみっちい。

これには、さしもの秀吉もがっくりした。

ですが、戦国時代の人間にとっては、土地こそが財産だった。それも、見たことのない土地は要らない。目の前にある土地が少しでもいいからほしいというわけです。

私有財産はなぜ神聖なのか

さて、このように日本でもヨーロッパでも、土地こそが財産であるという観念が長く続いてきたわけですが、ロックのころになると、イギリスでもだんだんに資本主義が芽生《めば》えだしてきていました。土地にこだわって農業にしがみついていなくても、商売やモノ作りで利潤を上げていけばいいという考えが生まれてきたわけです。

こうした新しい動きをロックはちゃんと観察していた。そして、そこから「富は有限ではない」というアイデアを得たのでしょうが、労働が富を作り出すと考えたのは、思想史上、ロックが最初です。だから、その点においてもロックは17世紀という時代をはるかに超越していたと言えます。

ここでもう1度、振り返ってみれば、予定説の登場によって、ヨーロッパの人たちは労働こそが救済の手段であると思うようになりました。1週間のうち、日曜日を除《のぞ》く6日間は働く。これが人間として正しい道であるという常識が根付いたわけです。

しかし、この人たちが働くのは、何もカネのためではありません。神様が、自分の仕事を天職として与えてくださったから、一所懸命に働く。労働は、神様が定めたことだから正しいというわけです。

ところが、ロックは違います。

ロックの場合には、労働そのものに意義があるのです。

動物は働かないから、この世の富を増やさない。しかし、人間が知恵を使って働けば、地球上の資源を増やすことにつながる。だから、働くことは社会全体のためになる……これがロックの考えです。神様がいようといまいと、労働に意義があることに変わりありません。

この大発見によって、近代資本主義はようやく理論的根拠を得たと言っても過言ではありません。ロックがいなければ、カネを儲けることに対して、やはり人間は一抹《いちまつ》の罪悪感を感じていたでしょう。しかし、働くことは社会全体への貢献なのだと言われれば、安心して働いて、カネを稼ぐことができるというものです。

さらに彼は私有財産の正当性※をも基礎づけました。

※私有財産の正当性　１８０４年に制定されたナポレオン法典は「所有権の絶対」と「契約自由の原則」を打ち出した最初の法典である。所有権とは、所有者が自己の所有物を自由任意に使用・収益・処分しうる絶対的権利である。また、契約は両当事者が自由任意の合意によって成立する。

個人の私有財産というのは、労働の結果、新たに産み出された資源です。

誰かから奪ったものでもなければ、盗んだものでもない。その人の持っている私有財産は労働に対する正当な報酬《ほうしゅう》なのだから、それをどれだけ貯めようと、どんな使い方をしようと、誰にも文句を言われる筋合《すじあ》いはない。

さらにロックの考えによれば、私有財産は政治権力が作られる前からあったことになる。

つまり、私有財産のほうが権力よりも由緒《ゆいしょ》が正しいのだから、権力といえども個人の私有財産に干渉《かんしょう》してはいけないという考えも同時に生まれてくる。

このことは後で詳しく触《ふ》れますが、こうした私有財産の概念もまた、ロックが最初に考えたことであり、近代資本主義を成立させるためには不可欠な思想です。

その意味で、ロックは民主主義と同時に、資本主義を作った大恩人です。彼が出現したことで、ようやく資本主義はその根拠を得ることができた。こう言っても間違いではありません。

人民の、人民による、人民のための政府

さて、そこでロックの言う自然状態の人間に話を戻しましょう。

ロックの考えによれば、自然状態において人間はせっせと働き、富を増やして平和に暮らしていくことができる。となると、政治権力なんて必要ないように思えるかもしれません。

しかし、現実には全員が全員、働き者であるとはかぎりません。中には、働かないでグータラ暮らす連中も出てくるに違いない。そうなると、最初は平等であった人間たちの中でも、徐々に不平等が生まれてくる。つまり、貧富の差が生まれる。

マルクスならば、そこで「貧しい者を救え」と言ったでしょうが、ロックは17世紀のイギリス人ですから、そんなことは言いません。ロックにとって、貧乏人とは要するに怠《なま》け者のことであり、自然状態の調和を乱す人たちです。※

※貧乏人とは要するに怠け者　ロックの思想的影響が強いアメリカでは、今でもこう考える人は少なくない。貧しい人を国家が救うのを今の日本人は当然のことだと思っているが、アメリカでは「救貧法」に反対する人がな

くならないのも、そのためだ。

この人たちは自分ではロクに働きもしないのに、他人が私有財産を持っているのがうらやましくてしょうがない。だから、泥棒や他人を殺して財産を奪うなどといった事件が起きてくる。ロックは、そう考えます。

こうしたトラブルが起きてくると、やはり自然状態のままでは何かと不便です。争いごとを仲裁《ちゅうさい》してくれる権威ある存在がなければ、いつまで経っても問題は解決できません。そこで、みなが集まって契約を結び、政治社会、あるいは国家を作ることになった。

これがロックの考える「社会契約説」です。

ロックの考える政治システムとは、要するにトラブルの仲裁機関であり、調整役です。そして、その目的は、※人民の生命と私有財産を守ることにある。人民を守るためにこそ国家は作られたというわけです。

※人民の生命と私有財産を守る　恐ろしいことに、日本の役人たちにはこの観念が欠落している。薬害エイズ事件で国民を殺したり、あるいはバブルを性急に潰したために国民の持っている土地が暴落したりしても、平然としていられるのがその証拠である。

したがって、ロックはホッブスのように「権力は強くなくてはならない」とは考えない。権力が強くなると、かえって人民を無視するようになる。

ロックにとっては、あくまでも国家の主人公は人民であり、国家とは人民にサービスするためのものなのです。

――「人民の、人民による、人民のための政府」というやつですね。

そのとおり！　そこまで分かるとは、説明のしがいもあったというもの。

このリンカーンの名言は、まさにロック譲《ゆず》りの民主主義思想です。

国家権力は人民が作ったものであり、人民に奉仕するためのもの。だから、人民の代表を議会に送って、政府の運営を監視しなければいけない。これこそがロックの主張であり、民主主義の根本精神なのです。

契約は守られるのか

さて、同じ社会契約説でも、ロックとホッブスは180度違うわけですが、なぜ同じような考えに立ちながら、全然異なる結論が出てくるのでしょう。

その第1の理由は、すでに述べたとおり、ホッブスは富が有限であると考えたのに対して、ロックは富を労働によって無限に増やすことができると考えた点にあります。

この前提の違いによって、ホッブスの自然状態は戦争と同義語になり、ロックの場合は、みなが私有財産を増やすことのできる、いわば楽園のような自然状態となったわけです。

しかし、見方によっては、この違いは大した差ではありません。というのも、自然状態がどうであれ、いずれにせよ社会契約を交《か》わして、国家を作るという点では両者は一致しているからです。

ところが、そこから先が2人の考えが決定的に違ってきます。

ホッブスの場合、その社会契約は役に立たない。そもそも、人間はそれまで自由に暮らしていたのですから、堅苦しい契約をまともに守るはずがない。自分に都合が悪くなれば、契約なんて無視するに違いない。

だから、無理矢理にでも秩序を押し付ける「力」がなければならないとホッブスは考えました。
これに対して、ロックは「契約は守られる」と考えます。交わした約束をきちんと守るだけの分別を人間は持っているというのが、ロックの立場です。

——言っちゃ悪いが、これはホッブスのほうに分《ぶ》がありますね。ロック先生のは理想論ですよ。

シマジくんにかぎらず、日本人ならたいていの人はホッブスのほうが説得力があると思うでしょう。

しかし、その後の歴史を見ると、ホッブスを信じるよりも、ロックを信じる人のほうが圧倒的に多かった。ホッブスの『リヴァイアサン』は世界史を変えなかったが、ロックの『統治二論』は世界史を変えました。

丸山眞男教授が言ったとおり、ロックは18世紀を支配したのです。

代表なくして課税なし

その何よりの証拠が、アメリカの独立です。

アメリカの植民者たちが宗主国《そうしゅこく》イギリスからの独立を目指して、いわゆる独立戦争※を起こした理論的根拠となったのが、このロックでした。

※独立戦争　日本では「アメリカ独立戦争」と言うが、アメリカ人はそれを「アメリカ革命 American Revolution」と呼ぶ。イギリス政府の支配を人民がひっくり返したのだから、戦争ではなく革命であると考えるのである。もちろんイギリス人から見れば、これは革命ではなく「植民地の反乱」なのだが。

そもそも日本の教科書などでは「アメリカ人が独立戦争を始めたのは、イギリスがアメリカ人が飲む茶に対して、不当に高い税金をかけたからだ」などと記しています。いわゆるボストン茶会《ちゃかい》事件が独立の引き金になったというわけですが、それは大変な間違いです。

というのも、まず第1にアメリカの植民地人たちが革命を考えはじめたのは、ボストン茶会事件が起こる8年も前の1765年のこと。

このときイギリスの議会で「印紙税法《いんしぜいほう》」なる法律が可決されました。

植民地で発行される新聞やカレンダー、証書などに印紙を貼《は》らせて、そのカネでアメリカ駐屯軍《ちゅうとんぐん》の経費をまかなおうという趣旨のものなのですが、これに対して植民地人は憤然《ふんぜん》として怒った。

というのも、印紙税を払うのはアメリカの植民者たちなのに、その納税者の意見も聞かずに本国が勝手に法律を決めたからです。

イギリスの憲法には、「代表なくして課税なし」(No taxation without representation　英語)という大原則があります。

前にも述べたように、ヨーロッパの議会は税金問題を解決するために作られました。

王が領主に税金をかけるために領主の代表を呼び、商人に税金をかけるために商人の代表を呼ぶ。これが中世における議会の始まりです。

つまり、税金をかける際には、かならず納税者代表の意見を聞くという伝統がありました。

ことにイギリスでは、マグナ・カルタ以来、この原則が何度も王と議会との間で確認され、「代表なくして課税なし」という成句が生まれるほどになったわけですが、この大原則を理論化したのが、他ならぬロックです。

ロックによれば国家権力というのは人民の契約によって成り立っています。

税金を取ることにしても、それは国家が最初から持っている権利ではなくて、人民が国家に与えた権利にすぎない。みんなが作った国家を運営する費用として、それぞれが負担する割当金が税金であるという考えです。

だから、税金をかける際には、国家が勝手に決めてはいけない。納税者本人が納得しなければならない。社会契約説から見ても、「代表なくして課税なし」は当然の原理なのだとロックは言っています。

ロックが起こした革命

しかるに、印紙税はアメリカの植民地人だけを対象にする税金でありながら、そのアメリカ植民地の代表から承諾を得ていません。

そもそもアメリカは植民地なので、1人も本国イギリスの議会に代表を送っていないのです。それなのに、イギリス議会が勝手に植民地人に税金をかけるのは憲法違反であり、ロックの思想に反するというのが、アメリカ側の言い分でした。

ところが、当時のイギリス政府の首相であったノース卿は、植民地側の論理が分からなかった。「要するに、彼らは税金が高いので文句を言っているのだろう」というぐらいの理解でしかなかった。そこで、この印紙税法の実施を強行した。

これを見た植民者たちの頭によぎったのは、何か。

それがロックの言っていた「抵抗権」というアイデアです。すなわち、権力が人民に対して不当なことをやったら、黙っていることはない。堂々と抵抗するのが、人民の権利である。

そこで、彼らは本国政府を非難する宣言を出し、各地でイギリス本国から来た役人などを襲って、暴動を起こしたというわけです。

しかし、それでもイギリス政府はまだ、この暴動が単なる暴動ではなく、ロック説に基《もと》づいた理論闘争に収束していったことが分からなかった。

ですから、本国政府はその後も性懲《しょうこ》りもなく、何度も何度も法律を作っては、植民地に税金をかけようとした。印紙税が駄目でも、貿易関税ならいいだろうと言って、アメリカに入ってくる品物に税金をかけた。

その1つが、例のお茶だったわけです。

こうした本国のやり口を見て、とうとうアメリカの植民地人たちは革命を考えるようになりました。しょせん、イギリスがアメリカという新しい社会を統治しようとすること自体が、そもそもの間違いだ。アメリカの大地は、そこに住むアメリカの植民者たちの社会契約で作られた政府によって統治されるべきであると考えた。そこで、イギリス政府に対して、革命権を行使しようと彼らは決意した。

つまり、アメリカ独立戦争とは、ロックの思想なくしては起こらなかった革命であったというわけです。

なぜ、アメリカ人は銃を捨てないか

イギリスとアメリカ植民地との戦いは、当初、圧倒的にイギリスが優位でした。イギリスの常備軍に対して、植民地の側はアマチュアの兵隊です。最初のころは逃げ回ってばかりいました。

ところが、やはり思想の力は恐るべきもの。フランスが植民地の味方をしたことも大きかったのですが、ロックの革命思想に鼓舞《こぶ》された植民地人はけっして諦《あきら》めなかった。その結果、イギリス軍もついには音《ね》を上げて、とうとうアメリカは独立を宣言することになりました。

ロックが最初に社会契約説を発表したときには、「社会契約で作られた国は、どこにも存在しない」という批判が多かった。フランスの啓蒙《けいもう》思想家で、「ロックの忠実な弟子」を自称していたモンテスキューでさえ、社会契約説を「絵空事《えそらごと》」として否定していたほどです。

たしかに、この批判は当たっています。ロックの説はあくまでも仮説、理論であって、実証に基づいたものではありません。

ところが、ロックが『統治二論』を書いた100年後、彼の社会契約説は仮説ではなくなった。1776年、アメリカ合衆国が誕生したからです。アメリカの独立は、まさにロックの書いたシナリオどおりに行なわれたドラマであったのです。

ですから、アメリカの独立宣言には、国家権力が「被治者《ひちしや》の同意に由来するものである」、つまり社会契約によって作られると明確に記されています。さらに人民の権利を政府が侵害した場合には「人民はそれを改廃する」こともできるし、また「新たな政府を作る権利」を持っているとも謳《うた》われています。

アメリカ建国がロックの精神で行なわれたことの証拠は、今でもあちこちに見られます。

たとえば、今でもアメリカ人が銃の所持にこだわるというのも、その1つです。ご存じのとおり、アメリカでは銃器による犯罪がしょっちゅう起こって、中には幼児が幼児を射殺するという事件まで発生しています。

それでもなぜ彼らが銃を規制しないかといえば、これはロックの説が染《し》みついているからです。

ロックによれば、人間が自分を守ろうとする権利は、国家が作られる前からあった「自然権」です。

その後、人間は国家を作って、警察や軍隊にその権利を預けるわけですが、だからといって自己防衛の権利をすべて放棄《ほうき》してしまったわけではない。国家ができたのちも、自分を守る権利を持っていると考える。

ですから、社会契約説で作られたアメリカでは、市民が武装するのは当然の権利であり、それは政府といえども制限すべきではない。武装する権利は、国家が生まれる以前からあったものだというわけです。

――西部開拓時代の名残りだけではないんですね。

そんな理由だったら、もはやフロンティアもないのだから銃を許しておく必然性はありません。彼らにとって武装する権利は、人間が本来持っている権利、自然人の時代からの基本的権利なのです。だからこそ、歴代政権がどんなに苦心しても、秀吉がやったような徹底的な「刀狩《かたなが》り」は行なえないのです。

ことほどさように、アメリカ合衆国においてロックの影響は大きかった。合衆国憲法は世界最初の成文憲法ですが、それは同時に「ジョン・ロックの憲法」でもあったというわけなのです。

なぜ、アメリカ人はロックを信じたのか

さて、かくのごとくロックの思想がアメリカ人に影響を与え、アメリカ独立戦争を成功に導いたわけですが、そこで大切なのは、なぜアメリカ人たちは社会契約説を本気で信じたのかという問題です。

このことが分からなければ、いくらロックの著書を読んで、社会契約説を知ったとしても、それでは本当に理解したとは言えません。

ところが、日本の憲法学者でもそれを本当に分かっている人が、どれだけいることやら。何しろ、日本の憲法学者くらい不勉強な人たちはおりません。

――憲法学者からクレームが来ても知りませんよ。

そんな連中のことなど、放っておけばよろしい。

もし万が一、君のところに文句を言ってくるような学者がいたら、こう言ってやるのです。「そんな暇《ひま》があるのなら、日本の憲法を蘇《よみがえ》らせるのが先決ではありませんか」とね。

現代日本をご覧なさい。まさに国家権力は巨大化して、リヴァイアサンのごときではないですか。省庁再編とは形だけ、相《あい》も変わらぬバラマキ財政を行なうために、国民に対して税金をかけ放題。消費税だって、最初は3パーセントだったのが、今や5パーセント。まもなく10パーセントになるのは間違いないとまで言われています(旧版発行時の表現ママ)。それで景気がよくなるのであればまだしも、不況はいつまで経っても解消される見込みはない。

こんな状況に置かれたら、18世紀のアメリカ人なら間違いなく、抵抗権を発動するに決まっています。彼らは、年間わずか6万ポンドの印紙税ですら許さなかった。

ところが、現実はどうですか。

――今の日本の政治家で、革命を心配している人なんて誰もいませんものね。

そこです、問題は!

日本国憲法も社会契約説だ

なぜ、日本の国家権力はこうやってリヴァイアサンになってしまったのか。

その理由は、いろいろあるけれども、最も致命的な点は、日本人が社会契約の意味を理解していないところにあります。

だから、国家がリヴァイアサンになっても、抵抗運動など絶対に起きない。ましてや革命など本気で論じる人はいない。日本共産党においてすら、革命路線を放棄《ほうき》してしまっているくらいです。

もちろん、今や21世紀ですから17世紀の社会契約説をそのまま適用するわけにはいきません。しかし、ロックの思想は脈々《みゃくみゃく》と民主主義の中に生きています。社会契約のアイデアは、今でも死んでいない。

何よりの証拠に、日本国憲法前文を読んでごらんなさい。そこには、社会契約の思想が記されているではありませんか。

「そもそも国政は、国民の厳粛な信託によるものであって、その権威は国民に由来し、その権力は国民の代表者がこれを行使し、その福利は国民がこれを享受する」

――なんと、これはロックそのものですね。

国民の信託とは、要するに国民同士が契約を結んで、自分の持っている権利を国家に預けたということです。日本の憲法にも、ロックは生きているのです！

言うまでもありませんが、日本の憲法学者の圧倒的多数は憲法護持《ごじ》派です。

もし「日本国憲法は絶対に守るべきである」と信じるのなら、この前文の精神を具現して、竹槍《たけやり》を担《かつ》いで今すぐ国会になぐり込みに行ってもおかしくはない。革命は無理にしても、せめて抵抗運動、レジスタンスに身を投じるべきではありませんか。これでは吉田茂《よしだしげる》ではないが、「※曲学阿世《きょくがくあせい》の徒《と》」と言われても文句は言えません。

※曲学阿世の徒　真理を曲げて、世におもねる学者のことを指す（『史記』）。1951年のサンフランシスコ講和条約締結に際して、日本の革新勢力はソ連など東側陣営を含めた全面講和を主張し、批准反対運動を行なった。その運動の中心的存在だった左翼シンパの学者たちを、吉田茂首相は「曲学阿世の徒」と非難した。

公約違反は民主主義の敵

結局のところ、日本においては憲法の専門家ですら、社会契約とは要するに建前《たてまえ》であると考えています。ただの看板だと思っているのです。独立戦争のときのアメリカ人のように、本気で社会契約説を信じてはいないということでしょう。

まして政治家で、日本国の政治が社会契約で成り立っていると信じている人は誰もいない。その象徴的な例が、消費税が3パーセントから5パーセントに上がったときの経緯《いきさつ》です。

あのときの首相は誰あろう、日本社会党党首であった村山富市《むらやまとみいち》氏です。

今さら言うまでもありませんが、旧社会党は護憲を党是《とうぜ》として、消費税にも絶対反対だった。

ところが、いざその社会党の党首が総理大臣になったら、公約をあっさりひっくり返して、消費税を廃止するどころか、上げてしまった。そればかりか、自衛隊までも認知して、ことごとく公約を破った。

公約とは選挙民と議員との約束、つまり契約です。「これこれのことを実現するから、その代わりに票を投じてくれ」という契約によって当選したのですから、その契約は絶対に守らなければならない。

社会党は消費税反対、自衛隊反対を公約していたのですから、もし、それを変えるのであれば、いったん野《や》に下《くだ》って、新しい公約を選挙民に問うというのが民主主義の常道です。

なのに、社会党は選挙民に断わりもなく、公約を変えた。つまり、勝手に契約を破棄《はき》してしまったわけです。これは大変な契約違反です。

選挙の公約という大切な契約でさえ、政治家みずからが破って平然としているのが日本です。これでは社会契約なんて誰も本気で信じなくても不思議はありません。

――しかし、先生、アメリカの政治家はちゃんと公約を守るんですか？　いくら何でも、現実に応じて変えざるをえないことだってあるでしょう。

欧米の政治家、とくにイギリスやアメリカの政治家にとって、公約は命よりも大切です。公約を覆《くつがえ》すというのは、政治的に自殺をするようなもの。

そこで次回の講義では、この公約の話から始めて、いかに民主主義にとって契約が大切なものかを述べることにいたしましょう。

第7章

「民主主義のルール」とは

英国史上、最高の首相は誰か

イギリスの長い民主主義史の中で、最も立派な首相は誰かというアンケートをイギリス人に行なえば、おそらく第1位に当選するのはディズレーリでしょう。その次に来るのが、サッチャーかチャーチルかは意見が分かれるでしょうが、およそまともな教養人ならディズレーリをトップにすることは、まず間違いない。

では、いったいディズレーリのどこが偉かったのか。

ディズレーリはイギリスが最も繁栄した時代、すなわちヴィクトリア時代の政治家です。このころ、イギリスは世界経済の覇者《はしゃ》となり、また国際政治においても不動の地位を占《し》めました。

彼は首相として、数々の業績を残しています。スエズ運河を買収し、フランスの東洋進出をくい止めたのも彼ですし、またベルリン会議でロシアの南下政策を挫折《ざせつ》せしめたのもディズレーリです。さらにディズレーリは、ヴィクトリア女王をインド帝国の皇帝に推戴《すいたい》した。

彼の名声はそれだけでは終わりません。

彼は文人としても有名で、数々の小説を残しています。それも単なる素人《しろうと》小説家ではありません。彼の書いた小説は、当時のイギリスではたいへんに評判がよかった。

このように彼について語りはじめれば、きりがない。言い忘れましたが、彼はユダヤ人の家系に生まれて、イギリス首相になったという稀有《けう》の人物でもあります。

しかし、彼が英国史上、最も評価が高いのは、けっして国家の宰相《さいしょう》として有能だったとか、あるいは才能に恵まれていたからではありません。その程度の人物なら、イギリスの歴史には何人もいます。

では、なぜ彼は偉いのか。

それは彼こそが、イギリス議会政治の基本ルールを確立した人物だからです。

国論を分裂させた穀物法

時は1840年代、イギリスの議会はある問題をめぐって紛糾《ふんきゅう》を重ねていました。
それは「穀物法《こくもつほう》」をめぐる議論です。

西欧社会の根底をなす「契約」の思想は聖書に根差している（レンブラント『モーセと十戒の石板』1659年）／アフロ

穀物法とは、イギリスに入ってくる穀物を制限するという法律です。イギリスではナポレオン戦争の直後から、穀物の輸入が規制されていました。外国産の安い小麦などが入ってくると、イギリスの穀物が売れなくなるというわけです。

——日本の食管法《しょっかんほう》みたいなものですね。

日本の食管法は農家を保護するためのものですが、イギリスの穀物法は地主階級、つまり貴族を守るための法律です。貴族は領地からの「上がり」で生活しているのですから、収穫物が安くなると困るというわけです。

この穀物法に対しては、かねてから都市の資本家たちが猛反対していました。もともと彼らは商売柄《しょうばいがら》、自由貿易論者ですが、穀物の値段が安くなれば、労働者の生活は楽になります。そうなると、資本家たちは彼らに支払う賃金を抑《おさ》えることができる。そこで、穀物の輸入制限は一刻も早く解除すべしという意見でした。

ちなみに、この時代は大多数の農民にも労働者にも選挙権がありません。今の時代なら、穀物法問題は農民と労働者の争いになるでしょうが、このときは地主と資本家の大抗争になりました。

そのころ、イギリスの政党は保守党と自由党です。保守党は地主層、自由党は資本家層を支持基盤にしていましたから、選挙でも穀物法は大きな争点になった。

このときの選挙で勝ったのは、穀物法支持の保守党です。保守党党首のサー・ロバート・ピールは意《い》気揚々《きようよう》と首相になりました。

ところが、そこで思いもかけない事態が起こった。アイルランドに馬鈴薯《ばれいしょ》病が発生したのです。馬鈴薯、つまりジャガイモが伝染性の病気によって次々と枯《か》れた。そのために、大変な飢饉《ききん》がアイルランドを襲ったのです。

アイルランド人がイギリス人を憎む、本当の理由

1801年以来、アイルランドはイギリスに併合されていました。プロテスタントのイギリスに対して、アイルランドはカトリック国。その宗教の違いもあって、両国は※長年の抗争を続けていた。ところが結局、アイルランドはイギリスの支配下に置かれることになった。

※長年の抗争　アイルランドの本来の住民は「ゲール人」で、アングロ・サクソンのイギリスと言葉も民俗も宗教も異なっていた。そのアイルランドを、昔からイギリスは侵略したがっていたのだが、それが本格化したのは16世紀、ヘンリー8世のころからである。イギリスの野心にアイルランド側はしばしば抵抗したが、結局、同国はイギリスの属国になってしまった。

そんな事情があるものですから、イギリスの地主たちはアイルランドの小作農を徹底的に絞《しぼ》り上げていました。収穫された小麦はすべて取り上げ、アイルランド人が食べられるものと言えば、ジャガイモしかなかった。

そのジャガイモが馬鈴薯病で全滅したのだから、大変です。

これが日本で起こった話なら、どんなにひどい地主でも小作人を見殺しにしません。そもそも小作人が死んで困るのは地主です。だから、多少の食料は残すもの。

ところがイギリス人地主たちは、そんな同情をひとかけらも見せなかった。

なにしろ、彼らにとって小作の連中は、長年にわたってイギリスを困らせてきたカトリックのアイルランド人です。最初から人間だとは思っていない。いなくなってくれたほうが、かえってすっきりするとさえ思った。

だから、イギリス人は1粒も残さずに小麦を取り上げてしまった。

――だから今でもアイルランド人はイギリス人を憎むんですね。

もともと宗教上の対立があったところに加えて、この馬鈴薯飢饉での恨《うら》みがあるから、その憎しみは並大抵のものではありません。

アイルランド人に言わせれば、「イギリス人さえいなければ、この世はどんなに素晴らしいか」というわけです。だから、アイルランドの過激派はイギリス人を殺しても、何の良心の痛みも感じない。彼らにとっては先祖や自分たちの仇《かたき》なのですから。

何しろ、このときのアイルランドでは数十万人の餓死《がし》者が出ました。

しかし、数十万の死者で済《す》んだのは、食い詰めたアイルランド人たちが移民となって北アメリカなどに移住したからです。逃げ出す先がなければ、餓死者の数は数百万にも上《のぼ》っていたことは間違いありません。

そして誰もいなくなった

さて、何年にもわたって馬鈴薯病が流行すれば、さすがのイギリス人であっても「アイルランド人め、ざまあ見ろ」と言ってはいられません。アイルランドの人口が激減すれば小麦の収穫量が減る。国産穀物の値段は急騰《きゅうとう》します。

そこで、ピール内閣はさまざまな政策を打ち出して、穀物価格の安定を図《はか》りましたが、どうにもならない。

そこで、ついに穀物法を廃止して、海外からの穀物輸入を解禁することになった。いかに地主層が支持基盤だとはいえ、国難《こくなん》の前には従来の政策を転換するしかないというわけです。

ところが、それに嚙《か》みついたのがディズレーリです。ディズレーリはピールと同じ保守党員ですが、あえて首相に対して論戦《ろんせん》を挑《いど》んだ。

「穀物法を廃止するのは、誰が考えても当然の措置でしょう。しかし、首相閣下《かっか》、あなたがそこに座っていられるのは、保守党が『穀物法を守る』という公約を掲げて選挙に勝ったからではありませんか。

だったら、閣下には穀物法を変える資格はありません。いさぎよく自由党に政権を譲り、自由党内閣に穀物法廃止を任《まか》せるのが筋《すじ》というものではありませんか」

この大演説でディズレーリは「自由党が入浴中に、その衣類をかっぱらった」と首相を批判しました。つまり、ピールは反対党の政策を盗んだというわけです。

泥棒扱いまでされたら、ピールも黙ってはいません。

「選挙の公約には反するかもしれないが、私は女王陛下《じょおうへいか》の信任《しんにん》を得て、この国家の要職に就《つ》いた身である。国家のためになることであれば、断固《だんこ》として行なうのが女王陛下から与えられた責務である」

そこで、さらにディズレーリはこう言います。

「では閣下、おたずねします。あなたは『女王陛下、女王陛下』とさかんにおっしゃいますが、もし、地主層の支持が得られなかったとしたら、あなたは選挙に勝てたでしょうか。それでも、陛下はあなたを信任なさったと思いますか」

ディズレーリとピールの論戦は、かくのごとく激しいものであったと言いますが、そこで肝心なのは、これを聞いていた保守党代議士たちの動きです。

この大論争を聞いていた議員たちは内心、「これはディズレーリの言うとおりだ」と思った。だから、ピールのもとからは1人去り、2人去り、5人去り、10人去ってしまった。この結果、保守党は少数派に転落して、とうとうピール内閣は倒れてしまったのです。

ディズレーリが作った3つのルール

さて、このディズレーリの大演説は、議会政治に新たなルールを追加しました。

まず第1は「選挙公約はかならず守るべし」ということです。

もし、選挙公約を変えるのであれば、まず代議士全員が辞職し、ふたたび選挙に討《う》って出て、新しい公約を選挙民に問わなければならない。それをやるだけの度胸《どきょう》がなければ、いさぎよく下野《げや》すべきである。君主の信任があっても、選挙民を裏切ったのでは首相になれないというわけです。

第2に「他人の公約を盗むな」ということ。これはあらためて説明するまでもありません。

ディズレーリの作った第3のルールは「議会における論争によって、すべてを決する」というものです。

ディズレーリは、あくまでも議会での論戦でピールを圧倒したから勝った。ただただ言論の力のみで、首相を論破《ろんぱ》した。その結果、ピールを支持する声はなくなり、多数派のピール内閣も倒れた。ディズレーリは多数派工作をして勝ったのではないのです。

それまでのイギリスの議会政治では「しょせん政治は数だ。数はカネで集められる」という考えがまかり通っていました。イギリス最初の首相と言われるウォルポールはその代表格で、あり余る資金力にものを言わせて、多数派工作をしたことで有名です。

しかし、ディズレーリの時代になると「数は弁論の力で獲得するものだ」という思想に変わっていった。それを象徴するのが、このディズレーリ＝ピール論争なのです。

英国憲法史においては「ヴィクトリア時代、英国憲法が完成した」と言われます。

その理由は他でもありません。

ディズレーリによって、この3つのルールが確立したからです。だからこそ、ディズレーリは最高の政治家と今でも尊敬されているわけです。

日本の民主主義は250年も遅れている⁉

ところが、どうでしょう。日本では3つのルールが守られているでしょうか。

日本社会党は、ピールと同じで公約を変更して、しかも政権から下りようとしなかった。

しかも、自衛隊反対にせよ、消費税廃止にせよ、これは社会党が選挙のたびに訴えてきたことです。

その大事な公約をあっさり捨てて、自民党の公約と同じにした。言ってみれば、他人の公約を盗んだわけです。

政党がその公約を変えるのは自由だが、それをやるのであれば選挙を行なって、国民との契約を改訂《かいてい》すべきなのです。日本国憲法では「首相には衆議院を解散して、総選挙を行なう権限がある」とされて※いますが、これはそのためでもある。

※されている　といっても、それを明確に定めた条文は日本国憲法にはない。かくのごとく解釈されているだけである。ただし、不信任案が衆議院を通過しなくても解散できるかどうかについては議論がある。その場合でも、総理大臣は解散できるという説が有力である。

ところが、どんな批判があっても、時の村山富市内閣は「自社さ連合」、つまり国会内で多数派の支持基盤があるのだからと言って、けっして辞任しようとしなかった。すなわち、数を恃《たの》みにした。

――日本の議会政治はイギリスよりも150年も遅れているというわけですか。

最近も森喜朗《もりよしろう》内閣を倒すとか言って、自民党の加藤紘一《かとうこういち》代議士が造反する事件がありました（二〇〇〇年十一月）。

ご本人はディズレーリのつもりだったかもしれませんが、加藤氏がもし森首相を批判するのであれば、堂々と国会で論戦を仕掛けるのが議会政治家の務めというものです。

ところが、実際に行なわれたのは、議会外での多数派工作でした。これではウォルポール時代とまったく同じです。

ウォルポールは18世紀半《なか》ばの人ですから、日本の議会政治はイギリスに遅れること、150年どころではない。優に250年は遅れていることになるのです。

契約とは言葉である

日本の学校教育では絶対に教えてくれませんが、近代デモクラシーの大前提は「契約を守る」ということです。

この前提がなければ、いかに立派な議事堂を作っても、あるいは文面上、堂々たる憲法を制定しても、それは底が抜けたバケツのようなもの。デモクラシーの形式だけを整えても、そこには肝心のデモクラシー精神は生きていないことになります。社会契約の精神がなければ、国家は暴走し放題《ほうだい》に暴走する。公約が守られなければ、国会はただの数合わせの場になる。

しかるに、日本人は……。

——契約を守らないというわけですか？　でも、約束を守らないのは政治家で、われわれ庶民はあそこまでひどくないですよ。第一、日本人くらい義理堅《ぎりがた》い国民はいないと言う人だっているくらいだし。

そこが大きな間違いなのです。

日本人の考える「約束」と、欧米人の考える「契約」とは似ているように見えるけれども、その実態はまるで違います。

シマジくんの言うとおり、日本人はたしかに義理堅いかもしれません。しかし、義理堅いことと、契約を守ることとは関係がない。義理堅い人が契約を守るとはかぎらない。

そもそも欧米人の考える契約とは、言葉そのものです。つまり、言葉によって明確に定義されないかぎり、それは契約と呼べない。要するに、契約とは言葉なのです。

「黙って俺について来い」

「契約とは、言葉によって記された約束である」ということを示す象徴が、企業が取り交わす契約書です。

欧米の契約書には虫眼鏡《むしめがね》で拡大してみないかぎり、読めないような小さな字で、ぎっしりさまざまな条項が書き記されています。考え得るあらゆるケースを想定し、「この場合には、こうする」「このときには、こう対応する」と列挙されている。契約書とは言葉の塊《かたまり》です。

ところが、日本人の場合、いちいち約束事を言葉にするのをひじょうに嫌がる。本当に信頼しあっていたら、言葉にして約束するのはかえって失礼だという感覚があります。

その最たる例が、次のような言葉です。

「俺の目を見ろ、何にも言うな」
「黙って俺について来い」
「悪いようにはしない」

――男なら一生に1度くらい、こんなことを言ってみたいもんですなあ。

前からそう思っていたが、やっぱり君は一生、国際人になれませんな。

こんな言葉で欧米人に向かって言ってごらんなさい。「こいつは、頭がおかしいのではないか」と思われること、請《う》け合《あ》いです。

そもそも、こんなことをいくら約束されても、そこには何の具体性もない。「悪いようにはしない」と言っても、どれがいいことで、どれが悪いことなのかの定義もない。あなたにとっての「悪いこと」が、相手にとっての「いいこと」である可能性だってある。結局のところ、何も約束していないと同じことです。

しかもそれに加えて、「何にも言うな」だとか「黙ってついて来い」だとか言われていたのでは、たまらない。「お前の奴隷になれと言うことか」と、逆に詰め寄られてしまうでしょう。

つまり、日本人にとっての「最高の約束」は、欧米人から見れば「最悪の約束」、いや「約束にもならない約束」なのです。このくらい、契約に関する日本と欧米とのギャップは大きい。

欧米における契約とは、「破った」か「破らないか」が明確に判定できるものでなければなりません。破ったか破らないかが判然としなかったり、「破ったようでもあり、破らないようでもある」事態を許すのでは、契約とは言えないのです。そこで欧米では、契約は文書にしておく習慣が生まれました。欧米では契約書に細かな条件を定めますが、これもそのためです。

また欧米の契約は、当事者の人間関係に左右されないし、事情変更の原則も成立しないとされる。この点も日本や中国とは違います。

なぜ、欧米人は契約を重んじるのか

――しかし先生、欧米人が契約を言葉に表わすのは、要するに、そうでもしないと約束を守らないいからでしょう？　その点、日本人の場合、いちいち言葉にしなくても約束は果たす。日本人のほうがやっぱり偉いですよ。

シマジくんにかぎらず、そう思っている日本人はきっと多いでしょう。

要するにヨーロッパとかアメリカは異民族が隣り合って暮らしているから、競争が激しい。だから、しょっちゅう裏切りが起こる。相手が信用できない。だから、何でも契約書にする。その点において、日本は狭い島国だから、いちいち言葉にしなくても約束は守られるというわけです。

しかし、これはまったくのデタラメと言ってもよろしい。

シマジくん、君はこれまでの人生で1度も約束違反をしたことはないと言えるかね。

——そりゃ人間ですもの、1度や2度、2度や3度、いや、もうちょっと多いかな……。

つまり、日本人だって、かならず約束を守るわけではない。読者のまわりにも、しょっちゅう約束を破る人が何人もいるはずです。逆に欧米だって、隙《すき》あらば他人を蹴落とそうという人ばかりが住んでいるわけではない。

結局のところ、ある民族や人種が特に信頼できるとか、反対に、信用できないとはけっして言えない。

さらに付け加えれば、「ヨーロッパは大陸だから、契約書が発達した」というが、それならば、なぜ同じような大陸に住み、しかもヨーロッパよりも文明が発達した中国では契約書が発達しなかったのか。

中国は「漢民族」の単一国家のように思われているが、それは大きな間違いです。名こそ漢民族であっても、その実態は多種多様な人々の集合体です。言葉1つをとってみても、北京《ペキン》語と広東《カントン》語では、別の言語です。

それほど文化もライフスタイルも違う人々が同じ大陸に住んでいながら、中国では契約書を作るという発想はとうとう生まれなかった。

こと約束に関していえば、日本人と中国人の感覚はよく似ています。たとえば『三国志演義《さんごくしえんぎ》』冒頭に、劉備《りゅうび》、関羽《かんう》、張飛《ちょうひ》の3人が桃の園で義兄弟《ぎきょうだい》の契《ちぎ》りを交わしたという話が出てくるのは、読者もご存じでしょう。

いわゆる「桃園《とうえん》の契《ちぎ》り」ですが、このとき彼ら3人が約束したのも、要するにさっきの話と同じで「俺の目を見ろ、何にも言うな」です。約束しているようで、何の約束もしていない。

のちに関羽は魏《ぎ》の曹操《そうそう》に捕らえられ、曹操の部下として働きます。その後、関羽はふたたび劉備陣営《じんえい》に復帰するのですが、そのとき劉備も張飛も「お前は桃園の契りを破ったではないか」とは言わない。

言わないのは当たり前で、桃園の契りには何の取り決めもない。取り決めがなければ、契約違反は起こりようがないのです。

こんなことは欧米では考えられません。

前に講義で述べたように王と騎士とは、契約によって結ばれています。騎士は王に対して、「陛下が捕虜《ほりょ》になったら、いくらの身代金《みのしろきん》を支払います」「戦争があれば、陛下にこれこれの軍勢を率《ひき》いて従軍します」と誓います。その誓いを誠実に守ることこそが騎士道なのです。ヨーロッパでは昔から、契約とは言葉によって結ぶものだと考えられてきたのです。

聖書を読めば、国際人になれる!?

では、いったいなぜヨーロッパだけで「契約とは言葉である」という概念が生まれてきたのか。日本や中国には、そんな概念が生まれなかったのか。

そのカギは、聖書にあります。

――また聖書！　先生にかかると何でも聖書なんだなあ。

というと、私が何でもキリスト教にこじつけているとでも言いたいのかね。

――いえいえ、そんなつもりじゃあ……。

よろしいか。日本人がいつまで経っても、ヨーロッパ文明を理解できないのは、キリスト教の存在をあまりに軽視しているからです。

シマジくんにかぎらず、日本人はみんな表面的に欧米をながめて、それで分かった気になっています。ことに近年はテレビの発達で、世界中のどこで起きた事件でも生中継で見られるようになった。しかし、私に言わせれば、そんなものを何十時間見たところで何も分かりません。

大切なのは、そうした現象の背後に隠れている本質です。それを理解しないかぎり、どんな情報も役に立ちません。

そこで大切になってくるのが、宗教に対する知識です。

たしかに現代社会では宗教の影響力は、昔に比べればひじょうに小さくなりました。ローマ法王が何と言おうと、国際政治も世界経済もほとんど影響を受けません。しかし、だからといって宗教を無視していいことにはなりません。

前に講義で「エートス」という言葉を説明したことを覚えていますね。

エートスとは人間の内面も外面も規定するもの。エートスが人間を動かしていると言っても過言ではありません。宗教は、そのエートスに対して最も大きな影響力を持っています。宗教によって人間の発想も行動も変わるのです。

たしかに現代では欧米人も昔ほど信仰熱心ではありません。日曜日ごとに教会に行く人は少なくなりました。

しかし、彼らのエートス、行動原理が完全に宗教離れしているかといえば、それは違います。彼らが先祖から受け継いできたエートスを作ったのは、他ならぬキリスト教であり、聖書です。彼ら自身が意識するしないは別として、聖書は今でも彼らのエートスの中に「生きて」いるのです。

だから、ゆめ「また聖書か」なんて、言ってはいけません。そんなふうに宗教を軽視しているから、いつまで経っても日本人は世界で相手にされないし、また日本の政治も経済もおかしくなってくるのです。分かりましたね、シマジくん。

——それを聞いて思いつきました。『国際人になるための聖書講座』。先生、こんな本を作ったら売れますかね。

やれやれ、君の話はいつもそうなってしまう。

私の話を聞いて、国際人になれるかどうかは保証しませんが、それでは「聖書における契約」について説明することにしましょう。

ユダヤ教もキリスト教も「契約教」

ご存じのとおり、キリスト教における聖書は『旧約聖書』と『新約聖書』の2つに分かれているのですが、新約はまだしも、旧約聖書にどんなことが書かれているかを知っている日本人は、あまりいません。

おそらくクリスチャンでも、旧約聖書を読み通した人は少ないでしょう。カトリックでもプロテスタントでも、どういうわけか、日本の教会では信者に聖書を読ませるのに熱心ではない。これは困ったことです。

――よくホテルの客室に聖書が置いてあるから、退屈《たいくつ》しのぎに旧約聖書を読むのだけれども、数ページも読めたためしがない。ありゃ、睡眠薬より効《き》きますよ。

君の言うのは、「創世記《そうせいき》」のことですね。冒頭部はアダム以下、イスラエルの人々の系図が延々《えんえん》と羅《ら》列《れつ》してあるから、眠たくなるのも無理はない。しかし、そこを乗り越えて読みすすめると実に驚くべき世界が広がっている。

読者の中には漠然《ばくぜん》と、旧約聖書には「ありがたい教え」が書かれていると思っている人が多いでしょう。しかし、それは大変な誤解です。

旧約聖書とは要するに、神様との契約を破ったら、どんなひどい目に遭《あ》うかという、その実例が「これでもか、これでもか」と書いてある本なのです。したがって旧約聖書の教えというのは、「こんな目に遭いたくなければ、神様との契約を守りなさい」という1点、ただそれだけなのです。

――つまり「契約教」なんですか。

ご承知のとおり、旧約聖書に登場するのは古代イスラエルの人々です。したがって、旧約聖書に書かれている契約とは、このイスラエルの民《たみ》と神様との契約です。

この契約をのちに改訂したのが、キリスト教の創始者であるイエスです。

なにしろ神様との契約ですから、人間が一方的に契約改訂をすることはできません。しかし、イエスは神(「神の子」)とされていますから、神様と人間との契約を変えることができた。

詳しい話は省《はぶ》きますが、イエスは十字架にかかることで、神様との契約を改訂して新しい宗教、つまりキリスト教を打ち立てます。それにともなって、新しい聖典が作られた。それが新約聖書です。「新約」というのは、新しい契約という意味です。

したがって、旧約聖書を聖典にするユダヤ教も「契約の宗教」ですが、キリスト教もまた「契約の宗教」。契約の内容は異なりますが、ともに契約がその中心にあるというわけです。

約束の地「カナン」

さて、では旧約聖書において、神とイスラエルの民がどのような契約を交わしたのか。そこがまず大切なポイントです。

聖書には、こうあります。

カナンの地に、アブラハムという男がいた。

そこに突然、神が現われて、こう言います。

「わたしは、あなたが滞在しているこのカナンのすべての土地を、あなたとその子孫に、永久の所有地として与える。わたしは彼らの神となる」(「創世記」17－8)

実はこのアブラハムこそが、イスラエルの人々の共通の先祖です。つまり、イスラエルの人々は、先祖アブラハムが神と交わした契約によって、「約束の地」カナン、つまりイスラエルを永遠に与えられ、永遠に繁栄することが保証されたというわけです。

しかし、これは契約ですから、無条件に土地を保証するというわけではありません。

イスラエルが栄えるためには、人間の側もそれ相応の約束を守らなければならない。

――「うまい話にゃ裏がある」ってやつですね。

神様を詐欺師《さぎし》と一緒にしてはいけません。

神様が要求しているのは、要するに「神をあがめよ」「神を敬《うやま》え」ということです。土地を保証してくれるのは神様なのですから、その神様をあがめるのは当然のことです。

といっても、単に神様をあがめるというのでは曖昧《あいまい》です。そこで神様は具体的な条件を要求する。しかし、それさえ守っていれば、イスラエルの人々は「選ばれし民」となって、「約束の地」カナンを与えられるというわけです。

エジプト脱出

では、その契約条件とは具体的にはどういうことか。

そのことが明確に記されているのが旧約の「出《しゅつ》エジプト記」です。つまり、旧約聖書の中で最も重要な部分が、この「出エジプト記」と言えます。

そもそもアブラハムとの約束の時点で、神様は「あなたの子孫は異邦《いほう》の国で寄留者《きりゅうしゃ》となり、四百年の間奴隷《どれい》として仕《つか》え、苦しめられるであろう。しかし（中略）、その後、彼らは多くの財産を携《たずさ》えて脱出するであろう」という予言を残しました。イスラエルの民が本当に栄えるのは、その後の話であるというわけです。

この神様の言葉どおり、アブラハムの住んでいたカナンという土地では、やがて大飢饉《だいききん》が起きます。その結果、アブラハムの子孫であるイスラエルの人々はエジプトに移住するのですが、そこで迫害を受けて奴隷になってしまう。

そのとき、神がモーゼという男の前に現われて、こう言います。

私（神）は「エジプト人の手から彼ら（イスラエルの民）を救い出し、この国から、広々とした素晴らしい土地、乳《ちち》と蜜《みつ》の流れる土地」へと導いてやる。だからモーゼよ、「わが民イスラエルの人々をエジプトから連れ出すのだ」（「出エジプト記」3－8～10）。

そこでモーゼは神の指示どおりに、エジプトの王ファラオのところに行って交渉することになるのですが、もちろんファラオが「はい、そうですか」と言うわけがない。奴隷をみすみす解放する優《やさ》しい王様など、どこにもいません。

だから、そこで神はファラオにさまざまな奇蹟《きせき》を見せます。

最初、神はモーゼの杖《つえ》をヘビに変えてみせるのですが、ファラオは手品の一種だろうと言って相手にしない。そこで次には、ナイル川の水を血に変え、エジプト中にカエルやブヨ、アブ、イナゴを放ち、さらに疫病《えきびょう》を流行《はや》らせて家畜を殺し、空から雹《ひょう》を降らせた。

――奇蹟というより、嫌がらせですな。

さすがにこれを見て、ファラオも諦《あきら》めた。

そこでイスラエルの人々は解放され、預言者モーゼをリーダーとして故郷の地カナンに戻ることになります。

恐るべきペナルティ

ここから先の話は、おそらく読者のみなさんもよくご承知でしょう。

いったんは奴隷解放に同意したファラオも、いざ彼らが出発すると気が変わった。そこでエジプト軍に、モーゼ一行の追撃を命じます。

徒歩で逃げるイスラエルの民に対して、ファラオの軍勢は戦車を馬で引っ張る機動部隊だから、たちまちにしてモーゼたちは追いつかれてしまう。

――そこで神様が海を真っ二つに分けるわけですね。映画で見たけど、すごかったなあ、あれは。

こうして神様に守られたモーゼ一行は、荒野を延々《えんえん》と歩き、カナンの地に向かいます。その間の話もひじょうに面白いのですが、先に進みましょう。

エジプトを発《た》って3ヵ月後、一行はシナイ山のふもとにさしかかります。そこで、イスラエルの人々に対して、神は契約条件の提示をする。つまり、カナンの地に帰還《きかん》するにあたり、以下の条件を守れ。そうすれば、神はお前たちをとこしえに繁栄《はんえい》させてやるであろうというわけです。

と言っても、神様は直接、一般の人々には語りかけません。預言者モーゼだけに話しかける。そこでモーゼはシナイ山に上って、神様からの契約を受け取る。これがいわゆる「モーゼ契約」と呼ばれるもので、イスラエルの人々と神との本契約です。

――それが映画のタイトルにもなった「十戒《じっかい》」ですね。

十戒とは、以下のような内容です。

①あなたには、わたしをおいてほかに神があってはならない。
②あなたはいかなる像も造ってはならない。
③あなたの神、主の名をみだりに唱《とな》えてはならない。
④安息日《あんそくび》を心に留《と》め、これを聖別《せいべつ》せよ。
⑤あなたの父母を敬《うやま》え。
⑥殺してはならない。

⑦姦淫《かんいん》してはならない。
⑧盗んではならない。
⑨偽証《ぎしょう》してはならない。
⑩隣人《りんじん》の家を欲《ほっ》してはならない。

実際には、これらの規定を守るための細則《さいそく》が、このあとに長々と述べられているのですが、こうした契約を守れば、神様はカナンの地を与える。そして「わたしを愛し、わたしの戒《いまし》めを守る者には、幾千《いくち》代《よ》にも及ぶ慈《いつく》しみを与える」と保証しています。

では、この契約を破ったら、どういう罰則が待っているのか。

もちろん、カナンの地をイスラエルの人々は取り上げられます。これは誰にでも想像できることでしょう。しかし、契約違反のペナルティはそれだけではありません。いったい、どういうことだと思いますか、シマジくん。

——罰《ばち》が当たるぞ、ってわけでしょう。

罰が当たるくらいなら、まだ軽い。

旧約聖書の神様は、契約違反に対してはあくまでも厳しい態度をとります。

答えは「神様との契約を破ったら、イスラエル人は皆殺しにされる」、です。

——そりゃ、大変だ。

危機一髪

ところが、その大変なことが、すぐに起きてしまったのです。

というのも、モーゼはシナイ山に入ったきり、40日間も戻ってこないので、イスラエルの人々はだんだんに不安になって騒ぎはじめた。そして「俺たちのところに姿を見せないで、モーゼの前だけに出てくる神様なんて、まっぴらごめんだ」と言い出した。

そこで、彼らは何をしたか。

こともあろうに、十戒で堅《かた》く禁じている「いかなる像も造ってはならない」というルールを無視して、黄金で子牛の像を造ったのです。そして、「これがわれわれをエジプトから救ってくれた神様だ」と言って、拝《おが》みはじめた。

これを知った神様が怒るまいことか。メラメラメラと神様の怒りが燃え上がった。そもそも動物を拝むのはエジプト人の信仰ですから、イスラエルの神様が許すはずがありません。

そこでモーゼに「お前が止めようが知ったことではない。私は彼らを滅《ほろ》ぼし尽《つ》くしてやる」と宣言した。

――こわい神様ですねえ。

旧約聖書の神様が怒ると、その怒りは止《とど》まることがない。

何しろ神様はノアの大洪水で人類全部を滅ぼそうとした〝前科〟があるくらいです。また、出エジプト以前には、堕落《だらく》したソドムとゴモラの人々を町ごと燃やし尽くしたこともある。シナイ山のふもとにいる流浪《るろう》の民《たみ》を丸ごと滅ぼすのなんて、チョチョイのチョイです。

しかし、そこでモーゼは神様にお願いした。

「ここで神様がイスラエルの人々を殺したら、きっとエジプト人が『あの神様は、自分の民を殺すためにわざわざエジプトから脱出させたのだ』と悪口を言うに違いありません。そんなことを言わせてもいいのですか」

――うまいことを言いますね。言い訳に使えそうだ。

それだけモーゼも必死だったということでしょう。モーゼの言葉を聞いて、ようやく神様も思い止まって、危機一髪《ききいっぱつ》、イスラエルの人たちは救われたというわけです。

イスラエルの懲りない人々

しかし、それでイスラエルの民は大いに反省したかといえば、ちっとも反省しない。

モーゼに率《ひき》いられた一行は、「約束の地」カナンに入ります。神様はちゃんと契約を守って、イスラエルの人々はこの地に王国を作ることができた。

ところがユダヤ人というのは、個人個人は大変な才能の持ち主ですが、民族として見るとテンでだらしない。

というのは、ちょっと暮らしが楽になると、すぐに堕落《だらく》してしまうのです。

古代イスラエル王国は、ダビデ王とその子ソロモン王の時代に黄金期を迎えます。

読者のみなさんも、この2人の名前は聞いたことがあるでしょう。ダビデのほうは、巨人ゴリアテを倒した物語がさまざまな芸術家によって作品になっています。また、「ソロモンの栄華《えいが》」という慣用句が作られるほど、ソロモンの時代にイスラエル王国は絶頂を迎えます。

ところが、この2人は2人とも、王位に就《つ》いたとたんにロクでもないことをしはじめる。

たとえば、ダビデ王は忠実な部下だったウリヤという男の妻を横取りして、自分の子どもを産ませます。しかもダビデはウリヤが邪魔になったので、彼を戦場の最も危険な場所に配置して、わざと死なせた。

ソロモンになるとさらにひどくて、彼には妻が７００人、妾《めかけ》が３００人もいた。あろうことか、その女たちは海外から呼び寄せた異教徒だった。

――それは神様も怒ったでしょう。

いや、このくらいのことならば、それほどは怒らない。

もちろん、十戒の中には「姦淫《かんいん》するな」「隣人《りんじん》の家を欲《ほっ》するな」と書いてあるわけですから、ダビデが他人の妻を取ったのが罪であるのは間違いない。

しかし、こうした罪ぐらいでは、いかに厳格な神様だって契約を破棄《はき》して、イスラエルの民を滅ぼしたりはしません。

現に、他人の妻を横取りしたダビデは先ほど紹介したように、キリスト教美術の題材になるほどだし、旧約聖書の「詩篇《しへん》」に収められている詩のほとんどはダビデ王のものだと言ってもいいほどです。

しかし、神様が「これをやることだけは許せない」とする罪がある。それは何かといえば、自分以外の神様を拝むことです。

その絶対にやってはいけないことをやったのが、ダビデの子どものソロモンです。ソロモンは知恵においては並ぶものなき天才で、彼の時代、イスラエルは空前の繁栄をします。そして彼はイスラエルに神ヤハウェを祀《まつ》る大神殿を作った。

ここまではよかったのですが、その後、彼がやったことが神様の怒りを買った。というのは、ハーレムにいた異教徒の女性たちに影響を受けて、別の神様を拝むようになったのです。

これでは神様も絶対に許さない。契約は破棄です。

その結果、栄華をきわめたイスラエル王国はたちまちにして南北に分裂して衰《おとろ》えた。

これ以後の経過は長くなるから省《はぶ》きますが、周辺諸国がどんどんイスラエルに押し寄せてきて、南北の王国は相次いで滅亡。そしてイスラエルの人たちは、とうとうバビロニアに連行され、そこで奴隷になった。いわゆる「バビロン捕囚《ほしゅう》」です。

ここに至って、ついにイスラエルの人々は約束の地カナンを失い、20世紀に至るまで自分の国を持つことができなかったことは今さら言うまでもないでしょう。

旧約聖書は「破約の書」

さて、以上が旧約聖書の伝える古代イスラエル史のアウトラインなのですが、この物語を通じて旧約聖書が伝えようとしているメッセージは明々白々です。要するに「契約を守れ」、この一言に尽きます。

たしかにアブラハムに対して、神様は「お前の子孫にカナンの地と永遠の繁栄を与えよう」と約束をした。

しかし、その約束は無条件に与えられたものではありません。あくまでも神との契約を遵守《じゅんしゅ》するかぎりにおいて、という条件付きです。つまり、契約なのです。

ところが、古代のイスラエル人たちは、その契約を守らなかった。その結果、神から皆殺しにはされなかったものの、約束の土地を失い、バビロニアの奴隷になった。そこで旧約聖書は「この教訓を絶対に忘れてはならない」と伝えているわけです。

ちなみに、イスラエル人がユダヤ人になったのは、このバビロン捕囚からです。

バビロニアの奴隷になったイスラエルの人たちは、「なぜ自分たちは、こんな目に遭っているのだろうか」と考えた。そして過去の歴史を振り返ってみたら、自分たちが神様との契約を無視したからだということに気付いた。

そこで彼らは過去の失敗の歴史を旧約聖書という形に集約し、今後は神と結んだ契約、いわゆる「律《りっ》法《ぽう》」をきちんと守ろうと考えた。そうすれば、神様はもう1度、イスラエルの民にカナンの地を与えてくださるのではないかというわけです。

実は、これこそがユダヤ教の原点です。

ユダヤ教は古代イスラエル人の信仰をベースにしていますが、それだけではありません。神との契約を無視した苦《にが》い教訓があって初めて、あの強固なユダヤ教の信仰が生まれた。

同様に、古代イスラエル人が、そのままユダヤ人になったのでもありません。

バビロン捕囚という体験によって、古代イスラエル人は、ユダヤ人へと変身した。マックス・ウェーバー流に言えば、民族全体のエートスがバビロン捕囚によって変換したというわけです。

エートスが変わったユダヤ人は、かつてのイスラエルの民とは見違えるほどになりました。

古代イスラエルの人々は、不信心でグータラで、すぐに昔のことを忘れてしまう連中でした。

しかし、ユダヤ人は違います。彼らはどの土地に住もうとも、信仰を捨てずに生きつづける。そして、つねに神との契約に基づいて、自分の生活を律《りっ》していく。ユダヤ人がそんな民族になったのは、バビロン捕囚という苦い体験があったからです。

神との契約を改訂したイエス

ところで、今まで見てきたように、本来、旧約聖書とは古代イスラエル人と神との間に結ばれた契約の書であって、ユダヤ民族以外の人々には関係ない宗教でした。ところが、その旧約聖書をベースにして、まったく新しい宗教が生まれます。

言うまでもありません、それがキリスト教です。

すでに述べたようにイエスは、神との契約を改訂するのですが、その際、契約対象をユダヤ人以外にも広げるという革命的なことを行なった。ユダヤ人でなくても、神の恩恵を与えられるようになった。

しかも、モーゼが結んだ律法では「割礼《かつれい》をせよ」とか「ブタを食べるな」とか、いろんな戒律が事細《ことこま》かにあったのですが、それをすべて破棄して、ひじょうにシンプルな条件に変えた。すなわち「神を信じ」、「神を愛し、隣人を愛せ」、この契約条件さえ守れば、神様はその人を救済してくれるというのがイエスの教えです。

さらに旧約聖書では、神との契約を守れば、イスラエル民族全体が救われるのですが、キリスト教においては、「神を信じ」、「神を愛し、隣人を愛せ」ば、その人個人が救われる。つまり、神と契約を結ぶ主体も集団から、個人に変わった。

——一括《いっかつ》加入《かにゅう》の団体保険から、個人年金に変わった。

宗教の救済を保険や年金にたとえるのはどうかと思うが、まあ、そういうものです。

このあたりの話は、説明しだせばキリがないので止めておきますが、大事なのはキリスト教になっても、旧約聖書は聖典として読まれつづけてきたということです。

前にも言いましたが、日本とは違って、外国の教会では子どものころからしっかり聖書を読ませます。聖書の中には、近親相姦《きんしんそうかん》の話があったり、淫欲《いんよく》に走る人たちの物語が書いてある。

そこで日本の神父や牧師の中には、そういう部分を子どもに読ませない人もいるそうですが、本場のキリスト教ではそんなことはない。むしろ、そういう不道徳なことをしたら、どんな目に遭《あ》うかを子どものうちから知っておくのが大事だというわけです。

さて、そんな物語を子どものころからたたき込まれれば、どんな人間ができるでしょう。

それは言うまでもない。「契約は絶対に守らなければならない」というエートスが作られるというわけです。

——約束を守らなかったら、滅ぼされてしまうんだものなあ。

契約に書かれていなければ、何をしてもいい

さらに、それに加えて重要なのは、旧約聖書を読むことによって、「契約とは言葉にして結ぶものである」ということが頭にインプットされるという点です。

シナイ山の上で神がモーゼに与えた律法、言ってみれば神との契約は、ひじょうに事細かに契約条件が規定されています。旧約聖書の神様は手取り足取り、イスラエル人に生活のルールを伝えています。

読者のみなさんも、ぜひ機会を見つけて旧約聖書の「出エジプト記」を読んでみてください。その規定の細かさにはびっくり仰天《ぎょうてん》することでしょう。

たとえば祭壇の作り方1つにしても、神はその寸法、材質まで、すべてモーゼに言い渡しています。また彼らの着る服についても、いろんな規定を設《もう》けています。

こうした規定に従わなければ、神との約束を守ったことにはならない。その意味では、聖書の神は口うるさい神様です。

しかし、この神様は一方で、ひじょうに合理的な神様で、この規定集さえ守れば、あとは何をしても

よろしい。契約に書かれていないことは、自由なのです。

1例を挙げてみましょう。

モーゼに神が与えた律法においては、近親相姦はもちろん厳禁です。しかし、旧約聖書の中には、一見するとそれとは矛盾《むじゅん》するような話が出てきます。

たとえば神がソドムとゴモラの町を滅ぼしたときに、ロトとその娘だけを神は救いました。ロトはアブラハムの甥《おい》で、ふだんから正しい生活をしていたから、滅ぼされずに済んだのです。

さて「滅びの町」から脱出したロトとその娘は洞穴《ほらあな》の中で暮らすのですが、山の中なのだから娘たちは誰とも結婚できません。このままではロトの家系が絶《た》えてしまいます。

そこで、ロトの娘はどうしたかといえば、子どもを残すため、父であるロトに酒を飲ませて交《まじ》わったと聖書には記されています。つまり、近親相姦をした。

だが、これに対して神は怒りません。なぜだと思いますか。

――ロトが今まで正しい生活をしていたからですか。

そんなことはない。いくらそれまで正しい生活をしていても、1歩でも道を踏《ふ》み誤《あや》まれば、神様は許しません。

答えは簡単です。

神が近親相姦を禁じたのは、ロトより後のモーゼの時代です。

つまり、それ以前には神によって近親相姦を禁じられていなかった。したがって、神はそれを罰したりはしない。契約に定められていないことは何をやっても自由である。

――なるほど、明快ですね。

聖書に出てくる契約は、まことに明快です。ひじょうに細かに規定されているおかげで、ルールを破ったか、破っていないかがはっきり判断できます。

逆に言えば、判断に困る「グレイ・ゾーン」を作らないためにこそ、規則は具体的でなければならないという思想があるのです。

タテの契約、ヨコの契約

話を民主主義に戻せば、ヨーロッパやアメリカでロックの社会契約説が広く受《う》け容《い》れられたというのは、こうした聖書の文化が欧米に根付いていたからに他なりません。

すなわち、「神との契約は絶対に守るべきものである」という概念が、聖書を通じて教えられていたからこそ、欧米の人たちは人間同士が結ぶ契約についても、やはり同じように守らなければならないと考えたというわけです。

また、聖書においてモーゼに与えられた律法などを見て、「契約とは言葉で定義するものだ」という考えを持つようになった。

企業同士が契約書を交《か》わす際に、とても読み切れないほど詳細な規定を設けるというのも、その模範は聖書に書いてあるというわけです。

こうした聖書の文化が根底にあるからこそ、欧米人は人間関係を結ぶ際にも、まず契約を作ろうと考えるようになった。そしてまた、国家と人民の間でも憲法という契約を作ることにした。

聖書に書かれている神と人間の契約は、言うなれば「タテの契約」ですが、それを人間対人間の「ヨコの契約」に応用しようと考えた。※

※ヨコの契約　神との「タテの契約」においては、契約の当事者（神と人間）は対等ではなく、契約は神が一方的に与えるものである。これに対して人間同士の「ヨコの契約」においては、その両当事者は対等で、契約は両者の合意によって成立する。その意味でタテの契約とヨコの契約は大きく違うが、「契約は絶対である」という点において共通である。

中世の騎士たちが、王と契約を結ぶことにしたのも、聖書というお手本があったからなのです。

ちなみに、17世紀初頭にアメリカ大陸に移住したピルグリムたちもまた、アメリカに渡る船の中で契約書を交わしています。

いわゆる「ピルグリム・コンパクト」[※]と呼ばれるものですが、この契約において、最初の植民者たちは新天地アメリカでの社会ルールを定めたというわけですが、これなどは、まさに社会契約の元祖とも言うべきものでしょう。

※ピルグリム・コンパクト　「メイフラワー契約」とも。1620年11月、イギリスのプリマスからメイフラワー号に乗って新大陸に渡ってきたカルヴァン派の新教徒（ピルグリム）たちは船上で契約書を作り、それにサインをした。その内容は、上陸者たちは一致協力して自治組織を作ること、そしてその組織の決定に皆が従うというものであった。

ところが、これに対して日本人や中国人はどうか。日本にも中国にも、「契約を破ったら大変な目に遭《あ》うぞ」などという教えを書いた本はどこにもない。ましてや「契約とは言葉で表わすものである」ということを教えるサンプルは、ありません。

だから、結局のところ、日本人にしても中国人にしても、契約を本気で守らなければならないというエートスが生まれてこない。憲法という大事な契約が無視されても平気であるというわけです。

なぜ、イスラム教徒は契約を守らないのか

――しかし小室先生、「旧約聖書は契約のお手本」とおっしゃいますが、イスラム教だって聖書を読むそうですね。言っちゃ悪いが、アラブの人たちに契約を守るようなイメージはないですよ。

いいところに気付きました。

たしかにイスラム教においても旧約聖書、ことに神がモーゼに与えた契約の書（いわゆる「モーゼ5書」※）は重要な聖典とされています。

※モーゼ5書　旧約聖書の最初の5つの書物、つまり『創世記』『出エジプト記』『レビ記』『民数記』『申命記』の総称。預言者モーゼを通じて神が与えた「モーゼ契約」を記す。ユダヤ教においては、「律法」（トーラー）と呼ばれる。

ここでごく簡単に説明しておけば、イスラム教の創始者であるマホメッドは「最後の預言者」とされています。すなわち神がマホメッドを通じて、人間に「新しい契約」を与えた。それがイスラム教の啓典（最高聖典）である「コーラン」※です。この新しい契約を結んだ神の名前がアッラーです。

※コーラン　天使ガブリエルが使徒マホメッドに与えたとされる「神の言葉」。神がアラビア語でマホメッドにコーランを与えた以上、それを別の言葉に訳すことは認められていない。したがって、イスラム教徒になるためにはアラビア語を学ぶ必要がある。イスラムではコーランの他に聖書に収められている「モーゼ5書」「詩篇」「福音書」の3書も聖典に含める。イスラム教の教義についての詳細は小室直樹著『日本人のためのイスラム原論』に譲りたい。

したがって、イスラムもキリスト教も、ユダヤ教も、とどのつまりは同じ神様を信仰し、同じように契約の宗教なのです。

ただ、イスラムの場合、その契約が聖書ではなく、コーランという別の聖典に記されている点だけが違うというわけです。しかし、コーランは最高の教典ではありますが、イスラム教では古い契約を記した「モーゼ5書」もまた尊重します。

ところが、同じように契約の宗教でありながら、シマジくんの言うとおり、イスラム圏では人間同士の「契約の絶対」という観念が生まれなかった。イスラムの人たちもまた人間同士の契約を守らないことにかけては、有名です。

アッラーは寛大である

しかし、その理由はイスラム教の神様が、どんな存在であるかを知れば、すぐに分かるというものです。

というのは、イスラムの神様は旧約の神様ほど、契約違反に対して厳しくないし、短気でもない。イスラムの神様は、ひじょうに寛容《かんよう》なのです。

つまり、人間が罪作りなことをしても、その人物がふだんは宗教的に正しい生活をしていたら、情状酌量《じようしやくりよう》をして許してくださる。それがイスラムの神様です。モーゼの神様は、たとえ日常生活は正しく過ごしていても、偶像を刻んだりして大罪を犯したら、どんなことがあっても許しませんでしたが、それとは大違いです。

イスラムの神様の寛容さを、象徴的に表わしているのが、例の「イン・シャー・アッラー」（アッラーの思し召《おぼめ》しによって）という言葉です。

イスラム教徒が何か悪いことをして反省する際には、同時に「アッラーの思し召しによって」、どうぞお許しいただけませんかと神様のお慈悲《じひ》を願う。するとアッラーはまことに寛大な神様ですから、「これからは気を付けろよ」と許してくださる。

神との契約においてさえ情状酌量が許されるのですから、ましてや人間同士の契約、それも異教徒の欧米人や日本人との契約なんて、そんなに一所懸命守るわけがありません。

といっても、彼らにしても「契約を破ることがいいことだ」とは、もちろん思っていません。やはり契約を破るのはよくないことだと分かっています。

しかし、それも最後は「イン・シャー・アッラー」と唱えて、「私は仕事上の契約を破りました」と反省すれば、神様は許してくださるわけですから、欧米人のように人間同士の契約を死んでも守ろうとは思わないというわけです。

——旧約聖書の神様みたいに厳しすぎるのも大変だけれども、だからといって、神様が優しすぎるのも問題があるんですねえ。

イスラム教は、マホメッドがユダヤ教やキリスト教の欠点を徹底的に研究して作りあげた宗教ですから、その意味で、ひじょうによくできた教えだと言えます。世界的に見ると、イスラム教の信者が今、最も増えているのだそうですが、それも当然のことです。

しかし、そのイスラム教を信じているかぎりは「人間同士の契約も絶対である」という観念は生まれない。したがって、近代資本主義も近代民主主義も成立しない。そこが現代イスラム世界の抱えている最大の問題と言えるでしょう。

砂上の楼閣ニッポン

ところで最近、日本の大企業の経営者に会うと、よく中国進出の話題が出ます。彼ら日本の経営者たちが口を揃《そろ》えて言うのは「中国に投資するのはコリゴリです」という話です。

というのも、中国人ときたら契約を守らない。それも企業の経営者だけでなく、政府の高官でさえも、平気で契約を破る。そんな国では安心してビジネスができないというわけです。

しかし、私から言わせれば、中国人も日本人も五十歩百歩です。

たしかに日本の企業はずいぶん国際化してきましたから、このごろは欧米の企業なみに契約書にはシビアになりました。法務部を置き、専門の法律家に契約書を作らせる企業は増えているようです。その意味では、日本人は契約の重要性をよく理解してきました。

でも、それはあくまでもビジネスの分野だけの話で、その精神が日常生活一般に及ぶエートスになっているかと言えば、そうではない。

政治家の公約の例を見れば分かるように、「場合によっては、契約を破ってもしかたがない」と、いまだに日本人は心の中で思っています。

――つまりは、日本人も中国人もアラブ人も「同じ穴のムジナ」というわけですか。

いまだに[※]中国でもアラブでも近代資本主義も近代民主主義も生まれていません。その原因を探っていけば、人間同士の「契約の絶対」がないという問題にぶち当たる。契約こそ、民主主義や資本主義を支える基礎中の基礎なのです。

※いまだに 近代的な契約思想、すなわち人間同士の契約が絶対であるという思想はキリスト教が産み出したものであって、ユダヤ教からは生まれなかった。この点は重要なので、一言だけ。「信仰のみ」をかかげて律法を否

定したキリスト教とちがって、ユダヤ教では割礼《かつれい》や、食物のタブーに代表される律法を重んじる。そのためユダヤ教は世界宗教になりえなかったのだが、まさにそれゆえにユダヤ教では「タテの契約」が「ヨコの契約」に転化することもなかった。またユダヤ教の本質は因果律で、予定説でなかったことも重要である。

しかるに、日本はどうでしょう。はたして、その基礎はきちんとできているでしょうか。

——心配ですね。

心配どころの問題ではありません。これは実に深刻な問題です。

たしかに、日本は形だけは近代国家の体裁《ていさい》になっています。しかし、その根底を探ってみれば、そこには契約という概念がない。つまり、空洞なのです。すなわち日本の民主主義も資本主義も、いわば砂《さ》上《じょう》の楼閣《ろうかく》にすぎない。

戦後50年はなんとかそれでも持ちましたが、さすがにここに来て、砂上の楼閣が崩《くず》れようとしているのではないか。あなたはそう思いませんか。

——たしかに、この十数年というもの、日本の経済も政治も低迷《ていめい》のしっぱなしです。

ことに政治の不振たるや目を覆《おお》うばかりではありませんか。今の日本で、政治家を尊敬している人がどこにいますか。永田町《ながたちょう》の政治に期待している人がどれだけいますか。

それもこれも、元《もと》を質《ただ》せば契約の問題に行き着く。日本の民主主義は契約不在なのです。だから、政治家は約束を守らないし、国民も公約破りに目くじらを立てない。こんな状況では、10年経っても、日本は浮かび上がれないでしょう。

——やっぱり実行力のある、立派な政治家が出てくれないと、この国はどうにもなりませんよ。

きっとシマジくんなら、そう言うと思った。いや、シマジくんにかぎらず、同じような意見を持つ人は、きっと読者の中にも多いでしょう。

しかし、それが実は危ない。君みたいな考えこそが、実は民主主義最大の敵であると言っても過言ではない。君のような人が日本に増えてくると、いよいよ日本の民主主義も終わりと言ってもいい。

――ひどいなあ、私の考えのどこがそんなに危険なんですか？

よろしい。では次の講義で、君のような考えがいかに問題かを、とくと説明することにいたしましょう。

第8章

「憲法の敵」は、ここにいる

「デモクラシーは最悪の政治である」

前回の講義で予告したように、この章では「憲法の敵」とは何かを考察したいと思うのですが、講義を始める前に、シマジくんにちょっと聞きたいことがある。

シマジくん、かねてから質問したいと思っていたのだが、君はひょっとしたら「デモクラシーは、いいものだ」と思ってはいないかね。

――先生、勘弁《かんべん》してくださいよ。民主主義や憲法が大切だからこそ、この本を作ることにしたわけでしょう。それを今さら、「デモクラシーは正しいか」なんて言われたら、私はどうしたらいいんですか。

私が聞きたいのは、君の愚痴《ぐち》ではありません。「デモクラシーは、いいものなのか」ということに対する返事です。

――そりゃ、言うまでもない。いいものに決まっています。小学生だって、そんなことは知っています！

なるほど、すると君は小学生が「民主主義はいい」と言えば、それを信じるわけですか。

――……そう言われると、困りますけど。

なぜ、私が「デモクラシーは、いいものなのか」という質問をしたのか、その理由を申しましょう。

あらためて言うまでもありませんが、現代の日本人のほとんどは無条件に「民主主義は最高の思想である」と考えています。いや、日本にかぎらず世界の中でも、そう信じている人は多い。

しかし、デモクラシーという言葉が肯定的《こうていてき》な意味で使われるようになったのは、実はごく最近のことなのです。

それまでのデモクラシーは、「悪い政治」、いや「最悪の政治」の代名詞であった。また、英語のデモクラット、つまり民主主義者もまた、ひじょうに悪いイメージを持たれていました。民主主義者といえば、危険人物に決まっていると思っていた人だって、大勢いたのです。

デモクラシーがこうしたマイナス・イメージからようやく脱したのは20世紀に入ってからのこと。すなわち、デモクラシーという言葉が市民権を得たのは、せいぜい、この100年のことなのです。

なぜアメリカ人は自分たちを共和主義者と呼んだのか

すでに述べたように、18世紀後半の1776年、アメリカ合衆国が誕生します。そのアメリカはロックの社会契約説を元にして作られた、最初の国家でした。

しかし、そのアメリカに住んでいる人たちが最初から「我《わ》が国はデモクラシーの国である」と言っていたかといえば、それは違います。民主主義国であるアメリカにおいてさえ、デモクラシーという言葉はひじょうにイメージが悪かった。

そのため、アメリカの建国の父であるフランクリンやワシントンなどは、自分たちのことを民主主義者《デモクラット》とは呼びませんでした。また、アメリカ独立宣言にも合衆国憲法にも、民主主義という言葉は1つも出てこない。

では、その代わりに何と自称していたかと言えば、リパブリカン、つまり共和主義者と名乗っていました。そして、自分たちの国アメリカはリパブリック、つまり共和国であるとしていた。

このことを端的に示しているのが、アメリカの南北戦争のとき、北軍で愛唱された「リパブリック賛歌」という歌です。

――「♪オタマジャクシはカエルの子」という、例の歌ですね。

君は、そういうことだけはよく知っているね。

もちろん原曲にカエルは登場しませんが、あの歌で言う「リパブリック」とは、言うまでもなくアメリカのことです。アメリカ人たちは南北戦争のときでも、自分たちの国を共和国と呼んでいたことが、これからも分かります。

さて、この共和国、あるいは共和制という言葉も、多くの日本人が意味を勘違いしている単語です。

そもそも漢語の「共和」という言葉は、中国の古代、周《しゅう》の時代の故事に由来するものです。

紀元前771年、周に悪い王様がいて、その王が野蛮人《やばんじん》に殺された。そのため周は一時、王のいない国になった。その時代を共和と呼んだことから「共和制」という言葉が作られたのですが、そのために日本では「共和制とは王のいない国家である」と広く思われているようです。

しかし、西洋におけるリパブリックとは、「王のいない国家」という意味ではありません。というのも、王様がいるリパブリックもまた存在するからです。王様の有無は、リパブリックとは何の関係もありません。

というのも、そもそもリパブリックとは、政治体制や権力のあり方を示す用語ではありません。リパブリックとは社会や共同体に関する単語です。つまり、その社会が国王や貴族といった一部の人々だけではなく、他の構成員全体を広く含む場合、それをリパブリック（キビタスとも）と呼ぶ。ちょっと日本人には分かりにくい概念ですが、要するに大和《やまと》言葉の「クニ（国）」ぐらいの意味だと思ってください。

これに対して中世初期の王国には国王と領主はいても、「国民」はいなかったのですから、それはリパブリックではない。しかし、やがて商工業者などが力を持つようになると、その国はリパブリックになる。彼らもまた社会を構成するメンバーになったからです。

したがって、リパブリックには王様がいてもいいし、貴族がいてもいいというわけです。

その典型的な例が、ナポレオン時代のフランスです。

フランス史では、ナポレオンが皇帝になるまでを「第1共和制」、ナポレオンが皇帝になって独裁権力を振るった時代を「第1帝政」と呼びます。しかし、これは後になって付けられた呼び名で、ナポレオンが皇帝になってからも、フランスは共和制《レパブリック》を名乗っていた。ナポレオンが発布した憲法の名称は「共和国《レパブリック》第8年の憲法」というものでした。

つまり、当時のフランスは「皇帝のいるレパブリック」であったわけです。

デモクラシーは「禁句」だった!?

さて、そこで話をアメリカに戻せば、もちろんアメリカでは市民が社会の中心なのですから、リパブリックであることは間違いありません。

しかし、だからといってアメリカを「共和制」と呼ぶのは、言うなればティラノザウルスをトカゲと呼ぶようなもの、F1のレーシングカーをクルマと呼ぶようなものです。汚いですが「味噌《みそ》も糞《くそ》も一緒」とは、このことです。

あらためて言うまでもありませんが、18世紀においてアメリカのような国家は1つもありません。市民の権利が生まれながらにして平等で、誰もが自由であるとされる社会は、地球上のどこにもなかった。アメリカは紛《まぎ》れもなく世界最初の民主主義国家であり、それ以外の何ものでもありません。

もちろんアメリカが建国した当時にも、デモクラシーという言葉はありました。この言葉は、アメリカが誕生する2000年以上も前から存在していたのです。

デモクラシーは、古代ギリシャ語のデモクラティアに由来する言葉です。デモクラティアとは「人民の権力」という意味ですが、それから「民主制」、デモクラシーという単語が生まれた。

これに対して、リパブリックという言葉は古代ローマの政治体制から作られたラテン語ですから、デモクラシーという言葉のほうが、歴史的に見ればずっと由緒正しいと言うことができます。

ところが、それなのにアメリカ人は、デモクラシーという言葉を使うのに抵抗があった。もっとはっきり言えば、デモクラシーという単語には悪いイメージがつきまとっていたから、使いたくなかった。

アメリカでデモクラシーが公然と使われるようになるには、建国からだいぶ時間がかかりました。

前に紹介した福田歓一《ふくだかんいち》教授によれば、ジェファーソンが3代目の大統領になった19世紀初頭に「デモクラティック・リパブリカン」、つまり民主共和主義者という呼び名が生まれたのが最も初期の例だそうです。

しかし、これはいかにも煮え切らない言い方で、言葉の力点はリパブリカンというほうにあった。デモクラシーのほうは付け足しという感じです。

これがようやくデモクラシー単独の用法になるのは、それからさらに30年近く経った1828年、アンドルー・ジャクソンが7代目大統領になったころのこと。このころになって、アメリカで「デモクラット・パーティ」、すなわち民主党が生まれた。このことを福田教授は著書の中で、次のように記しています。

「そこでともかく民主党という党名を名乗るようになったのは、民主主義が少なくとも支持を取り付けるだけのアピールを持ち、その限りでよい意味を持つようになったことを示しています」(『近代民主主

義とその展望』岩波新書）

すなわち、それまでは選挙で「民主主義」なんて、言葉を使ったら、とうてい票を入れてもらえなかったということです。アメリカ人でさえ、デモクラシーという言葉には拒否反応があったのです。

フランス革命の光と影

最初の民主主義国となったアメリカでさえ建国から半世紀近く、民主主義という言葉に拒否反応が強かったのだから、ヨーロッパにおいてはなおさらです。

デモクラシーが国際的にいいイメージを持たれるようになったのは、20世紀に入ってからのことです。1914年に第1次大戦が始まったとき、みなさんもご承知のとおり、アメリカはヨーロッパの戦いに対して局外中立《きょくがいちゅうりつ》を保っていた。

ところが、1917年2月になって、イギリスを干乾《ひぼ》しにするため、ドイツは無制限潜水艦作戦を始めます。これによってアメリカの船までもがドイツの攻撃対象になったので、時のウィルソン大統領は開戦を決意するのですが、このとき彼が言ったセリフが世界中に報じられて有名になった。そのセリフとは、「世界を民主主義のために安全にする」。つまり、民主主義を守るために、アメリカは立ち上がるのだと大見得《おおみえ》を切ったわけです。

このときを境《さかい》にして、デモクラシーはようやく市民権を得ました。デモクラシーとは善である、守るべきものであるというイメージは、ここから始まると言っても過言ではないでしょう。

――それにしても、いったいなぜ、そんなに民主主義は評判が悪かったんですか。

デモクラシーという言葉の持つイメージを、決定的に悪くしたのはフランス革命です。

フランス革命はアメリカの独立から13年後、1789年に起きるわけですが、この革命のおかげでアメリカ人でさえ人前で「私は民主主義者です」なんて言うことができなくなった。そのくらい、フランス革命はデモクラシーに対するイメージを悪くした。

――フランス革命は「自由・平等・博愛」を求めた市民革命でしょう。その革命のおかげで、なぜ民主主義の評判が悪くなるんです。

そこがまた、あなたの誤解です。

そもそも「フランス革命とは素晴《すば》らしい革命である」などというイメージもまた、後世になって生まれたもの。当時の世界で、フランス革命を手放しで賛美《さんび》していた人など、ほとんどいないと言ってもいいくらいです。当のフランス人だって、それはあまり変わりません。

そこで、フランス革命について簡単に触れておきたいと思います。

ブルボン王朝を滅ぼした「ユグノーのたたり」

ご存じのとおり、17世紀から18世紀初頭にかけて、フランスでは「太陽王」ルイ14世の下、絶対王政がその頂点を迎えていました。

彼が造営したヴェルサイユ宮殿を中心に、華《はな》やかな宮廷文化が咲き誇り、コルネーユ、ラシーヌ、モリエールといった古典主義文学の巨匠が活躍したのもこの時代です。ヨーロッパ人の誰もがフランスを仰《あお》ぎ見た。フランスこそが文化だった。

しかし、このフランスの花の盛りも、ひじょうに短かった。ブルボン王朝は、まさにこのルイ14世の時代から衰《おとろ》えていくのです。

それを象徴的に示しているのが、1685年にルイ14世が行なった「ナントの勅令《ちょくれい》」の廃止です。

長く続いた宗教戦争を終結するため、フランス国王アンリ4世は1598年、ナントの勅令を出して、カトリックとプロテスタントの和解を行ないました。フランス国王自身はカトリック教徒ではあるが、それを理由にしてプロテスタントの迫害をしないというのが、この勅令の趣旨です。

※長く続いた宗教戦争　フランスにおける宗教戦争（1562-98）は「ユグノー戦争」とも呼ばれる。フランスではカルヴァンの教えが早くから普及したが、フランス王室内の政争も絡んで、旧教と新教の戦いは陰惨をきわめた。1572年8月24日には史上有名な「聖バーソロミューの虐殺」が起こり、数万もの新教徒がフランス国内で殺されたとも言われる。

実は、これこそが17世紀フランスの繁栄をもたらした、最大の理由の1つでした。

というのも、このナントの勅令によってプロテスタントの信徒がフランス国内で活躍するようになり、そのおかげでフランスの経済が活性化したのです。

フランスのプロテスタントたちはユグノーと呼ばれるのですが、彼らが信じたキリスト教とは何を隠そう、カルヴァン派です。つまり、徹底した予定説の信者だった。

その当時、フランスにユグノーは125万人もいたと言います。全人口の15人に1人がユグノーで、しかもその多くは商人や手工業者だったのですから、彼らの経済的貢献はひじょうに大きかった。

――ユグノーが一心不乱に働いてくれたから、王様や貴族が贅沢《ぜいたく》できたわけだ。

ところがルイ14世は、こともあろうに、そのナントの勅令を廃止した。国王は絶対君主であるから、人民も国王と同じ宗教を持つのが当然だと、こう考えてしまったのです。

この結果、フランスからユグノーたちがどんどん国外に亡命した。彼らの多くが逃げ出した先が隣国のプロイセン、つまり今のドイツです。そこでフランスの経済が没落する一方で、今度はプロイセンの経済が伸びてくる。

それまでプロイセンはヨーロッパの二流国、もっとはっきり言えば田舎《いなか》だったわけですが、ユグノーという働き手を受け容れたおかげで、やがてフランスと肩を並べる大国になった。

ちなみに、ナントの勅令廃止から2世紀後の1870年、この両国の間で戦争が起きます。いわゆる普仏戦争《ふふつせんそう》です。

このときナポレオン3世率いるフランス軍は、名将モルトケ※のプロイセン軍の前になすすべもなく、セダンの戦いで完敗します。そしてプロイセン王ヴィルヘルム1世はルイ14世の造ったヴェルサイユ宮殿に入り、そこでドイツ皇帝に即位する。

※名将モルトケ　（1800－91）プロイセンの軍人、陸軍参謀総長。「鉄血宰相」と言われたビスマルクと二人三脚でプロイセンの国威を発揚、国王ヴィルヘルムをドイツ皇帝にした立役者。普墺《ふおう》戦争（1866）と普仏戦争において、巧妙にして大胆な作戦を指揮し、戦争の概念を一変させた。また、モルトケが作り上げたドイツ参謀本部は、欧米の陸軍組織の手本となった。

――まさに「ユグノーのたたり」ですな。

恐怖政治の本家本元

さて17世紀に隆盛を誇ったフランスも、ナントの勅令廃止以来、凋落《ちょうらく》の一途《いっと》をたどります。イギリスに植民地はどんどん奪われ、国力は衰《おとろ》えはじめる。しかし、そうなっても国王はその絶対権力を離そうとしないし、贅沢三昧《ぜいたくざんまい》をいっこうに止めようとしない。

——その話は任《まか》せてくださいよ。『ベルサイユのばら』を全巻、読みましたからね。マリー・アントワネットが「パンがなければ、ケーキをお食《た》べ」と言ったんでしょう。

なんだか、急に元気になったたね。

そして自由と平等を求めてフランス革命は始まるわけですが、そこで誰もが予想していない事態が起こった。それはロベスピエールの恐怖政治です。

今でこそ、恐怖政治は一般名詞として使われていますが、本来、恐怖政治はロベスピエール※の行なったことを指す、つまりは固有名詞です。ロベスピエールと言えば恐怖政治、恐怖政治と言えばロベスピエール、これが正しい用法です。

※ロベスピエール（1758－94）北フランスの弁護士の家に生まれるが、母を6歳のときに失い、その後、父も失踪。母方の祖父に引き取られて、神学校に進む。革命前は弁護士として貧しい者や弱い者のために働いていた。革命指導者の中でも「清廉の士」として有名で、しかも一生、独身を貫いたので、ひじょうに信頼されていたそうだ。

一口にフランス革命と言っても、そこには大きく言って、2つの流れがありました。

1つは王権を制限して、議会の発言力を大きくしようという動きです。

——イギリスのような議会政治を作ろうというわけですね。

そのとおりです。

イギリスは17世紀のピューリタン革命、そして、その後に行なわれた名誉《めいよ》革命《かくめい》によって、議会が憲法によって王の権力を縛ることに成功したわけですが、フランス革命でもそれと同様のことをしようと考えたグループがいました。このグループの主力は、いわゆるブルジョワジー、つまり都市の商工業者や富裕層です。

これに対して、もう1つのグループは憲法や議会で王の権力を制限するといった、生ぬるいことは考えない。アメリカにならって、王様のいない、そして身分制度のない「平等なフランス」にしてしまおうというわけで、いわば急進派です。彼らは都市の一般住民や農民層を巻き込んで、革命を行なおうと考えていました。

ロベスピエールの登場

フランス革命は当初、前者、つまりブルジョワジー主導で行なわれました。

1791年に定められたフランス最初の憲法では、イギリスと同じように議会が国王の権力を制限するということが定められました。

といっても国民の参政権はひじょうに限られたもので、財産のある人しか選挙権も被選挙権も持たなかった。つまり、豊かなブルジョワジーにとって有利な憲法であったわけです。

ところが、フランス革命が進行するにしたがって情勢は変化しました。

というのも、周辺諸国がフランス革命を警戒するようになり、イギリス、オーストリアなどが軍事的圧迫を加えてきたからです。

そこで俄然《がぜん》、力を持つようになったのが急進派であり、その中でも最も発言力を強めていったのが、「山岳派《さんがくは》」を率いるロベスピエールでした。彼はまずルイ16世をギロチン台に送り、その後、反対派を追放することにも成功して、ついに独裁者になったというわけです。

このロベスピエールが行なった恐怖政治とは、粛清《しゅくせい》に次ぐ粛清の嵐でした。

彼が独裁権力を振るったのは、わずか数ヵ月のことですが、その間に殺された人間の数は3万とも4万とも言われています。

さて、この恐怖政治を行なったロベスピエールはのちのスターリン、ポル・ポト、あるいは日本の連合赤軍の先祖みたいな人物であるのですが、この御仁《ごじん》が自分のことを称して、何と言ったか。それが、先ほどの問題とつながるわけです。

「民主主義の敵」を抹殺せよ!

ロベスピエールは自分が行なおうとしている政治を「民主主義」だと考えていました。

彼の主張とは要するに、「身分制をフランスから完全に追放してしまえ」ということです。

彼からすると、すべてのフランス人は完全に平等でなければならない。ところが革命が起きても、身分の違いはなくならない。その理由は明確である。

すなわち、身分の違いは土地という財産の違いに基づく。革命のあとでも、ブルジョワジーや富農は土地を私有している。これこそが革命を不徹底にしている原因である。したがって、そういう「反革命分子」の土地をすべて没収し、持たざる人たちに無償分配《むしょうぶんぱい》しなければならない。

ところが、怪《け》しからんことにブルジョワジーを擁護《ようご》する連中が、革命政治家の中にいる。こいつらがいるために、革命がはかどらない。彼らは「民主主義の敵」であるから、一掃《いっそう》しなければならない……。

こうしてロベスピエールは何万人も政敵を抹殺した。

——でも、それは民主主義ではなくて、共産主義だと思いますけど。

たしかに、彼の主張は今から見れば、共産主義です。

ところが、この時代には民主主義とは要するに「金持ちから財産を奪って、貧乏人に配るものだ」と考えている人は多かったのです。

これは何もフランス革命にかぎった話ではありません。その後も、民主主義の旗を掲《かか》げて、そうした社会改革を主張した革命家たちはけっして少なくなかった。

その証拠に、マルクスとエンゲルスが共同執筆した『共産党宣言』の中に、こう書いてあります。

「労働者の革命の第1歩は、プロレタリア階級を支配階級にまで高めること、民主主義を闘いとることである」

20世紀になっても、民主主義に対して悪いイメージが払拭《ふっしょく》できなかった第1の理由は、ここにあります。

つまり、民主主義という言葉を聞くと、ヨーロッパの人たち、とくに財産を持っている人たちは、瞬間的にロベスピエールの恐怖政治を思い出した。

民主主義者とは要するに、金持ちを殺して、その財産を貧乏人にばらまく連中ではないかというわけです。

だから、実際に民主主義を行なっているアメリカ人でさえ、自分たちのことを「リパブリカン」と呼んでいたというわけです。

この時代において、民主主義者とは過激派、革命家と同義語だったのです。

「結果の平等」と「機会の平等」

――しかし、先生、民主主義のイメージが悪かったというのは、それは要するに誤解でしょう。民主主義には責任はありませんよ。

たしかに、ロベスピエールの言っている平等と、いわゆる民主主義の考える平等とは、かなり違います。

近代民主主義では「法の前の平等」を何よりも尊重します。つまり、1人ひとりの人間はたしかに財産の有無《うむ》、権力の有無、いろんな違いがあるけれども、少なくとも法の前においては平等に扱う。それが民主主義の始まりです。

この思想の元になったのは、今さら読者には説明するまでもないことですが、キリスト教の予定説です。

カルヴァンは神を絶対にして万能の存在だと考え、神を究極の高みに置いた。その神様の前には、国王も農奴も関係ない。みんな似たようなものである。

すなわち「無限大の前には、いかなる数値も意味がない」（福田歓一『近代民主主義とその展望』岩波新書）というわけです。

近代民主主義の平等の考えは元来、キリスト教の考えから生まれたものですから、現実の人間を経済的に平等にしてしまえとまでは言いません。

たとえ神様から見て平等であっても、実際には王様もいれば、貧乏人もいる。

しかし、神様はそれについては何もなさらない。みんなを平等にしようとはしないわけです。

それと同じように、民主主義も、金持ちと貧乏人がこの世の中にいることまで変えようとは思わない。

あくまでも、法の前に平等に扱うということだけです。

その考え方はロックの社会契約説でも基本的には同じです。

彼はたしかに「自然人は平等である」とは考えましたが、それはあくまでもスタート・ラインの話であって、その後の働き方によって私有財産の違いが出るのは当然だと考えた。

しかし、たとえ財産の違いがあったとしても、その人間たちが対等に社会契約を結ぶことによって国家を作った。その意味では、人民はみな平等なのだというわけです。

アメリカの民主主義でも、この思想は受け継がれています。

よく言われることですが、アメリカにおける平等とは「機会の平等」です。

誰もが同じアメリカ人として、チャンスをつかむ権利を持っている。白人でも黒人でも、男でも女でも、あるいは健常者でも身体障害者でも、等《ひと》しくチャンスを与えられる。しかし、そこから先はアメリカ民主主義も面倒は見てくれない。

ところが、それで我慢できないのがロベスピエールであり、マルクスです。彼らにとっては、あくまでも経済的な平等こそが大切なのです。別の言葉で言うならば、「結果の平等」が必要である。

たとえ法の前の平等が成立しても、貧乏人は貧乏なまま。はたして、これでいいのだろうかと考えるのは、ある意味で当たり前です。

そこで、民主主義をさらに押し進める制度として、共産主義が生まれた。こう言うことができます。

しかし、あらためて言うまでもなく、この共産主義の壮大なる実験は失敗に終わりました。

ソ連は崩壊し、中国もまた共産主義から資本主義への転換を試《こころ》みています。残る社会主義国は、北朝鮮やキューバくらいになってしまった。

今のようすを17世紀の人々が見れば、おそらくこう言ったのではないでしょうか。

いわく「神でさえなさらなかったことを、人間にできるはずがない」と。

大哲学者はデモクラシーが嫌いだった

それはさておき、シマジくんの言うとおり、20世紀初頭まで民主主義に悪いイメージがつきまとっていたのは、たしかに誤解によるものが大きいわけですが、しかし、その誤解を抜きにしても、なお民主主義は評判が悪かった。

というのは、民主主義とはその名のとおり、人民が政治に参加するシステムなのですが、これに対して「そもそも大衆どもがまともな政治を行なえるわけがない」という思想が抜きがたくあったのです。つまり、民主政治とは「衆愚政治《しゅうぐせいじ》」の別名にすぎないというわけです。

こうしたアンチ・デモクラシーの思想は、デモクラシーという言葉と同じくらい歴史が古い。つまり、古代ギリシャのころからありました。

この考えの創始者は、かのプラトンです。プラトンに続いて、アリストテレスもまた同じように考えていた。

彼ら2人は、古代ギリシャ哲学の筆頭《ひっとう》に数えられる人ですから、その影響力はひじょうに大きかった。ことにヨーロッパでは、ルネサンス以後、ギリシャ哲学は教養人の必須《ひっす》科目ですから、「デモクラシーは衆愚政治だ」と思っている人たちはたくさんいました。

――大哲学者ともあろう人が、なぜそんなことを考えたんですか。

ご承知のとおり、古代ギリシャには多数の都市国家、いわゆるポリスが存在していました。その中でもプラトンが住んでいたアテネは、最も民主政治が進んだポリスとして有名です。

当時のアテネでは、自由な市民たち全員が広場に集まって開く民会《みんかい》によって、すべてが決められていました。今で言うところの直接民主制が行なわれていたというわけです。

さらに加えて、アテネでは専門の行政職、つまり職業的役人が1人もいなかった。

アテネの行政は評議会《ひょうぎかい》によって運営されるのですが、この評議会のメンバーにはアテネの市民なら誰でもなれた。しかも、同じ人間が長く行政を行なうとよくないという理由から、評議会のメンバーは抽《ちゅう》選《せん》で選ぶをよしとするという徹底ぶりです。

また、アテネには専門の軍人すらもいませんでした。

アテネ市民の最も大きな義務は、戦争が起こったときに、みずから武装して戦争に加わることにありました。誰もが政治に参加できる代わりに、誰もが自分の町を守る義務があるというわけです。

――なかなか立派ではないですか。

今のスイスも、政治上の重要事項は住民の直接投票で決め、また国家の防衛も市民みずからが行なうことになっています。その意味ではアテネに似《に》ていますが、それでも役人を抽選で決めることまでは実行していない。

その意味では、アテネの民主制は今よりも徹底していたわけですが、この政治形態を「民主主義」と呼ぶわけにはいきません。

というのも、当時のアテネには政治に参加できる自由民たちとは別に奴隷がいたからです。アテネの自由民たちが政治に積極的に参加できたのも、現実の労働を奴隷たちがやってくれていたからなのです。

民主主義では、誰もが等《ひと》しく政治に参加する権利を持たなければなりません。「奴隷に支えられたデモクラシー」などはありえない。アテネは「自由民の民主制」ではあっても、民主主義ではなかった。

その点は注意が必要です。

「民主政治とは貧乏人の政治である」

さて、こうした古代アテネの「民主制」も、もちろん一朝一夕《いっちょういっせき》にしてできたものではありません。古代ギリシャの歴史は、およそ紀元前2000年ごろに始まると言われますが、そのころの都市国家はどこも王様が支配していました。アテネもまた例外ではありません。

その後、アテネでは貴族が政治の実権を握るようになるのですが、それが民主政治に変わっていったのが紀元前7世紀のころです。といっても、この民主政治もけっして順調なものではなく、紀元前6世紀ごろには「僭主《せんしゅ》」※と呼ばれる独裁者も現われます。

※僭主　紀元前7世紀から6世紀にかけて、ギリシャの都市国家では貴族政治が乱れたのに乗じて、民衆を扇動して独裁者になる政治家が現われた。これを僭主と呼ぶ。アテネでは紀元前5世紀にペイシストラトスが僭主になった。僭主は独裁者ではあるが、一方で民衆の生活を向上させたので、その功罪は相半ばする。

しかし、アテネはそうした混乱を経ながらも、着実に民主政治の基礎を作り上げていきました。そして、その民主政治が頂点に達したのが紀元前5世紀のことでした。この時代、ペリクレス※という大政治家が現われて、貧富の差に関わりなく、誰もが政治に参加できるシステムがついに実現したというわけです。

※ペリクレス　（B.C.490ころ－429）　アテネ政治の民主化を断行し、また芸術や学問を大いに奨励して「ペリクレスの黄金時代」を実現した。パルテノン神殿の造営を手がけたのも彼である。だが、その一方で彼はアテネをスパルタとのペロポネソス戦争に追いやった当事者でもある。ペロポネソス戦争開戦の2年後、病死。

アテネで民主政治が完成した、この紀元前5世紀前後は、まさにアテネの黄金期です。市民の地位がひじょうに向上した結果、アテネではさまざまな芸術・学問が発展しました。私たちが知っている古代ギリシャ文化は、すべてこの時代のアテネが作り出したと言っても過言ではありません。アテネの名は広く地中海世界に響《ひび》き渡っていたのです。

ところが、その繁栄の絶頂期において、アテネの民主政治に対して批判の声を上げた人物がおりました。その人物が、かの大哲学者プラトンだったというわけです。

プラトンは「民主政治とは、要するに貧乏人の政治である」と決めつけました。政治家たちは庶民をさかんに持ち上げているが、庶民とは貧乏人のことであり、貧乏人は目先《めさき》の欲望にとらわれて、理性に基《もと》づく判断が行なえない。したがって、連中に政治を任《まか》せていたら、いずれ無秩序状態になるというわけです。

――小室先生も過激だけれども、プラトン先生も負けず劣らず過激ですねえ。

なぜプラトンはアテネを憎んだのか

プラトンが、こんなことを考えたのには、2つの理由がありました。

1つは、プラトンが生まれる直前に始まったペロポネソス戦争です。

この戦争でアテネは、同じギリシャのスパルタと全面的に対決した。

スパルタは王や貴族が政治の実権を握り、市民たちにそれこそスパルタ式の軍事訓練を行なっていた。戦争が始まるまでは、アテネ市民は「民主政治のアテネが、スパルタのような遅れた国に負けるわけがない」と豪語《ごうご》していた。

ところが、蓋《ふた》を開けてみたら、コテンパンにアテネが負けてしまった。というのも、アテネでは戦争中でも、市民たちが会議で意思決定を行なっていたので、軍人が率《ひき》いるスパルタに先を越されっぱなしだったのです。

これを見て、プラトンは「民主制のアテネは、王制のスパルタにも劣《おと》っているではないか」と考えるようになりました。

プラトンが民主政治に敵意を抱くようになった、もう1つのきっかけはソクラテスの死です。

プラトンは若いころからソクラテスの教えをうけ、ソクラテスから大変な影響を受けています。プラトンにとって、彼は父以上の存在だったと言えるでしょう。

ところが、そのソクラテスは、ペロポネソス戦争の混乱の中、アテネの市民たちによって裁判にかけられ、死刑の宣告を受けます。そして、ソクラテスは毒杯《どくはい》を仰《あお》いで自殺した。

この成り行きを見て、プラトンは衝撃を受けました。

そもそもプラトンから見れば、ソクラテスの罪状は単なる言いがかりにすぎません。ソクラテス先生の偉さが分からぬ庶民連中が、彼をねたんで告訴したにすぎないのです。

民主制を批判したプラトン／アフロ

この無実の罪を晴らすべく、ソクラテスは、かの有名な「ソクラテスの弁明」を行なうわけですが、その裁判で陪審《ばいしん》を務めたのも、また庶民たちでした。彼らは大哲学者の弁明に耳を貸さず、ソクラテスに死刑判決を与えたのでした。

つまり、プラトンから見れば、ソクラテスはアテネの民主政治に殺されたようなものだった。そこで彼は民主政治をなお一層、憎むようになったというわけです。

この思想はプラトンの弟子である、アリストテレスにも受け継がれました。アリストテレスはギリシャのさまざまな政治形態を分析して、やはり「民主政治とは貧乏人の政治だ」と断言しています。

前にも述べたように、ヨーロッパの知識人にとってプラトン、アリストテレスと言えば、古典中の古典です。中世のキリスト教会では、この2人の著作を基礎にして壮大な「スコラ哲学」が作られましたし、ルネサンス以後もプラトンやアリストテレスは読み継がれました。だから、「民主主義とは、しょせん衆愚政治だ」ということは、教養人なら誰でも知っていたわけなのです。

共和国を殺した男

——しかし小室先生、お言葉ですが、しょせんプラトンたちはアテネの例から「民主政治は駄目だ」という結論を出したんでしょう？　2500年も前のギリシャで失敗したから、全部駄目というのは、極論じゃないですか。

ところが、そうではなかった。

その後の世界史は、大哲学者の洞察《どうさつ》が正しかったことを図《はか》らずも証明しているのです。

古代ギリシャにとって代わって、地中海世界の覇者《はしゃ》となったのは古代ローマでした。ローマはギリシャ文化の影響を受けて、共和制の国となりました。

アテネのように徹底した民主政治は行なわれなかったものの、古代ローマでは平民たちの代表によって構成される「民会」が力を持っていました。古代ローマが世界最強の陸軍国になれたのも、こうした平民たちのおかげです。有事の際に、平民がこぞって武器を取って戦うという習慣があったからこそ、ローマは覇を唱《とな》えることができたのです。

ところが、そのローマの輝かしき共和制は1人の男によって、あえなく「殺されて」しまいます。その男とは、ガイウス・ユリウス・カエサル。紀元前44年、カエサルはディクタトル、すなわち終身独裁官に就任し、ローマの軍事・政治のすべての権力を握ります。このときを以《もっ》てローマの共和制は死に、帝国への道を歩むことになる。カエサルの甥《おい》であったオクタウィアヌスが初代ローマ皇帝になったのは、紀元前27年のことでした。

さて、「共和国殺し」のカエサルは、いかにして独裁権力を握ったか。

その答えは、プラトンやアリストテレスの言う「貧乏人の政治」にありました。すなわち、カエサルは貧しいローマの平民たちの圧倒的支持によって、共和国を乗っ取ったのです。言い換えれば、平民たちはみずから共和制をカエサルに差し出したのです。

ユリウス・カエサル／アフロ

カエサルの事績《じせき》は、あらためて申すまでもないでしょう。

名門の家に生まれたカエサルは、大衆にアピールする行動を次々と行なうことで、ローマの政界で力を握っていきました。

紀元前59年に執政官《コンスル》に就任すると、国有地を貧しい平民たちに分配する法律を成立させ、さらに軍司令官としてガリア、ブリタニアへの遠征を大成功させる。しかも彼は大変な雄弁家《ゆうべんか》でしたから、大衆から絶大な人気がありました。

カエサルは紀元前49年、ローマに自分の軍隊を入れて、反対派を倒して政治の実権を握ります。このとき彼が「賽《さい》は投げられた」と叫んで、ルビコン川を渡った故事はあまりにも有名ですが、そのカエサルの軍勢をローマの大衆は歓呼《かんこ》で迎えた。カエサルのクーデターは、大衆抜きでは成功しなかったのです。

ご承知のとおり、独裁者カエサルはのちにブルータスらによって暗殺されるわけですが、カエサルが死んでも、ローマの共和制は復活しなかった。そのまま一直線にローマは、皇帝が治《おさ》める帝国に変貌《へんぼう》してしまうのです。

イギリスで貴族が政治を握っていた本当の理由

プラトンやアリストテレスの説、そして古代ローマのカエサルの故事、この2つが揃えば、誰だって「大衆が政治に参加すれば、ロクでもないことになる」と考えるというものでしょう。

たしかに、一部の人間だけが政治の実権を握れば、一般市民の利害を無視した政治が行なわれる。それはそれで、たしかに問題です。

しかし、だからと言って、大衆を政治に参加させれば、もっとひどいことが起こる。大衆の人気を背景に独裁者が登場し、その男が皇帝になるくらいならば、やはり財産も教養もある階級、言い換えれば貴族や金持ちといったエリートが政治を動かしたほうが、結果としてはマシなのではないか……近代になって民主主義思想が生まれたとき、それに対して危惧《きぐ》を覚えた人がたくさんいたのは、ある意味で当然のことでした。

現代に生きている読者のみなさんは、選挙権が成人ならば男女を問わず、誰にも公平に与えられるのは当然のことだと思っているでしょう。日本国憲法の第44条にも、その規定があります。

「両議院の議員及びその選挙人の資格は、法律でこれを定める。但《ただ》し、人種、信条、性別、社会的身分、門地《もんち》、教育、財産又は収入によって差別してはならない」

しかし歴史的に見れば、財産を持たない人でも政治に参加できることになったのは、かなり最近のことです。

議会制度が世界で一番発達していたイギリスでは、何と1832年になるまで、大多数の中産階級は政治に参加できませんでした。

この当時のイギリス中産階級といえば、相当な財産を持っていたわけですが、それでも選挙権はなく、人口の1パーセントに満たない貴族や準貴族、準々貴族、準々々貴族などが政治を動かしていたわけです。しかし、それに対して中産階級が怒っていたかと言えば、そうではありません。貴族は政治のプロだから、彼らに任せておいたほうがいいと中産階級ですら考えていたのです。アマチュアが政治を動かすとロクなことにならないと思われていた1例です。

カエサルに学んだ天才

――でも、先生、現実には今では選挙権は平等になった。「大衆が政治に参加したら、カエサルが生まれる」というのは、結局は心配のしすぎだったわけですね。

シマジくん、君は本当にそう思っているのかね。

もし本気でそんなことを言っているとしたら、途方《とほう》もないお人好《ひとよ》しだ。そこまで民主主義を信じているとは、あきれ果ててモノも言えない。

その後の歴史を見てごらん。彼らの心配はまさに的中した。民主主義ぐらい危ない政治はないということは近代史が余《あま》すことなく証明しています。プラトンやアリストテレスが生きていたら、「そら見たことか」と大笑いしたことでありましょう。

すでに述べたとおり、18世紀になって民主主義は花開くわけですが、民主主義のもろさは、たちまちに露《あら》わになりました。

というのも、民主主義を求めたはずのフランス革命が独裁者を産み出したからです。

ナポレオンこそ、彼らの恐れてやまなかった「第2のカエサル」です。民主主義はやはりカエサルを作った!

コルシカに生まれたナポレオン・ボナパルトは最初、一介《いっかい》の軍人にすぎなかったのですが、イタリア遠征、パリで起きた暴動の鎮圧、そしてエジプト遠征という軍功と、大衆からの支持を背景に、パリで軍事クーデターを起こすことに成功し、フランス共和国の全権力を手中に収めた。

——カエサルと怖《こわ》いくらいに似ていますね。

いや、ナポレオンはカエサルでさえできなかったことをなしとげた。

1804年、彼は元老院から皇帝の位《くらい》を授《さず》けられることになりました。「共和国《レパブリック》の皇帝」の誕生です。

このとき、彼はカエサルを超えたと言ってもいいでしょう。時にナポレオンは35歳。カエサルが独裁官になったのは50歳を過ぎてからですから、ここでもナポレオンはカエサル以上だった。

ナポレオンは天才であると同時に、たいへんな勉強家でもありました。彼はカエサルの故事を徹底的に研究することで、いかにすれば大衆の人気を集めて、権力を握ることができるかを考えた。

ですから、ナポレオンの出世は、けっして偶然に支えられたものではない。彼は最初から、民主主義の弱点を知っていた。だからこそ、皇帝になれたと見るべきでしょう。

独裁者は何度でも現われる

ナポレオンの話をしはじめたらキリがありませんが、民主主義との関連で言えば、彼は民主主義の弱点をよく知ったうえで独裁者になったわけですが、だからといって民主主義を完全に否定しているわけではない。そこが矛盾《むじゅん》であり、面白いところです。

というのも、皇帝になったナポレオンは、全ヨーロッパにフランス革命を輸出しようと考えた。そこで彼は、後世「ナポレオン戦争」と呼ばれる戦いを行なって、周辺諸国の身分制を倒そうとした。

最初のうち、ナポレオンは圧倒的な勝利を収めるのですが、後半になるとさすがの軍事的天才も影《かげ》を潜《ひそ》めるようになる。そして、ついに反ナポレオンの同盟軍がフランス国内に侵入するに至って、彼は皇帝の座を追われてエルバ島に流されるわけです。

では、そこでフランスの人たちが反省したかと言えば、そうではありません。その後もフランスでは政治が乱れるたびに、独裁者が現われようとする。

これを称して「ボナパルティズム」と言います。

ボナパルティズムの最も有名な例は、何と言ってもナポレオンの甥《おい》であるナポレオン3世です。

ナポレオンがエルバに流されたあと、フランスではルイ18世が即位をして王政復古《おうせいふっこ》が行なわれます。イギリス流の憲法を作って立憲君主制《りっけんくんしゅせい》を行なおうとしたのですが、革命の混乱が後を引いて、政治がなかなか安定しない。そこでついに現われたのが、ナポレオン3世でした。

1848年2月にパリで2月革命が起きて王政がふたたび倒れ、第2共和国ができると、選挙において74パーセントという圧倒的な支持を受けて、彼は大統領に選ばれます。その後、彼は軍事クーデターを起こして皇帝になるのですが、このときも大衆の支持たるや圧倒的でした。

もちろん、ナポレオン3世がこれだけフランス大衆の支持を集めたのは、ひとえに彼がナポレオンの甥だったからです。「ナポレオン時代の栄光をふたたび」というわけです。

軍人としての才能は、初代のナポレオンの足元にも及びません。

かのマルクスはナポレオン3世を評して「歴史は繰り返す。しかし2度目は茶番《ちゃばん》として」と書いているほどです。

実際、ナポレオン3世は伯父《おじ》さんにならって、何度も対外戦争を起こすのですが、あげくの果てには、すでに述べたように普仏戦争でプロイセン軍に完敗して、ついに帝位を追われることになりました。

かくしてフランスの第2帝政は終わり、第3共和政が始まる。この第3共和政はドイツの独裁者ヒトラーがパリを占領するまで続いた。

――3度目の正直で、今度はうまくいったんですね。

ところが、そうではなかった。

ここでは詳《くわ》しく述べるゆとりがありませんが、その後もフランス共和政は何度も危機に遭《あ》います。

最も大変だったのが、ブーランジェ事件と呼ばれるものです。陸軍大臣だったブーランジェという男《おとこ》前《まえ》の将軍に大衆の人気が集まり、彼もその気になったものだから、クーデター寸前まで行った。

しかし、この男には政治的才能も度胸も皆無《かいむ》だったから、結局、皇帝になれるどころか、クーデターさえ起こせなかった。もし、彼がナポレオンの１００分の1、いや１０００分の1でも才能を持っていたら、ブーランジェはフランス共和国皇帝になっていたでしょう。

民主主義とは独裁者の温床である

――それにしても、フランス人はなぜ性懲《しょうこ》りもなく独裁者を求めるんでしょう。フランス人は賢《かしこ》いと思っていたけど、意外と頭が悪いんですかね。

何を言っているのかね。君のほうがよっぽど問題発言です。

これは何もフランスに限った話ではない。どこの国でも、民主主義があるかぎり、同じような危険があると思わねばなりません。たまたまフランスは民主主義の歴史が長かったから、それだけ危機も多かったというにすぎない。

ナポレオンやブーランジェ、そしてヒトラーやムッソリーニといった独裁者は、どこの国にでも現われる可能性がある。ドイツだから、フランスだからということではないのです。

民主主義はたしかに近代文明の作り出した大発明です。しかし、それと同時に民主主義は、独裁者を産み出す格好の温床《おんしょう》にもなりました。

大衆が英雄を求めるとき、その歓呼《かんこ》に応《こた》えて独裁者は現われます。これに対して、一部の貴族や特権階級が支配権を握っているときには、案外、独裁者は生まれにくい。これはアリストテレスも分析していることです。

現代から見れば、なぜフランス人やドイツ人はせっかくの民主主義を捨ててまで、独裁者に付いていったのだろうと思えるかもしれません。しかし、独裁者が現われるのにはそれなりの理由があるのです。たしかにナポレオンは共和国憲法を実質的に殺しました。ヒトラーもまたワイマール憲法を殺しました。2人とも憲法を殺した男です。

しかし、憲法が死んだからといって、その国民がかならず不幸になるかといえば、けっしてそうとも言えないのです。ここがむずかしいところです。

憲法が死ぬと国民は幸福になる!?

ナポレオンとヒトラーの共通点はいくつもあるのですが、案外忘れられがちなのが、この2人が支配していた時代、フランスもドイツもたいへん景気がよかったという事実です。

たしかに独裁者が支配すれば、その社会からは自由が失われる。フランスからも、ドイツからも政治的な自由はなくなりました。

しかし、そのフランスやドイツの生活が真《ま》っ暗闇《くらやみ》であったかと言えば、そうとも言えない。むしろ逆なのです。

ナポレオンが皇帝になると、それまで革命の混乱のためガタガタになっていたフランスの景気は急速によくなりました。ナポレオンの登場によって政治が安定したことに加えて、「ナポレオン法典」と呼ばれる民法を制定したことが大きかったのです。

このナポレオン法典は、一口で言うならば「近代資本主義の基本法」です。

近代資本主義が成り立つには、契約の絶対、そして所有権の絶対が必要です。契約がきちんと守られ、私有財産の所有権が明確に保障されないかぎり、資本主義は作動しないのです。契約が守られなければ、商品と資本の流通がスムーズにいきません。所有権が絶対でなければ、安心して投資は行なえませんし、目的合理的な経営もできません。

その2つの必要条件をナポレオンは法律によって保護しました。この結果、フランス経済は急速に資本主義化することができたのです。

この法律がいかに優《すぐ》れていたかは、今でもナポレオン法典がフランスで通用していること1つを見ても分かります。この間、フランスの憲法は何度も変わっていますが、ナポレオン法典の論理は本質的にそのまま続いているのです。

また、明治政府が日本に近代法体系を作ろうとしたとき、まず勉強したのがこのナポレオン法典です。旧民法の論理は、ナポレオン法典をコピーしたものと言ってもそれほど過言ではありません。

したがって、ナポレオンの時代、フランス人の個人生活はとても豊かになりました。しかも、ナポレオンの軍隊は連戦連勝です。これで気分が悪いはずがない。

同じように、ヒトラー治下《ちか》のドイツ人もまた幸福でした。

ご承知のとおり、ヒトラーが現われるまでのドイツは、失業者が町に溢《あふ》れていた。この惨状に対して、時のワイマール政府は何もできなかった。

そのドイツ経済を立て直したのが、ヒトラーです。ヒトラーはアウトバーンの建設をはじめ、さまざまな公共投資を行なうことでドイツ人の雇用《こよう》を確保し、しかも、少しもインフレを起こさなかった。

もちろん、その一方でヒトラーはユダヤ人を迫害し、また対外戦争の準備を着々と行なっていたわけですが、当時のドイツ人たちの多くは間違いなく、ワイマール共和国時代よりもずっと幸福を感じていたでしょう。

なぜ人間が独裁者を求めるのか、その理由はいろいろ言えるわけですが、こうした現実的側面はけっして無視できません。

たとえ言論の自由や思想の自由があっても、お腹《なか》は膨《ふく》れない。寒さはなくならない。独裁者が食事や住まいを与えてくれるのであれば、自由を捨ててもかまわないと考える人はけっして少なくないのです。

アメリカ大統領選に隠された知恵

結局のところ、民主主義とはひじょうに効率の悪い政治システムです。

何でも投票と議論で決めなければならないから、なかなか物事がスムーズに動かない。それに比べれば、ボナパルティズムやファシズムでは独裁者1人が何でも決めるのですから、決断が早いし、失敗したときの修正も早く行なえるというものです。

ですから、政治がうまく動かなくなれば、大衆は英雄を求めます。

民主主義の国で、英雄を独裁者にするのは簡単です。みなが歓呼の叫び声を上げれば、彼はたちまちにして憲法を殺して、実権を握ることができる。憲法を殺すのがいかに簡単かは、1章で紹介したヒトラーの例を思い出していただければ充分です。

このことを最も恐れていたのは、アメリカ合衆国の建国者たちでした。彼らは「第2のカエサルを作らないためには、どうしたらいいか」を必死になって考えた。

アメリカが独立したころは、まだナポレオンが登場する前の話です。ナポレオンの登場以前から、アメリカの建国者たちは民主主義が行なわれれば、かならず独裁者が生まれると予想していたのですから、やはり大した連中です。

しかし、独裁者を防ぐと一口に言っても、それは簡単ではない。たとえ、どんなに憲法の規定で独裁権力の出現を防止したところで、憲法そのものが殺されてしまえば何の意味もありません。したがって、独裁者の出現は憲法では防げない。

そこで彼らが考えたのが、あの大統領選のシステムです。

アメリカの大統領選挙は、ご承知のとおり、ひじょうに複雑なシステムになっています。まず州ごとに選挙人を投票で選び、その選挙人が大統領に投票する。こうしてアメリカの大統領がようやく決まる。

――何度、説明を聞いても、アメリカの大統領選挙のやり方はよく分からないんですよね。

たしかに日本人から見れば、なぜアメリカがあんなややこしい選挙を行なうのか理解に苦しむというものでしょう。あの選挙のために、毎回、莫大《ばくだい》な選挙費が投じられ、しかも1年近い時間をかけてキャンペーンが行なわれる。資源と時間の無駄遣《むだづか》いのように思えてならないはずです。

ましてや今の時代は、インターネットが発達しているのですから、一気に国民の直接投票を行なったほうが早いのではないかと思える。事実、二〇〇〇年の選挙では手作業の開票という、およそネット大国とは思えないような選挙が行なわれた。

なぜアメリカ大統領は独裁者にならなかったのか

しかし、あえて私は予言しますが、どんなに技術が進んでも、アメリカはけっして大統領選挙の方法は変えないでしょう。

なぜなら、あの選挙システムこそが独裁者出現を防ぐ唯一の方法だからです。

アメリカの権力システムにおいては、大統領がほぼ全権を握っています。

たしかにアメリカでも三権分立が行なわれ、ホワイトハウス、最高裁判所、そして連邦議会はそれぞれ独立していることになっています。

しかし、大統領がやる気にさえなれば、司法権も立法権も支配することができる。その意味では、独裁者がいつ現われても不思議はありません。

そこでアメリカの建国者たちが考えたのは、大統領をけっして大衆の歓呼によって決めないようにするということでした。

独裁者はかならず、大衆の歓呼、つまり一時的な熱狂によって担《かつ》ぎ上げられる。カエサルも、ナポレオンも、ヒトラーもみな大衆の熱狂的な支持で登場しています。そこでアメリカでは、あえて選挙戦を長くすることによって、熱狂が起こりにくいようにしたのです。

というのも、選挙期間があれだけ長ければ、その間に候補者の隠している欠点や後ろ暗い過去が明らかになります。マスコミや対立陣営が、候補者を鵜《う》の目鷹《めたか》の目《め》で調べ上げ、何か見つかったら、ただちにそれを報じる。そうすれば、その人は英雄にはなれません。

たとえマスコミが何も見つけられなくても、長い選挙を戦っていれば、どんなにネコをかぶっていても、本音をついさらけ出してしまうというものです。

その結果、どんな候補であっても英雄のまま当選することはできない。長い選挙を戦っているうちに、彼もただの人の子であることが明らかになるのです。

――クリントン大統領の場合は、過去に徴兵忌避《ちようへいきひ》を行なったことがバレましたね。今度のブッシュ大統領は、まったくの外交オンチだというのが知れ渡った。

そんなことが国民に明らかになれば、たとえ当選しても「私にすべてを任《まか》せてくれ」と大見得《おおみえ》を切りにくい。国民の誰もが大統領の短所を知っているのですから、無条件に全権を預けたりはしない。

だからこそ、アメリカは建国以来200年以上も独裁者が登場しなかったのです。

――うまいこと考えたもんですね。

この制度を考えたアメリカの建国者も偉《えら》いが、その制度を今日に至るまで守り抜いたアメリカ人もまた偉かった。そう考えるべきでしょう。

日本にヒトラーが現われる日

さて、そこで最近の日本を振り返ってみれば、憲法改正論議の中で「首相公選」というテーマがさかんに取り上げられています。首相を国会議員の中から選ぶのではなく、直接投票によって決めようではないかというわけです。

——大丈夫なんですかね。今の話を聞いていたら、心配になってきますよ。

もちろん、アメリカの大統領選挙のような方法をとれば、独裁者が現われる危険性は防げる。しかし、今の日本では選挙にカネをかけるのは罪悪のように言われているから、はたしてアメリカなみの長いキャンペーンが実際にできるかという問題があります。

しかし、首相公選が実際に行なわれようと、行なわれまいと、今の日本は着実に危険水域に入りつつある。そのことは間違いありません。

私の考えでは、すでに日本の憲法は死んでいるも同然ですが、まだ独裁者は現われていない。しかし、いつ独裁者が出てきてもおかしくはない状況です。

第1次大戦後のドイツ経済ほどではないにしても、日本の経済は長期低迷で、国会も政府も何ら効果的な経済政策を打ち出せない。不良債権《ふりょうさいけん》の処理1つさえ、きちんとできないのが現状です。それを見て、国民の不満は高まっている。

もし、カエサルやナポレオン、あるいはヒトラーが今の日本に生きていたら、間違いなく、彼は日本の独裁者になろうと考えるでしょう。経済が悪いとは言っても、日本はまだまだ大国だし、独裁権力の振るい甲斐《がい》のある国です。

いやすでに、その兆候は現われていると言ってもいいでしょう。

――え！

検察調書をそのまま信用するならば、かのオウム真理教が目指したのが、まさにそれでした。彼らは既成の権力に失望したエリートたちを信者にして、毒ガス兵器でクーデターを起こそうとした。その試みは失敗に終わりましたが、彼らのやろうとしたことを見くびってはいけない。失敗したとはいえ、これだけのことが実際に行なわれた以上、今後も起きない保証はどこにもない。

――何だか、本当に怖くなってきた。

おや、「英雄的な政治家が出ないと日本は駄目だ」と言っていたのは、どこの誰だったかね。

――いじめないでくださいよ、先生。

しかし、独裁者が出てくれれば、君の生活は今よりよくなる。独裁者が出なければ、日本経済はこのまま駄目になるかもしれない。はたして、どっちのほうがいいか分からないよ。

――先生って、ずいぶん意地悪なんですね！

第9章

平和主義者が戦争を作る

平和憲法は「神話」だった

さて、これまでの講義では憲法を支える大きな柱として、民主主義について述べてきました。いかにして民主主義の精神は生まれてきたか、また民主主義の弱点とは何か……そのあらましは分かっていただけたでしょう。まだまだ話したいことは山ほどありますが、そろそろ憲法をめぐる別の問題に移ることにいたしましょう。

そこで今回のテーマは戦争です。

――おっ、待ってました！　いよいよ憲法第9条の出番ですな。

日本人なら誰でも知っているように、日本国憲法第9条には以下のような文言《もんごん》が記されています。

日本国民は、正義と秩序を基調《きちょう》とする国際平和を誠実に希求《ききゅう》し、国権《こっけん》の発動たる戦争と、武力による威嚇《いかく》又は武力の行使は、国際紛争《こくさいふんそう》を解決する手段としては、永久にこれを放棄《ほうき》する。

（2）前項の目的を達するため、陸海空軍その他の戦力は、これを保持しない。国の交戦権は、これを認めない。

この憲法第9条について述べはじめれば、これまた本書が何ページあっても足りるものではありません。戦後このかた、日本で書かれた第9条をめぐる論文は、まさに汗牛充棟《かんぎゅうじゅうとう》のごとし。それを運んで積み上げるだけで、牛や馬が汗だくになるくらいの量がある。

そこで今回は、この第9条の第1項に絞《しぼ》って話をしていくことにしましょう。

おそらく本書の読者のほとんどは、学生時代に「この憲法第9条の規定は世界に誇るべきものである」と教わったことでしょう。日本国憲法というのは世界で唯一の平和主義憲法であると、何の疑いもなく思っておられるのではないでしょうか。

しかし、これはとんでもない誤解です。日本の中ならいざ知らず、海外に行って、そんなことを言ってごらんなさい。「日本人というのは、何と世間知らずの連中か」と笑われること、請《う》け合《あ》いです。

戦後の日本では、日本神話を学校で教えることが禁じられました。皇室のご先祖が高天原《たかまがはら》から下りていらしたといった天孫降臨《てんそんこうりん》の話を、日本史の授業で教えてはいけないというわけです。しかし、神話教育は意外なところで生きていた。「日本国憲法が世界で唯一の平和憲法だ」なんて、神話もいいところです。

憲法に平和主義の条項がある国は、今の地球上にはそれこそ掃《は》いて捨てるぐらいにある。しかも、戦争の放棄を定めた憲法は日本国憲法が最初ではありません。歴史を遡《さかのぼ》れば、いくつだってその例を挙げられる。

——それじゃあ、まったく自慢にならないわけですか。

お国自慢ほど聞き苦しいものはないと言うけれども、憲法自慢は止《や》めておいたほうがいい。それが私からのアドバイスです。

これだけある「平和憲法」

戦争の放棄や武力行使の禁止を定めた憲法は、何も日本だけではない。

そのことについて、詳細な調査を行なったのが憲法学者の西修《にしおさむ》※氏ですが、西氏によれば戦争の放棄を定めた最初の憲法は、１７９１年に作られたフランス憲法です。この憲法は、フランス革命後、最初に作られたものですが、そこには征服戦争の放棄や、他国民に対する武力行使の禁止が定められていた。

日本国憲法が作られる１５０年以上も前に、平和憲法はあった。

※西修（1940－　）憲法学者。現在、駒澤大学教授。各国憲法の比較や、日本国憲法成立の研究において注目すべき成果を発表している。本稿は同氏の『日本国憲法を考える』（文春新書）を参考にした。

このフランス革命以後も、世界ではさまざまな平和憲法が作られています。以後、1891年のブラジル憲法、1911年のポルトガル憲法、1917年のウルグアイ憲法と続くのですが、西氏の調査によれば、何らかの平和主義条項が憲法にある国は1998年時点で、なんと124ヵ国もある。国連に加盟している国は1997年末で185ヵ国ですから……。

――世界の3分の2の国が平和憲法を持っている！　いやはや、学校で教えられたのはいったい何だったのか。

もちろん、一口に平和憲法と言っても、その規定はさまざまです。

西氏は、いわゆる平和主義条項を17種類に分類していますが、その中には「国連憲章の尊重」とか「内政不干渉」といったものもあれば、「軍縮」「中立政策の推進」を掲《かか》げたものもある。こうした憲法を平和憲法に分類することに異議を唱える人もあるでしょうが、中には日本以上に厳しい規定を持った国もある。

たとえばアンゴラやモンゴルなどは「外国の軍事基地を設置しない」という趣旨の決まりがあります。言うまでもなく、日本には米軍基地が置かれているわけですから、その点ではモンゴルなどのほうが上を行っているのです。

また、カンボジアやリトアニアの憲法には核兵器の禁止が記されています。言うまでもなく、日本の憲法にはそんな規定はありませんし、政府答弁では「自衛のためなら核兵器も持ちうる」としています。

さて、そこで注目すべきは、17種類ある平和条項の中で、日本と同じように「国際紛争解決の手段と

して の戦争」を放棄するとしている国々がいくつもあるという事実です。アゼルバイジャン、エクアドル、ハンガリー、イタリア、ウズベキスタン、カザフスタン、フィリピンが、それです。これらの国の憲法規定は、日本とそっくりです。これはなぜでしょう。

——分かった！　日本国憲法を真似《まね》したんですね。

そんなバカな！　それこそ思い上がりというものです。

日本の学校では教えてくれませんが、日本国憲法第9条の「国際紛争解決の手段としての戦争」という表現には、実はお手本がある。その同じお手本を下敷きにしたから、どの国も似たり寄ったりになるのです。

第9条の「お手本」

憲法第9条第1項のお手本となったのは、1928年に結ばれた「ケロッグ＝ブリアン条約」です。またの名を不戦条約とも言うのですが、この条約の条文に「国際紛争解決の手段としての戦争」という表現が出てくるのです。

第9条の規定は、この条約を引き写したものと言ってもいい。この事実は国際法の専門家ならば、誰だって知っている事実なのですが、日本国民はほとんど知らない。これは憂《うれ》うべきことです。

20世紀に入って、世界はかつてない大戦争を経験することになりました。第1次世界大戦です。この戦争によって、ヨーロッパ全土は文字どおり荒れ野と化しました。27ヵ国が入り乱れて戦った、その結果は戦死者およそ1000万人、一般民の死傷は1000万人、当時のカネにして約1800億ドルもの戦費《せんぴ》が使われたとされます。

この悲惨な大戦争を契機にして、国際社会では平和主義が急速に台頭《たいとう》してきました。そこで結ばれたのが、この不戦条約というわけです。

それまでの国際社会では、戦争は主権国家の当然の権利とされていました。国家であれば、戦争は自由に行なえる。戦争を起こしたからと言って、誰からも批判される筋合いはない。もっとはっきり言ってしまえば、戦争は悪ではないとされた。

――「戦争は悪ではない」だなんて、昔は野蛮《やばん》だったんだなあ。

それこそ大きな勘違い。

戦争は悪ではないという考え方は、野蛮なんかではありません。西洋文明がさまざまな経験を積み重ねていった結果、そこまで戦争観が進歩したと見るべきなのです。

いい戦争、悪い戦争

中世までのヨーロッパでは、戦争には「いい戦争」と「悪い戦争」の2種類があると考えられてきました。

いい戦争というのは、要するに正義を実現するための戦争で、悪い戦争とは不正義を実現しようとする戦争です。つまり、戦争目的に大義名分《たいぎめいぶん》があるかないかが、とても大切だった。

しかし、最初から「俺は不正義をやるぞ」などと言って、戦争を起こす国はどこにもありません。どんな戦争であっても、戦争をする側にはそれなりの理屈がある。

たとえば、十字軍にしても同じことです。

十字軍を仕掛けたのはヨーロッパ側ですが、この戦争に参加した騎士や国王の本音は、豊かなアラブ社会を略奪《りゃくだつ》することにあった。しかし、そんなあからさまなことを誰も言いません。「聖地イスラエルをイスラム教徒から奪還しなければならない」と言って、十字軍が編成された。トルコ人は異教徒だから、何をしても許される。正義はこちらにあるというわけです。

——そんなことを言ったら、みんな「いい戦争」ではないですか。「自分は悪役だ」なんて言うわけがない。

そのとおりです。だから「いい戦争」「悪い戦争」なんて区別は本質的には意味がない。

しかし、戦争を行なっている当事者がともに「正義は自分にある」と言い出したら、どうなるか。自分は正義の味方で、相手は悪の手先《てさき》……となれば相手が滅《ほろ》びるまで戦わなければ、「いい戦争」とは言えないことになってしまいます。相手は悪魔なのですから「この程度で許してやる」とは、けっして言えない。正義を持ち出したら、戦争は止《と》め処《ど》がなくなるのです。

これが最悪の形で行なわれたのが、かの宗教戦争でした。

16世紀から17世紀にヨーロッパ各地で勃発《ぼっぱつ》した宗教戦争では、カトリック国とプロテスタント国がともに大義名分を掲げて戦争を行ないました。カトリックから見れば、プロテスタントは悪魔の手先であり、プロテスタントから見たらカトリックも悪魔の手先。だから、相手を殲滅《せんめつ》するまで戦わなければならない。討《う》ちてし止《や》まん。

この結果、ヨーロッパ大陸は本当に焦土《しょうど》と化しました。30年戦争が行なわれたドイツでは、地域によっては人口が半分以下にまで減ったと言われているくらいです。

戦争肯定が近代的とされたわけ

この惨状を見れば、さすがにヨーロッパ人でも反省しました。

そこで出てきたのが、正義や大義名分を持ち出すのではなく、もっと戦争をリアリズムで考えようという思想です。

この思想が最も端的に現われたのが、かのクラウゼヴィッツの定義です。プロイセンの士官だったクラウゼヴィッツ※は名著『戦争論』で、こう書きました。

※クラウゼヴィッツ（1780－1831）プロイセンの軍人、軍事理論家。対ナポレオン戦争の従軍経験と哲学の深い教養に基づいて、独自の戦争論を作り上げる。彼の死後、公刊された『戦争論』は「近代戦争のバイブル」として世界中の将校のみならず、エンゲルスやレーニンにまで思想的な影響を与えた。

すなわち、「戦争は他の手段による政治の継続である」。

そもそも政治とは、国家や社会の利益を追求するために行なうもの。国際政治においても、それは例外ではありません。それぞれの国が、国家の利益、つまり国益を追求するために、持てるかぎりの知恵を振《ふ》り絞《しぼ》って外交を行なう。

しかし、通常の外交手段をいかに駆使《くし》しても国家の利益が達成されなければ、どうすればいいか。そこで出てくる手段が、戦争であるというのが、クラウゼヴィッツの思想です。

クラウゼヴィッツにおいては、戦争の最終目的は勝ち負けではありません。それよりも重要なのは、戦争を通じて国益を確保することです。もっと有《あ》り体《てい》に言ってしまえば、損得こそが大切なのです。

中世に行なわれていた「正義の戦争」には、損得勘定《そんとくかんじょう》がありません。憎むべき相手とは、徹底的に戦わなければならない。相手を叩《たた》き潰《つぶ》したときに、戦争目的が達成されたと考える。その結果、どんなに自国の損害が大きかろうと関係ないというわけです。

つまり中世の戦争とは要するに感情の戦争だった。これに対して、近代の戦争は合理的精神に基づいて行なわれる、一種の経済活動になったと言うことができるでしょう。

戦争は経済的利益を追求するためのものですから、「いい戦争」だの「悪い戦争」だのと言った区別はありません。

どの国でも、自国の国益を追求するのは当然のこと。したがって、どこの国でも戦争を自由に行なうことができるし、誰も他国の戦争を批判することはできないというのが、20世紀初頭まで国際法の常識だった。

戦争を全面的に肯定することによって、戦争の被害は最小限にできると考えられていたわけです。

勝者なき第1次大戦

ところが第1次大戦が始まってみると、こうした「常識」に対して疑問を投げかける声が上がりました。

これはある意味で当然のことです。戦争から善悪の価値判断を取り除けば、戦争の被害は限定されるはずだったのに、そうならなかった。誰も想像もしなかったほど、第1次大戦の死傷者や経済的被害は大きかったのです。

その理由には大きく分けて2つあります。まず第1にテクノロジーの進歩によって、機関銃や戦車、飛行機、潜水艦、さらには毒ガス兵器が用いられるようになって、死傷者の数が激増したのです。この結果、それまでの戦争がまるで子どもの遊びのようになってしまった。

さらに、戦争のやり方そのものが変わりました。

それまでの戦争は敵味方の軍隊が激突すれば、おのずと結果が決まりましたが、第1次大戦ではそれが「総力戦」になった。

テクノロジーが発達したために、戦場で勝つためには戦争の上手下手《じょうずへた》よりも、武器弾薬や物資をどれだけ作れるかがカギになったのです。そこで、戦争は単なる軍隊の戦いではなく、国家の工業生産力や経済力の戦いになりました。増大する軍需《ぐんじゅ》をまかなうために、老若男女《ろうにゃくなんにょ》を問わず、すべての国民が戦争に協力しなければならなくなりました。この結果、戦争は国家経済そのものを痛めつけることになったわけです。

第1次大戦の決着がついてみたら、勝った側も負けた側も満身創痍《まんしんそうい》になっていました。

第1次大戦終結後に結ばれたヴェルサイユ条約では、戦勝国の5大国は敗戦国のドイツに対して、アルザス・ロレーヌ地方をはじめとする広大な領土を要求しました。しかし、それだけでは戦争の収支決算は黒字にならない。莫大《ばくだい》な戦費を取り戻すために、そろばんをパチパチはじいて、ドイツに対して1320億マルクという天文学的な賠償金《ばいしょうきん》を突きつけた。

もちろん、敗れたドイツがそれだけの大金を払えるわけがありません。ドイツも、戦時体制のために経済システムは崩壊寸前です。結局、この賠償金は完済されることなく終わり、第1次大戦では双方ともが大変な損害をこうむることになったのです。

近代の戦争は利益追求を目指す、合理的なものであったはずです。中世のように、正義を振りかざさないのが文明的な戦争だと思っていたのに、第1次大戦はまるで宗教戦争のような惨状となりました。傷痍軍人《しょういぐんじん》が町に溢れ、ヨーロッパの経済は痛手《いたで》を受けた。

ちなみに、この戦争で得をしたのがヨーロッパ各国に戦費を貸し付け、武器を供給したアメリカでした。アメリカは第1次大戦に参戦こそしましたが、その時期はとても遅かったので、損害は少なかった。大戦後のアメリカには戦争成金がたくさん生まれた。そしてアメリカ経済は世界を圧倒するほど巨大になりました。

台頭する平和主義

さて、こうした惨状を目《ま》の当たりにしたヨーロッパでは、第1次大戦後、いわゆる平和主義が力を持つようになりました。何が何でも戦争反対、戦争と名が付くものはすべていけない。戦争は勝った側も負けた側も大損害を受けるのだから、絶対に許してはいけない。

似たような平和主義は、戦後の日本でも力があったものですが、その思想はすでに第1次大戦後のヨーロッパにあったのです。

たとえばオックスフォード大学の学生が集まって「祖国と国王のために、いかなる戦争も、戦うことも拒否する」と宣言したのは、その1つの例です。「国家利益のためには戦争もやむなし」などと政治家が言おうものなら、世論は「あいつは戦争屋だ」と総攻撃をかけたものです。

こうした平和主義の台頭は、もちろん外交の世界にも大きな影響を与えないわけにはいきません。まず最初に1920年、世界平和の実現のため国際連盟が作られます。その国際連盟で1924年に採択されたのが、「ジュネーブ議定書」と呼ばれるもので、この議定書の前文では「すべての侵略戦争は犯罪である」とされた。さらに1925年にはスイスのロカルノで、ロカルノ条約が結ばれて、ヨーロッパでの戦争勃発《ぼっぱつ》を防ぐ試みが行なわれます。

こうした一連の流れの、いわば総決算と言えるのが、日本国憲法第9条のお手本になったケロッグ＝ブリアン条約です。不戦条約とも言います。

フランス外相ブリアンとアメリカ国務長官ケロッグが提唱した、この条約では「国際紛争解決の手段としての戦争」「国策遂行《こくさくすいこう》のための戦争」が違法とされました。

ジュネーブ議定書では侵略戦争だけがいけなかったのに対して、この不戦条約では「国策遂行」、つまり国家がその意思を実現するために行なう戦争はすべていけないことになった。要するに、戦争と言うものはすべて悪であるというわけです。第1次大戦後に生まれた平和主義は、ついに戦争すべてを否定するまでに至ったのです。

この不戦条約は、世界中ほとんどの国が批准《ひじゅん》をしました。日本も例外ではありません。それだけ、この時代において平和主義の力は大きかったと言えるでしょう。

憲法第9条が自衛戦争を否定しない理由

といっても、どこの国でも不戦条約がすんなり批准されたわけではありません。中でも大騒ぎが起きたのは、他ならぬ条約提案国のアメリカです。

アメリカで問題になったのは、「はたして不戦条約は自衛戦争までも禁じているのか」という点です。他国から不法な戦争を仕掛けられた際、それに反撃することすらも「国際紛争解決の手段」とされるのでは、かなわないというわけです。

アメリカ議会では、外交と戦争に関する決定権は上院にあります。

不戦条約の批准についても、上院で審議が行なわれたのですが、そのときに「この条約は国家がみずからを守る権利をも否定しているのか」という話になって、議会が大もめにもめた。

そこでアメリカ上院はケロッグ国務長官を証人として招いて、その真意を質《ただ》した。するとケロッグ国務長官は「自衛戦争は対象外です」と明確に答えた。これを聞いて、ようやく上院も納得してケロッグ＝ブリアン条約を批准したという経緯《いきさつ》があるのです。

前にも述べたように、日本国憲法第9条はこのケロッグ＝ブリアン条約の言葉をそっくり借りて作っています。

言葉をそのまま使っている以上は、すなわち、第9条はケロッグ＝ブリアン条約の解釈に基づくと考えるのが当然です。用語が同じであるのに、意味が違うというのではコミュニケーションが成り立ちません。

したがって、第9条が放棄している「戦争」においても、自衛戦争は含まれないと解釈するのが理の当然と言うべきでしょう。

これは考えてみれば当たり前の話で、国家がみずからの生存権までも否定したら、国家そのものの意味がなくなります。

あの第1次大戦後に起きた平和主義の高まりの中でさえ、自衛戦争は否定されなかったのですから、戦後の日本も自衛権を持っていると考えるべきなのです。

しかるに戦後の日本では、第9条が自衛戦争までを放棄しているか否《いな》かで大問題になりました。

現在の政府見解は「憲法は国家の自衛権までを否定していない」ということになっていますが、ここに至るまでには国会でも議論が二転三転しています。

しかし、こんなことは国際法を知っている人間から言わせれば、まったく無駄な議論です。その無駄な議論がなぜ起きたかといえば、日本人の多くが「戦争の放棄は、日本国憲法オリジナルなものである」と誤解してしまったからです。

最初から、第9条第1項がケロッグ＝ブリアン条約のコピーであることを知っていれば、憲法の規定が何を意味しているかは議論の余地がありません。なんと余計な回り道をしてきたことかと思えてなりません。

平和主義者がヒトラーを産んだ!?

――憲法第9条が物真似だったとは、何だか、がっかりしたなあ。

コピーだから恥ずかしいと思う必要はどこにもない。元になったものが立派なものであれば、なんらかまわないわけです。むしろ堂々と威張《いば》ってもいいくらいです。

しかし歴史を見ると、残念ながら、この不戦条約はお世辞《せじ》にも戦争防止に役立ったとは言えない。それどころか、この不戦条約に代表される平和主義《パシフィズム》こそが、のちに起こる第2次大戦の最大の原因になったと言う人すらある。

かのイギリス首相ウィンストン・チャーチルは第2次大戦を回顧《かいこ》して、次のようなことを言っています。

すなわち、「平和主義者《パシフィスト》が戦争を起こした」と。

チャーチルにとってみれば、第2次大戦は「やらなくてもいい戦争」だった。それなのに、あんな大戦争になったのは、口を開けば「戦争反対」と叫ぶ連中がいたからである。もし、平和主義があれほどまでに力を持っていなければ、ヨーロッパは戦場にならなくて済んだと悲憤慷慨《ひふんこうがい》しているのです。

しかも、第2次大戦を境にイギリスは国際社会の主役の座をアメリカに明け渡してしまうことになります。イギリス人のチャーチルにとっては、「だから、あんな戦争はしないほうがよかった」とますます思えてならないわけです。

——その平和主義者とは誰のことなんですか。まさかヒトラーじゃないですよね。

ヒトラーはもちろん平和主義者などではありません。

しかし、ヒトラーをあそこまで増長させ、ナチス・ドイツの力を大きくさせたのが、平和主義者の政治家であり、大衆であった。もし、平和主義さえなければ、ドイツの野望は未然に防げたはずであるというのが、チャーチルの言い分です。

このチャーチルの観察は、まことに当を得たものと言えます。

かのヒトラーは、ヨーロッパに広がった平和主義を見事《みごと》に利用して、新生ドイツの地歩を獲得した。ドイツ第3帝国がヨーロッパの支配者になるという彼の計画を支えたのは、まさに平和主義者たちだったのです。

20世紀のカエサル、現わる

前にも述べたように、ヒトラーは1933年3月23日、ワイマール憲法を「殺し」て、ドイツの独裁者になりました。

といっても、彼は軍事クーデターでその地位に就《つ》いたのではありません。カエサルやナポレオンと同様、大衆の歓呼に迎えられ、総統《そうとう》となったのです。ヒトラーはまさしく民主主義が産み出した独裁者でありました。

彼の率《ひき》いるナチス、国家社会主義ドイツ労働者党は、折からの世界恐慌によってドイツ経済を超インフレが襲ったことを追い風に、どんどん党勢を伸ばしていきました。

ただでさえ第1次大戦の巨額な賠償金のために苦しんでいたドイツ経済は崩壊寸前でした。

こんな状態になれば、さすがにどんな政治家だってお手上げです。何しろ、世界恐慌に対しては世界中のどの政治家も1人として、何をしていいのか分からなかった。世界規模の不況は歴史始まって以来のことです。

ところが、そんな中、世界でただ1人例外がいた。それがヒトラーです。ヒトラーはドイツ国民に対して、「ナチスならドイツを救うことができる」と断言した。そのナチスに庶民の期待が高まったのは当然といえば、あまりにも当然です。

かくしてヒトラーは1933年1月30日にドイツ首相に任命されるのですが、しかし、いくらナチスの人気が高まったとはいえ、議会では過半数を占めることができなかった。首相就任直後に行なわれた総選挙でも、ナチスは644議席のうち288議席しか獲得できなかったのです。だから最初のヒトラー内閣では、ナチス党員の大臣はたった3人しかいなかった。

そこでヒトラーは独裁権力を得るために、人民投票を何度も何度も実施しました。

ヒトラーもカエサルと同じように演説の天才です。

ヒトラーの話を聞くと、ドイツの国民はみな興奮した。彼に任せておけば、ドイツはきっと蘇《よみがえ》る。こう信じた人が圧倒的に多かったので、人民投票を行なうたびにナチスとヒトラーの政権基盤はどんどん固まっていった。こうして、ついにヒトラーは第3帝国の独裁者となることに成功します。

ドイツを復興させた経済政策

こうしてヒトラーはドイツの独裁者となったわけですが、そこで彼は何をしたかと言えば、公約を次々と実現してみせたのです。

ヒトラーの公約の柱は、まずドイツ経済を立て直し、失業者をなくすこと、第2に再軍備をなしとげることによって、かつての大ドイツを蘇らせることの2点にありました。その2つを彼は実現してしまうのです。

——おっと！　ヒトラーも公約を守った！

だから今の日本の政治家は、ヒトラーの足元にも及ばない。そもそも日本の政治家は公約を守ろうともしないし、ましてや公約の実現など、とうていできもしない。

しかし、ヒトラーはきちんとこの2つの公約を実現したのですから、その意味では大政治家です。独裁者なのだから、古代ローマ皇帝のように贅沢三昧《ぜいたくざんまい》にうつつを抜かしてもよかったけれども、そんなことはしなかった。ご存じのように彼の生活は実に質素だった。

さて、そこで彼がやった経済政策とは、まことに天才的なものでした。すなわち高速道路網のアウトバーンや大競技場などを次々と建設し、また同時に軍拡を行なうことで軍事産業に多額の投資をした。

ケインズ経済学で言うところの「公共投資による有効需要《ゆうこうじゅよう》の創出《そうしゅつ》」です。この見事な政策によって、ドイツからは失業者はなくなった。この当時の世界において、世界不況から脱出できたのは、ドイツだけでした。

といっても、ケインズが、その主著『雇用《こよう》・利子《りし》および貨幣《かへい》の一般理論』を出版するのは1936年のこと。公共投資をすれば、経済が活性化するという経済理論は、ヒトラーが政権に就いた時代、誰も知らなかった。

だから、彼の経済ブレーンたちはヒトラーが公共事業をどんどん行なおうとするのを見て、卒倒《そっとう》せんほどに驚いた。そんなことをやれば、国家財政が破綻《はたん》するに決まっていると、みなで寄ってたかって止めさせようとした。

ところがヒトラーは、そうした「経済通」の連中が何と言おうとも、いささかも動じない。経済学者よりも、自分のほうがずっと経済が分かっていると確信しているのです。だから、彼はそうした経済ブレーンをどんどん首にしていった。バカな連中には、いくら説明しても分かるわけがないと思ったわけです。

ヒトラーの眼鏡《めがね》にかなったのは、シャハト博士1人でした。「マルクの魔術師」と言われるシャハトはドイツ帝国銀行の総裁、経済相としてヒトラーの下で活躍します。ヒトラーとシャハトは二人三脚で、ドイツ経済を見事に立て直した。その業績たるや、まことに天晴《あっぱ》れとしか言いようがない。

――ヒトラーのことを天才だとか、天晴れとか言っていますが、そんなこと言っていいんですか。ユダヤの人たちが聞いたら、怒りますよ。

なぜ、そんなにユダヤ人に対して、過剰《かじょう》に怯《おび》えるのですか。ひょっとしたら、ユダヤ人は何にでも文句を付ける連中だと決めつけてはいないかね。

だとすれば、それこそユダヤ人に対する差別というもの。私よりも君の発言のほうがずっと問題です。

ユダヤ人への「質問」

私の知人にはイスラエル人やユダヤ人の学者がたくさんおりますが、彼らにこんな質問をしたことがあります。

「君たちはヒトラーのことを憎くて憎くてしょうがないだろうが、もし私が『ヒトラーは疲弊《ひへい》したドイツ経済を救った天才政治家である』と著書に記したら、どう思うかね」

すると答えは「それはちっとも問題ではありません。ヒトラーの経済政策でドイツ経済が復活したのは歴史的事実ですから、それまで否定することはできません」というものでありました。

そこでさらに私は重ねて、こう尋《たず》ねた。

「じゃあ、『ヒトラーがユダヤ人を皆殺しにしようとしたのは、実に正しい判断であった』と私が書いたら、どうするかね」

――先生は怖いものなしですねえ。よくもまあ、そんなことを面と向かって聞けるもんだ。

もちろん、私自身はそんなことを思ってはいません。だからあくまでも、仮定の話です。

彼らの答えはこうだった。

「私たちが絶対に許せないのは、ホロコーストの事実を曲げることです。だから、毒ガス室はなかった、虐殺《ぎゃくさつ》は幻想だと主張する連中はけっして許せない。しかし、ホロコーストをどう評価するかは、あなたの内面の問題である。あなたの考えを批判することはあっても、それを弾圧したり、意見の撤回を求めたりはしない」

――ユダヤの人たちは心が広い！

そんな感想を持つようでは、やはり君はデモクラシーが分かっていませんね。

彼らは寛大さから、そんなことを言ったのではありません。民主主義の精神を明晰《めいせき》に理解しているからこそ、こういう立派な返答になったと思うべきなのです。

最も大切な「自由」は何か

少し脇道《わきみち》に入るけれども、憲法に関わる大事なことですから説明しておきましょう。

日本国憲法では、ご承知のとおり、さまざまな基本的人権を保障しています。基本的人権は「それぞれの個人には、侵《おか》すことのできない永久の権利」（日本国憲法第11条）である。この考えは言うまでもなく、デモクラシーの基本です。

しかし、基本的人権だったら無制限に保障されるかと言えば、そうではありません。

たとえば、言論の自由はたしかに大切ですが、だからといって無制限に他人のプライバシーを公表したり、他人を批判したり、罵倒《ばとう》したりしても許されるわけではない。

同じように、私有財産の権利も大切ですが、やはり公共の福祉のためには制限を受ける。たとえば、道路や空港を作る際には、強制的に国家が個人の私有地を収用することは許されます。

このように基本的人権といえども、場合によっては制限を受けるわけですが、たった1つだけ、どんな理由があろうと国家が干渉《かんしょう》することのできない権利があるのをご存じですか。

それが「内心の自由」、日本国憲法で言うところの「思想信条の自由」です。

国家権力は人間の外面を規制することはできても、絶対に内面に立ち入ってはならない。これこそが最も重要な人権です。この権利を侵されたら、民主主義は完全におしまいになる。

なぜ、独裁政治はいけないのか

たとえば旧ソ連では、いろんな抵抗運動が起きました。

なぜ彼らが強大なるソ連共産党に立ち向かったかといえば、それは国家が人間の思想にまで干渉したからです。つまり、マルクス・レーニン主義とソ連共産党に対して、批判精神を持ってはいけないと国家が強制した。これだけは絶対に許せなかった。

ロックではないが、人間はたいていのことは我慢《がまん》できます。食料が配給であるとか、職業選択の自由がないとか、そういった程度のことなら彼らも命を懸《か》けたりはしません。しかし、心の中にまで踏み込むのは、それこそ人間の尊厳を奪うことです。だから、彼らは殺されるのは覚悟で抵抗運動を行なった。

日本人は内面に踏み込まれた経験があまりないから鈍感《どんかん》ですが、ヨーロッパではプロテスタントが登場したときに、国家権力が彼らに弾圧を加えました。逆に、プロテスタントの王がカトリックに弾圧を加えたことがあります。

その結果、悲惨な宗教戦争が起こって、ヨーロッパの人口が激減したことはすでに述べたとおりです。

内心の自由という思想は、そのときの経験に基づいて確立されたものです。

この当時はまだ民主主義ではありませんが、絶対君主といえども、人民の内面、つまり心については絶対に干渉しない。何を信仰しても、文句を言わないことになった。

ですから、この内心の自由こそが、すべての自由の原点であり、それと同時に、何があっても絶対に守らなければならない権利なのです。独裁政治がよくないのも、それと関係があります。独裁者は往々《おうおう》にして、内心の自由に踏み込んでくるわけですから。

私が彼らユダヤ人の答えを聞いて感心したのは、そのことがあったからです。

彼らからすれば、やはりそんなことを思っている連中がいれば、腹が立つはずです。

しかし、いかに憎くても、その感情に流されて思想検閲《しそうけんえつ》をやれば、それは民主主義の破壊であり、人権蹂躙《じんけんじゅうりん》です。それをよく知っているからこそ、「それは内心の問題だから、関知しません」と答えた。

だから、私がヒトラーの経済センスを天才的と評価するのも自由である。実際、ユダヤ人の彼らだって、ヒトラーの経済手腕は認めざるをえません。そのくらい、彼の経済政策は文句の付けられないものであったのです。

ヴェルサイユ体制への挑戦

さて、こうしてドイツの経済を立て直したヒトラーが次に取りかかったのは、ヴェルサイユ体制への挑戦でした。

すでに述べたことと重なりますが、第1次大戦が終結したのを受けて、1919年、パリでヴェルサイユ条約が結ばれます。この条約ではドイツに対する賠償要求と同時に、ドイツが「復讐戦争《ふくしゆうせんそう》」を起こさないための措置《そち》が採《と》られました。すなわち、ドイツ軍の制限です。ドイツの軍備は陸軍は10万人以下、海軍の保有戦力も制限され、空軍や戦車、潜水艦の保有は禁止されたのです。

ところがヒトラーは1935年、このヴェルサイユ条約の取り決めを一方的に破棄《はき》して、再軍備と徴兵《ちょうへい》制度の復活を発表した。すなわち、強いドイツの復活です。

ヒトラーはドイツ陸軍を一挙に12倍の規模に拡張し、そのうえ、ドイツ空軍を創設すると宣言しました。

彼が再軍備宣言をしたときには、さすがのドイツ国民も震《ふる》え上がった。

というのも、ヴェルサイユ条約とは、そもそも講和の条約です。その講和条約を破るのは、戦争を再開したも同然です。隣国フランスの軍隊が雪崩《なだれ》を打って、ドイツに攻め込んでも文句は言えません。しかも、そのような事態が起きたら、この段階ではドイツ軍にはそれを弾《はじ》き返すだけの力はありません。

みんなが真《ま》っ青《さお》になったのは当然です。

ところが、ヒトラーは泰然《たいぜん》自若《じじゃく》として、いささかも心配の色を見せなかったという。

なぜか。

その答えが、チャーチルの言う「平和主義」です。

要するにフランスだろうが、イギリスだろうが、政治家どもはみんな平和主義で縛り上げられている。大衆は平和を望んでいるのに、それを無視してドイツ制裁を行なえるだけの度胸《どきょう》を持った政治家も軍人もいるはずはない。

結果はヒトラーがにらんだとおりでした。どこの国もドイツの再軍備計画を黙認《もくにん》した。ドイツ軍が復活したら、最も困るのは隣《となり》のフランスですが、そのフランスだって何もできなかった。人間、言い訳はいくらでも思い付くもので、イギリス人やフランス人の中には「ドイツが強くなれば、ソ連の防波堤《ぼうはてい》になってくれるではないか」と言い出す人さえありました。

これを見て、ドイツ人は文字どおり熱狂しました。総統《そうとう》は、普通の人間なら思いも付かないほど大胆なことをやった。「ヒトラーは神に近い」という論文さえ出されたほどです。

一神教《いっしんきょう》のキリスト教では生身の人間を指して、「あの人は神様だ」と言うわけにはいかない。ですから、「神に近い」というのは、人間として最大の賛辞です。ドイツ人がヒトラーを称《たた》えること、かくのごとしでありました。

ついにラインラント進駐

しかし、再軍備をなしとげてもヒトラーはそれで満足したりはしない。ドイツが真に「大ドイツ」になるには、第1次大戦で失われた領土を取り戻さねばならない。

そこで彼はすかさず次の行動に出ます。

それが1936年に行なわれたラインラント進駐《しんちゅう》です。ラインラントとはライン川沿いのドイツ領を指す名称ですが、この土地は以前から重工業が発達して、ドイツ工業の心臓部とも言うべきところです。

第1次大戦後の講和会議では、フランスはドイツの力を奪おうと、何としてもラインラントを割譲《かつじょう》させようとしたのですが、英米の反対でかなわず、その代わりにラインラントを国際連盟の管理下に置き、ドイツ軍は一兵たりとも置かないことにした。

ところが、ヒトラーはそのラインラントに強引に陸軍を進駐させ、そして国民投票を行なって、これを強引にドイツ領に復帰させた。

これには、さすがのドイツ陸軍首脳も真っ青になった。

何しろ、再軍備宣言からまだ1年も経っていません。ラインラントにドイツ軍が進駐すれば、フランス軍が兵を出すに決まっていますが、当時のドイツ陸軍はまだフランスと戦えるほどの状態になっていない。「ヒトラーもついに頭がおかしくなった」と陸軍首脳は誰もが思った。

ところが、どうでしょう。

ラインラントにドイツ陸軍がしずしずと進駐しても、フランス軍はピクリとも動かなかった。

すなわち、ここでもヒトラーの「読み」が的中したのです。平和主義に縛られたフランス軍は絶対に動けないとヒトラーが考えたとおりになった。

このラインラント進駐の大成功で、それまでヒトラーに懐疑的《かいぎてき》だったドイツ軍首脳も、彼に心服《しんぷく》するようになります。

それは当然でしょう。これまでドイツ陸軍にとって何よりも恐ろしいのは、フランスの大陸軍です。しかし、そのフランス陸軍が平和主義で「張《は》り子《こ》の虎《とら》」になっていることをヒトラーは示して見せたのです。ヒトラーはやはり天才ではないかと、さすがの将軍連も思うようになったわけです。

チャーチルだけが気付いていた「危険」

さて、このラインラント進駐から、ヒトラーの「征服の進軍《マーチ・オブ・コンクエスト》」は始まります。彼はその後、ザール進駐、オーストリア併合をドイツ兵を1人として傷つけることなく成功させる。

平和主義に凝《こ》り固まったヨーロッパは、彼の行動をつねに黙認《もくにん》しつづけました。「ドイツは第1次大戦の敗北で、あれだけひどい目に遭《あ》ったのだ。多少のことは目をつぶってやらなければ」とか何とか言いながら、結局、誰もヒトラーを抑《おさ》え込むだけの度胸《どきょう》を持たなかった。

「戦争屋」チャーチルだけがヒトラーの野望を見抜いた／©Topfoto/amanaimages

ところが、そこに1人だけ、ヒトラーの野望を見抜いていた男がいた。

それがチャーチルです。

チャーチルは平和主義者の誰もが嫌う「戦争屋」です。

この人物は若いころから戦争が大好きで、陸軍士官学校を卒業するとイギリスの植民地戦争に何度も飛び込んでいます。また、従軍することができないときには記者となって戦場を飛び回るというぐらい戦争が大好きな男であった。第1次大戦では、海軍大臣を務めています。

こんなチャーチルにとっては、ヒトラーの野望が手に取るように分かった。この男こそが、将来、ヨーロッパに戦争を巻き起こすだろうと早くから気が付いていた。実際、チャーチルはヒトラーがドイツの独裁者になる前から、彼の危険性を世間に警告していました。

ところが当時のヨーロッパでは、チャーチルの警告を真剣に聞こうという人は誰もいなかった。あんな戦争屋の話なんて、真《ま》に受けるなというわけです。

チャーチルは、ドイツのラインラント進駐こそが千載一遇《せんざいいちぐう》のチャンスであったと書き残しています。

このときフランス軍がただちに動員をかけ、ラインラントに進駐したドイツ兵を蹴散《けち》らしてさえいれば……チャーチルの指摘は今では定説になっています。

フランス軍の出兵は、当時のヴェルサイユ条約でも保障されたことですから、まったくの合法です。しかも、当時のドイツ軍にはフランス軍を追い返すだけの力はない。たちまちにしてドイツ兵は逃げ帰り、ヒトラーは「堕《お》ちた偶像《ぐうぞう》」になっていたでしょう。

ところが現実は違いました。

フランスもイギリスもヒトラーの「征服の進軍」を許してしまいました。この結果、ヒトラーの政権基盤はますます強固なものになった。それまでナチスを警戒していたドイツ人でさえ、「ヒトラーは天才だ」と賛美するようになったのです。

かくしてフランスの栄光は地に落ちた

参考「近代ドイツの歴史」（ミネルヴァ書房）

さて、オーストリアの併合をなしとげたヒトラーは、ここで考えました。「よし、ヨーロッパの平和主義がどれほどのものか、もう一押ししてみよう」というわけです。

そこで彼が持ち出したのが、ズデーテンラントの要求です。

ズデーテンラントはチェコスロバキアの防衛上、欠くことのできない要衝《ようしょう》であり、しかもチェコスロバキアはフランスの同盟国です。この土地をみすみすドイツに渡せば、チェコスロバキアの防衛は事実上、不可能になると同時に、フランスの国防計画そのものも崩壊してしまいます。

ですから、普通の常識で考えれば、ズデーテンラントを割譲せよなどと言っても、絶対にフランスが許すはずはありません。

ヒトラーとチェンバレン／©Topfoto/amanaimages

しかし、ヒトラーには勝算があった。あくまでも強気の姿勢を見せれば、フランスもイギリスも腰砕《こしくだ》けになって、チェコスロバキアを見捨てるに違いない。

そこで彼は「ズデーテンラントをドイツに渡さなければ、武力行使もやむなし」と宣言した。

これを聞いたイギリスもフランスも、びっくり仰天。すぐさまミュンヘンにあるヒトラーの山荘ベルヒテス・ガルテンでドイツ、イギリス、フランス、イタリア4ヵ国の首脳会談が行なわれることになりました。

このミュンヘン会談を、ヨーロッパ中の人々は恐怖に震《ふる》え上がりながら見守っていました。もし、この会談が決裂《けつれつ》すれば、それは戦争を意味します。実際、第1次大戦前、つまり戦争が肯定されていた時代なら、ミュンヘン会談は決裂し、ドイツはフランスとの戦争に突入していたでしょう。

ところが、そうはならなかった。

平和主義の本場、イギリス代表のチェンバレン首相の肚《はら》は最初から固まっていました。何が何でも、絶対に戦争だけはやめさせてやる。ヨーロッパの平和が守られるのであれば、ズデーテンラントくらいで済めば安いものだ。彼はそう考えたのです。

まさに、これはヒトラーの思う壺《つぼ》でした。

ミュンヘン会談は、ヒトラーの完勝に終わりました。いや、完勝以上です。何しろ、当初、ヒトラーが要求した以上の領土がドイツに与えられることになったのですから。

この会談の結果、ヨーロッパの覇権《はけん》は事実上、ドイツに移りました。同盟国のチェコスロバキアを見捨てたことで、フランスの栄光は地に落ちました。かの大英帝国ですら、ヒトラーの要求を認めたのです。

帰国したチェンバレン※を、イギリスの大衆は歓呼《かんこ》の声で迎えました。「わが首相がヨーロッパの平和を守った」「イギリスが戦争を防いだ」と大騒ぎしたのです。

※帰国したチェンバレン　イギリス国民にチェンバレンはこう言った。「私はドイツから『名誉付きの平和 peace《ピース》 with《ウィズ》 honor《オナー》』を持ち帰って来た」と。「名誉付きの平和」とは宰相ディズレーリがベルリン会議で大勝利を収めたときの名文句である。つまり、チェンバレンは自分を「ディズレーリ以来の大政治家」と考えたわけだ。しかし、その結果は「不名誉付きの平和 peace《ピース》 with《ウィズ》 dishonor《ディスオナー》」だった。

――でも、要するにイギリスはチェコスロバキアを見捨てたわけですよね。

さよう。この1年後、この国はドイツに併合されてしまうことになります。チェコスロバキアは、ヨーロッパの平和主義の生《い》け贄《にえ》になってしまった。

といっても、それで本当に平和が守れたのであれば、まだ救いがある。しかし、現実はそう甘くはなかった。

敗北の原因はミュンヘンにあり

1940年、フランスがドイツに降伏したとき、チャーチルはこう言っています。

「この戦争は、すでに1938年のミュンヘン会談において敗れていたのだ」と。

度重《たびかさ》なる領土併合によって国力を蓄《たくわ》えたドイツは、満《まん》を持《じ》して1939年9月ポーランドに侵攻し、そこから第2次大戦が始まります。すでにヒトラーにとっては、平和主義を利用する段階は終わっていました。あとは武力行使あるのみです。

これを見て、さすがのイギリスもようやくヒトラーの野望に気付き、対独戦争に突入するわけですが、大戦初期においてドイツ軍の強さは圧倒的でした。英・仏・ポーランド・ノルウェーの連合軍は蹴散《けち》らされてしまいます。

この大惨敗を受けて、チェンバレン首相はついに退陣し、チャーチルが戦時内閣の首相に任命されます。

しかし、いかにチャーチルとは言え、ナチス・ドイツの猛進撃の前には、なすすべもなかった。開戦の翌年5月、ドイツ軍はアルデンヌの森を突破してフランス軍を大敗させ、パリに入城します。そしてイギリス軍も大敗し、ダンケルクから本国への撤退《てったい》を余儀《よぎ》なくされてしまいます。チャーチルは1941年末にアメリカが参戦するまで、手も足も出せなくなったのです。

このような状況に置かれたチャーチルが嘆《たん》じて語ったのが、先ほどの言葉でした。

すなわち、ドイツ軍の圧勝は、あらかじめ定められていたことだったのだ。ヒトラーは平和主義を最大限に利用して、ドイツの国力を蓄えた。このドイツの前に、英仏軍が勝てるわけがないではないか、というわけです。

もし、イギリスがミュンヘン会談のときに「戦争やむなし」と覚悟を決めていたら、これほどまでにひどいことにはならなかった。イギリスが強硬姿勢を見せれば、ヒトラーだって要求を引っ込めていたであろう。あの時点では、ドイツの国力も大したことはなかったのだ。そうすれば、こんな無様《ぶざま》な敗北も喫《きっ》することはなかったではないか。

ところが、現実は違いました。

「戦争はイヤだ」「戦争はよくない」という平和主義こそが、独裁者を増長させ、大戦争を引き起こしたのです。逆に「戦争もやむなし」という覚悟があれば、かえって戦争は避けられた。これこそがチャーチルの言いたかったことなのです。

ケネディはなぜキューバ危機を解決できたか

平和主義は戦争を招く。戦争をする決意のみが、戦争を防ぐ。

これこそが第2次大戦の残した最大の教訓と言っても、差《さ》し支《つか》えないでしょう。ミュンヘン会談でイギリス首相チェンバレンが見せた平和主義が、第2次大戦の呼び水となったのです。

ところで、この教訓を第2次大戦で学んだのが、かのジョン・F・ケネディです。

あまり知られていないことですが、若き日のケネディはミュンヘン会談の結果に着目して、大論文を書いています。

——女と遊んでいただけじゃない。

君がそんな太平楽《たいへいらく》なことを言っていられるのも、ケネディのおかげです。彼がミュンヘン会談をよく研究してくれたおかげで、地球は滅《ほろ》びずに済んだ。核戦争の悪夢が現実のものにならなかったのはケネケネディ治下《ちか》の1962年、キューバ危機が起きました。

アメリカの核包囲網に対抗するため、ソ連のフルシチョフはアメリカの裏庭であるカリブ海のキューバに、核ミサイルを設置した。この動きを察知したアメリカ合衆国政府は声明を発し、「もしキューバのミサイル基地が撤去されなければ、ソ連からの攻撃と見なして、ただちに攻撃する」とした。

この事件で、当時、地球上に暮らしていた人々のほとんどは、全面核戦争の恐怖に怯えました。非常食を求める人々によって、アメリカのスーパー・マーケットの棚は空《から》になったほどです。

キューバ危機は戦後史上、最大の危機であったわけですが、このときケネディはソ連に対して一歩も引かなかった。しかし、それはけっして彼が好戦的であったからではありません。平和を守るには、戦争も辞さずという覚悟を見せるしかないことを、彼がミュンヘン会談から学んでいたためです。

実際、このキューバ危機はソ連のフルシチョフが折れ、キューバからミサイルを撤去することをアメリカに伝えて、無事、解決しました。

もし、あのときアメリカがソ連の脅迫に屈していたら、そのときは危機が回避できても、ソ連は「アメリカ与《くみ》しやすし」と考え、さらなる軍事的冒険に出ていたでしょう。まさにケネディは世界平和を守ったのです。

これ以後、アメリカは一時たりともソ連に対する全面核戦争の準備を怠《おこた》りませんでしたが、これもまたキューバ危機、ひいてはミュンヘン会談の教訓を活《い》かした結果と言えるでしょう。

アメリカとソ連がけっして宥和《ゆうわ》せず、対立しつづけてくれたおかげで冷戦は冷戦のままで終わったのです。平和を守る最大の力は「戦争も辞さず」という堅い決意しかないのです。

平和主義と軍備は矛盾しない

何度も繰り返すように、憲法第9条はケロッグ＝ブリアン条約をモデルに作られました。しかし、現実にはケロッグ＝ブリアン条約は戦争を防げなかった。この条約を産み出した平和主義は、かえって大戦争をもたらしたわけです。「平和、平和」と呪文《じゅもん》のように唱《とな》えても、平和はやってこないし、むしろ最悪の結果になりかねない。

その教訓を私たちは忘れてはいけません。

すでに述べたように平和主義憲法は、何も日本の専売特許ではありません。世界の3分の2の国が、何らかの形で平和主義条項を持っています。

しかし、平和主義を唱えているから、それらの国がすべて軍事力を放棄しているかと言えば、けっしてそうではありません。

よく言われる例ですが、スイス連邦憲法では、永世中立《えいせいちゅうりつ》を宣言し、いかなる常備軍《じょうびぐん》も持たないことを明記しています。しかし、そのスイスでさえ、すべての市民に防衛義務を課し、日常的に軍事訓練※を行なっています。そして、有事の際には連邦軍が編成され、市民を徴兵することになっています。

※軍事訓練　スイスでは現在、19－20歳のときに15週間の新兵訓練を行ない、その後も42歳になるまで10回、各3週間の軍事訓練を市民に施している。また学校では戦時国際法の講義も行なっているし、市民には『民間防衛』というテキストを配布し、有事の際のマニュアルを周知徹底させている。

これは一見、矛盾《むじゅん》のように見えるけれども、ちっとも矛盾していない。国際社会において「武装なき平和主義」は何も産み出さないどころか、かえって戦争を産み出すと思われている。だからこそ平和主義と軍備は両立して、何の矛盾もないのです。

そこで、現代の日本を振り返ってみれば、これは何ともだらしないありさまです。平和憲法を誇りに思い、世界平和を冀《こいねが》うのなら、まず徹底的に戦争の研究をするのが平和国家の使命というものでありましょう。戦争がなぜ起こるのか、その理由を知らずして平和を得ることはできません。

口で「平和、平和」と唱えれば平和になると思うのは、照《て》る照《て》る坊主《ぼうず》を吊《つる》せば、天気になると信じているのと何の変わりもない。平和宣言を出せば、国際平和につながると考えているのなら、それは中世の呪《まじな》い師と同じです。

日本は文明国家なのですから、呪術《じゅじゅつ》の段階を卒業して、学問的、科学的態度で平和にアプローチしなければなりません。すなわち、世界一の平和大国になりたければ、世界一の戦争通になる必要があるということです。

戦争よりも恐ろしい危機

ところが、どうでしょう。

今の日本の大学にも大学院にも、軍事学の専門コースはどこにもない。アメリカなどには、ある程度大きな大学なら、軍事の専門家は1人や2人、かならずいる。

「防衛大学校があるではないか」と言う人があるかもしれませんが、あれは自衛官、言ってみれば軍人のための学校です。戦争のことを軍事のプロだけに任せていたのでは、とうてい平和大国とは言えません。

さらに政治家の中で、どれだけ戦争の研究をしている人がいるでしょう。日本の政治家で、第2次大戦の教訓を徹底的に研究した人物が、はたしているでしょうか。

――今の日本にはチャーチルもケネディも、いそうにないですね。

政治家の全員が全員、「戦争屋」チャーチルになっても困るわけだが、だからといって、1人もいないというのでは、かえって危ない。

実際、平和主義に凝《こ》り固まったイギリスが滅びずに済んだのは、チャーチルという無類《むるい》の戦争好きがいたからと言っても過言ではありません。

――となると、今の日本はかつてのイギリスよりも危ない。

いたずらに戦争の危機を煽《あお》り立てるつもりはないが、事実は君の言うとおりでしょう。何しろ、ついこの間まで、日本では「戦争の研究」をする人間はみな好戦的と決めつけられてきたくらいですから。

――うーん、これは一大事。

たしかに、これは重大問題であるけれども、しかし、それよりも深刻な事態があるのを忘れてはいないかね。

――えーと、何でしたっけ。

何でしたっけとは失礼な。それこそが本書のテーマではないですか。

すなわち日本国憲法が死んでいるという話です。今の日本は外国からの侵略を心配するほどのゆとりは残されていない。外国が日本を滅ぼす前に、日本が自滅していたのでは話にならない。そうではないかね。

――先生、こうしちゃいられない、講義を続けましょう。

言われなくても、そうするつもりだよ。

第10章

ヒトラーとケインズが20世紀を変えた

経済思想もロックが作った

現代の憲法を考えるうえで、戦争と並んで、もう1つ避けては通れない問題があります。そのことを今回の講義でお話しすることにいたしましょう。

その問題とは、すなわち経済です。

――どんなに自由や平等が保障されていても、食っていけないんじゃ意味がないですものね。

たしかに人間は人権のみでは生きてはいけない。日々のパンも必要です。

しかし、20世紀前半まで民主主義においては、経済についてはまったく関知しないというのが大原則でした。つまり、国民が日々のパンに困ろうとも、そんなことは民主主義とは何の関係もないというわけです。

――国民主権なのに、国民が飢《う》えていても関係ないなんて滅茶苦茶《めちゃくちゃ》ですよ。

たしかに君から見れば、何と冷たい政府だろうと思えるでしょう。しかし、このころの社会においては、それが当然のことだったのです。

というのも、当時の思想では「経済に国家は干渉《かんしょう》してはいけない」とされていたからです。

たとえ経済が不況になって、国民生活に影響が出ても、できるかぎり政府はそれに関係しないほうがいい。経済のことは経済に任《まか》せるのが一番で、下手に政府が出しゃばるとかえって悪い結果が出ると考えられていたのです。

――だからといって「貧乏人は放っておけ」とは、信じられない話ですがね。

いったい、なぜ民主主義では、そう考えるのか……その答えは、民主主義哲学の出発点となったロックの社会契約説にあります。

本書の読者にはあらためて説明するまでもありませんが、ロックの哲学では、そもそも人間は自然人として誰もが平等で、自由な存在であった。その自然人が集まって契約したことから、国家が生まれたと考えた。

この社会契約説から民主主義の思想は生まれるわけですが、それと同時に経済思想にもひじょうに大きな影響を与えました。

というのも、ロックによれば、国家ができる以前から、人間は労働によって富を増やしていたと考えられていました。

ロックはホッブスと違って、自然状態を闘争だとは考えません。それぞれが働くことで私有財産を持つようになり、豊かさを追求していくことで平和に暮らせるのだと彼は考えました。ただ、それでは何かと不便だから、国家が生まれたというわけです。

「経済は国家とは関係がない」

さて、このロックの自然状態を「国家と経済」という観点から考えたとき、そこからは重要な結論が出てくる。

まず第1には、「所有権の絶対」という思想です。

ロックの考えによれば、人間の富は国家ができる以前から存在していた。つまり、国家がなくても所有権は存在するのだから、その所有権を侵害する権利は国家にはない。権力の都合で、国民の財産を奪ってはならないというわけです。

——だから税金を勝手に取るなというわけですね。

この思想があったからこそ、アメリカの独立戦争も起きたわけです。

しかし、ロックの説が与えた影響はそれだけではありません。ロックの社会契約説からは、もう1つ重要な結論が出てくる。

それが「経済は国家とは関係なく発展する」ということです。

先ほども述べたように、ロックの自然状態では人間はそれぞれ自由に経済活動を行なって、それぞれに富を増やそうとしていた。つまり利潤《りじゅん》の追求をしていたわけです。

しかしロックの考えによれば、そうやって自由に経済活動が行なわれていても、そこには何の問題も起きない。ホッブスのように、血で血を洗う戦いは起きずに、みんなが平和に暮らしていけるというわけです。

したがって、国家ができても、それによって経済の仕組みを変える必要など、どこにもない。自然状態のときと同じようにしていれば、経済はそれ自体で順調に発展していくのだ……このロックの考えが出発点になって、「国家権力は国民の経済活動には口出しをする必要はない」という、先ほどの思想が生まれてくることになったわけです。

神の見えざる御手

こうしてロックの説から「経済は自由であるべし」という考えが誕生するわけですが、しかし、ロックの考えはあくまでも「仮説」にすぎません。

彼は「みなが自由に経済活動を行なっていれば、何も問題がないはずだ」と信じていましたが、それには客観的な証拠はどこにもない。言ってみれば、それは彼の信念にすぎないわけです。

したがって、こうしたロックの思想に対しては批判が絶えませんでした。批判が起きるのも当然です。

そもそも経済活動とは、ひじょうに利己的《りこてき》な行為です。みんな自分だけが幸せになろうと金儲《かねもう》けをしているのであって、他人のためにカネを稼《かせ》いでいる人など、どこにもいません。それどころか、他人を押しのけてでもカネを儲けたいと思っているくらいです。そんな「わがまま人間」ばかりが増えたら、社会が乱れて、どうにもならなくなると考えるのが普通でしょう。

実際、ロックの生きた時代は、資本主義の夜明けの時代です。多くの人々が金儲けに夢中になっていました。個人も企業も、自分の利潤を最大にしようと、そのために全力を注《そそ》いでいた。社会全体、経済全体がどうなろうと少しも気にしない連中が増えたのを見て、良識派の人々は眉《まゆ》をひそめていました。

こんなわけですから、「国家は経済に関与すべきではない」と言ったロックの意見は、ひじょうに旗色《はたいろ》が悪かったのです。

ところが、そこに強力な援軍が現われることになりました。

その援軍とは、アダム・スミス。※ 経済学の元祖となったこの人物こそが、ロックの信念を1つの「科学」として証明したのです。

※アダム・スミス（1723-90）スコットランドに生まれたアダム・スミスは、その生涯をスコットランドで過ごした。早くから哲学者として知られていたが、奇しくもアメリカ独立宣言が出された年に出版された『国富論《こくふろん》』でその名は不朽のものになった。

アダム・スミスがその著書『国富論』の中で述べたことは、たった1つの言葉に要約することができます。

それは「自由放任《レッセフェール》」（Laissez faire　フランス語）です。

すなわち、経済活動においては国家が干渉せず、個人や企業の利潤追求を放任しておけばよろしい。そうすればあとは〝神の見えざる御手《みて》〟に導《みちび》かれて、かえって社会全体では〝最大多数の最大幸福〟が達成される……これこそがアダム・スミスが発見したことでした。

夜警国家とは何か

このアダム・スミスの経済学が、のちに古典派《こてんは》経済学と呼ばれるようになり、多くの後継者を産み出したことは、読者の多くもご存じでしょう。

古典派経済学では自由市場を何よりも大切にします。

すなわち、経済活動においては、あらゆる外部の規制を排除すべきである。国家権力が市場に介入《かいにゅう》してはいけない。そんなことをすれば、かえって悪い結果をもたらすことになる。マーケットのことはマーケットに任《まか》せておけば、それで最高の結果が得られるというわけです。

これを経済学の用語で言うならば、「自由市場は資源《しげん》の最適配分《さいてきはいぶん》をもたらす」ということになります。

自由な商取引をしていれば、どんな商品も適正な価格になるし、また、余ったモノは足《た》りないところに運ばれる。その結果、資源の無駄遣いは起きないというわけです。

したがって、ロックおよびアダム・スミスの考え方によれば、政府はすべて小さくなくてはならない。

そもそもロックの考えによれば、国家とは社会契約によって作られたもので、国民のために奉仕する目的にあるのですから、強大な政府はまったく必要ないわけですが、ことに経済に関していえば、できるかぎり小さいに越したことはない。国家は経済に関してノー・タッチがいいということになった。

こうした国家のあり方を、ときに「夜警国家《やけいこっか》」と呼ぶことがあります。つまり、国家の役割は国民の生命と財産を守ることだけで充分である。必要最小限の警察と軍隊さえあれば、あとは何も要らないという考え方です。

——僕も夜警国家に大賛成。税金が安そうだもの。

ですから、20世紀に入るまで、夜警国家は民主主義国家の1つの理想像として考えられていたし、事実、このころまで国家は個々の経済活動には関《かか》わらなかった。経済は自由が一番であると誰しも思っていた。たしかに、それで何の問題もなく、経済はどんどん発展していったわけです。

ところが、20世紀に入って間もなく、こうした「常識」を揺《ゆ》るがす大事件が起きることになります。

その事件とは、かの有名な大恐慌《だいきょうこう》です。

歴史始まって以来の大不況

ご承知のとおり、大恐慌は1929年10月24日のニューヨーク株式市場の大暴落に始まります。この株価暴落に端《たん》を発した経済危機はあっという間に世界中に波及して、人類がそれまで経験したことのない世界規模の不況を巻き起こしました。

この不況のすさまじさは、およそ現代人の想像を絶しています。今の日本もたしかに不況に苦しみ、金融危機が叫ばれていますが、大恐慌と比べれば赤子《あかご》同然。当時の人々が今の日本人を見れば、羨望《せんぼう》の溜《た》め息《いき》をつくこと間違いなしです。

――そんなにひどかったんですか。

何しろアメリカの失業率はたちまちにして25パーセント以上という古今未曾有《ここんみぞう》の高さになった。4人に1人が職がない。しかし、これはアメリカだからその程度で済《す》んだのであって、他の国ではもっとひどかった。

今の日本も企業の倒産やリストラで失業者が増えていると言われていますが、失業率はせいぜい5パーセント程度だし、求人自体はなくなっていません。したがって、給料の安さにさえ目をつぶれば、再就職先が見つかる可能性は大いにある。

ところが、当時は失職してしまったら、再就職はもはや絶望です。求人自体が皆無《かいむ》なのですから、首になった瞬間に運命は決まったも同然です。あとは路上生活あるのみです。

だから、この当時の人たちにとっての失職の恐怖は、今とは比べものにならなかったのです。

さらに大恐慌では、金融機関がバタバタと倒れた。アメリカの場合、1万以上の銀行が潰《つぶ》れてしまった。当時は預金者保護などというシステムはありませんから、頼《たの》みの綱《つな》の貯金さえ意味がなくなった。

――仕事もなければ、貯金もない。

資本主義社会に生きている人間にとって、これは恐怖以外の何ものでもありません。当時は失業保険なんてありません。だから、失職したら、それこそお手上げです。

しかも、そうした状況は世界中どこに行っても同じなのです。だから、生活が苦しいからと言って、最後の手段として移民することさえできない。つまり、どこにも出口がない状態だったのです。

ここまで不況がひどくなれば、当然のことながら国民から政府に対して「どうにかしてくれ」「失業対策を何とかしろ」という声が出てきます。各国政府の指導者も、この危機をどうにか乗り越えたいと考えます。

ところが、当時は古典派経済学全盛の時代です。古典派は「すべては市場に任《まか》せるべし」という教えだから、出てくる答えは決まっている。要するに「自由放任」です。

つまり、不況などというのは、マーケットが一時的に機能不全《きのうふぜん》に陥《おちい》っているようなものだから、それが自然に治《なお》るのを待てばよろしい。黙《だま》って見ていろと言うわけです。

——そんなこと言われても、失業者は困りますよ。今日の食事もないわけでしょう。

だが、古典派経済学を金科玉条《きんかぎょくじょう》として仰《あお》ぐ経済学者からすれば、そんなことはちっとも気にならない。

というのも、そもそも古典派の立場からすれば、「失業者なんてありえない」ことになっていた。彼らからすれば失業者などは幽霊《ゆうれい》も同然です。幽霊がわめこうが泣こうが、そんなこと知ったことではないわけです。

——4人に1人が失業者になっている時代に、よくもまあそんなことが言えたものですね。

もちろん彼らだって、ちまたに失業者が溢《あふ》れていることぐらい承知はしています。

しかし、市場原理を重んじる古典派に言わせれば、失業者というのは本来、存在しないもの。というのは、先ほども述べたように古典派経済学では、自由市場に任せておけば「資源の最適配分」がなされると考えていた。

つまり、モノの値段が高すぎて売れないのであれば、マーケットの調整機能が働くことで適正な価格にまで値段が下がり、やがては商品は売れ先を見つけることになるというわけです。

人間を商品にたとえるのは抵抗があるかもしれませんが、労働者も言ってみれば労働市場というマーケットで取り引きされる商品の一種にすぎません。労働者の値段とは、つまり賃金率です。

こうした観点で考えれば、失業者とは要するに売れ残った商品と同じです。賃金率という価格が高すぎるために、買い取り手が見つからない。それで店先に残っている。

しかし、古典派経済学では、そうした「売れ残りの人間」、つまり失業者も市場の価格調整機能が働いて売れるはずだと考える。失業があれば賃金率は適正な賃金水準にまで下がるはずだと考えるのです。賃金が安くなれば、その人間を雇いたいと考える経営者も増えるので、失業は自然に解消されることになるというわけです。

したがって、古典派経済学においては、失業というのは一時的、過渡的《かとてき》な現象にすぎない。現われてはすぐ消える幽霊のようなものだというわけです。

それでも懲りない古典派の人々

何度も言うように、この時代は古典派経済学の全盛期です。古典派にあらざれば経済学者にあらずと言ってもいいくらいの力を持っていた。

その古典派のご託宣《たくせん》にしたがって各国政府は「自由放任政策」、つまり必要最低限のこと以外は何もしないで経済の自力回復《じりきかいふく》を待っていたわけですが、ところが1年経《た》っても、2年経っても景気はよくならない。それどころか、かえって悪くなる一方です。

――さすがに経済学者の先生たちも反省したわけですな。

いいや、そうではありません。どんなに景気が悪くなり、失業者で町が溢れかえっても、大御所《おおごしょ》たちはちっとも自説を変えようとしなかった。

と言うのも、彼らには彼らなりの理屈がある。

たとえば、このころイギリス古典派経済学を代表していたのは、セシル・ピグー※という人ですが、この先生は失業者が溢れる労働市場をじっと観察して、こう宣《のたま》った。

「これは古典派経済学が間違っているのではない。労働市場のほうが間違っている」

※セシル・ピグー（1877－1959）ケンブリッジの経済学教授として1944年まで在職。20世紀前半のイギリス経済学の重鎮。主著は『厚生経済学』。ケインズとの失業論争は有名だが、のちにピグーはケインズの業績を評価するようにもなった。

――それじゃ犯罪少年の言い訳と同じですよ。「僕が悪いんじゃない、みんな世間が悪いんだ」。

そういう一面はなきにしもあらずだが、彼には彼の言い分がある。というのは、こういうことです。

古典派経済学においては「市場が自由であれば、すべてうまく行く」とされている。すべてうまく行くのだから、失業はないはずである。しかるに失業者がいっこうに解消されていないのは前提条件の「市場が自由である」ということに問題があるからだとピグーは考えた。

そこでピグーが指摘したのは「賃金率《ちんぎんりつ》の下方硬直性《かほうこうちょくせい》」という問題です。

すなわち、古典派の理論に従えば、売れ残りの労働力、つまり失業者が出れば、マーケット・メカニズムによって賃金が下がるはずである。ところが現実を見れば、失業者がこれだけ多いのに賃金率は下がっていない。労働組合などが賃下げに反対しているせいで、自由な市場取引が阻害《そがい》されているのだというわけです。

そこで、ピグー教授はさかんに労働組合を潰《つぶ》すべしと主張した。たしかに当時のイギリスは、社会主義が盛んだったので労働組合の力が強かったわけだし、彼の論理は首尾一貫していて文句のつけようがない。しかし、論理が正しくても、それが現実の役に立つかは別次元の問題だ。

彼の言うとおり、下方硬直性が失業者を増やしているとしても、実際問題として労働組合をすべて潰すというのも非現実的な提案です。そんなことをやれば、かえって火に油を注ぐようなことになりかねない。労使紛争がいっそうひどくなって、賃下げどころの騒ぎではなくなる。

難解な、あまりにも難解な

このように古典派経済学は大恐慌に対して、まったく無力であることが分かったわけですが、だからといって、何かいい案があるかといえば、それは誰も思い付かない。

何しろ、資本主義が始まって以来、経済学はアダム・スミスの自由放任路線こそが王道と思われていたのですから、不況克服法の研究など誰もしていない。かくして、不況はどんどんひどくなり、失業者はますます増えていった。

ところが、そこに1人の若手経済学者が現われた。それが、かの有名なケインズです。

彼、ジョン・メイナード・ケインズは、それまで主流だった古典派経済学に対して、たった1人で批判の声を上げます。いわゆるケインズ革命の始まりです。

さて、そこでケインズが主張したことを説明したいと思うわけですが、その前に、シマジくん、君は数学が得意かね。

——何ですか、突然。

ケインズの理論といえば、その難解なことで知られています。彼の主著『雇用《こよう》・利子《りし》および貨幣《かへい》の一般理論』などはあまりにむずかしいために、「ケインズ本人でさえ理解していなかったのではないか」と言われたほど。

実際、彼の理論が本当に理解されるようになったのは、あの※ポール・サミュエルソン教授がケインズ理論を数式を使って説明してくれてからのことです。

※ポール・サミュエルソン（１９１５－）シカゴ大学に学び、ＭＩＴ（マサチューセッツ工科大学）で長く教鞭を執る。１９７０年、ノーベル経済学賞。彼の業績は多岐にわたり、「経済学における最後のジェネラリスト」と呼ばれる。彼が執筆した教科書（『経済学』）は世界的なベストセラー。日本でも広く読まれている。

ですから、ケインズの理論を説明するのに、どうしても数学は欠かせない。

――それだけは勘《かん》弁《べん》してください。今でも数学のテストの夢でうなされるくらいなんですから。

そこまで言うのではしかたがない。数式を使わずに、ケインズ経済学の何たるかを君に伝えることにしよう。

J.M. ケインズ／アフロ

「セイの法則」がすべてのカギ

しばしば誤解されることなのですが、ケインズはけっして古典派経済学を丸ごと否定したわけではありません。ケインズが言ったのは「古典派が正しいこともあるが、そうでない場合もある」ということにすぎません。

ケインズは自分の理論を「一般理論」と呼んでいますが、これもその現われです。つまり彼に言わせれば古典派の理論は「特殊理論」、つまり特別な場合にしか通用しない理論だというわけです。

では、古典派が通用する場合と、通用しない場合の分かれ目はどこにあるのか。

それを彼は「セイの法則」に求めました。つまり、セイの法則が成り立つのであれば、古典派経済学は成立する。

しかし、セイの法則が成り立たないのであれば、古典派は役に立たない。古典派経済学では、セイの法則がつねに成り立つという前提に立っているが、実はそうではなかったというわけです。

では、その「セイの法則」とは何か。

その内容はきわめてシンプルです。すなわち「供給《きょうきゅう》は需要《じゅよう》を作る」。分かりやすく言い換えるなら、作った商品はすべて市場で売れるということです。

この原理を発見したのは、フランスのセイ※という学者です。そこから「セイの法則」という名前が付いた。

※セイ（1767－1832）青年時代、フランスの金融機関で働いていたが、アダム・スミスの『国富論』に出会って経済学者となる。革命政府の財政委員として活躍するが、経済政策をめぐってナポレオンと対立して辞職。みずから「アダム・スミスの弟子」と言っていたほどの自由経済論者であった。

――そのセイ先生ってのは、とんでもないバカですね。だって、作ったモノが全部売れるんだったら、今ごろ誰も苦労はしない。夕方のスーパーに行けば、売れ残りの商品がゴロゴロしているじゃないですか。

売れ残り商品があることはセイだって知っています。彼が言っているのは、そうした個々の商品、個々の市場の話ではない。国民経済、つまり1国の経済全体を見渡したときに、この法則が成り立つというのです。

つまり、供給過剰《かじょう》で売れ残りが生じても、その一方では供給不足のために品不足が起こっている。それらを合計してみると、プラス・マイナスはすべて消えて、総供給と総需要が一致することをセイは発見したというわけです。

——でも、作ったものがすべて売れるなんて、やっぱり信じられない。

かつてマルクスはセイの法則を批判して「これはセイという単純な男の、子どもじみたたわごとである」と記しました。たしかにセイの法則は、今の私たちから見ればちょっと信じがたい。

しかしケインズも、セイの法則が成立する場合は実際にありうると言っています。

というのは、需要が強い状態であれば、作った商品は右から左に売れてしまう。つまり供給しただけの需要が発生する。

——要するに景気がよいときですね。

そのとおり。そんな場合にはセイの法則が成立して、供給した分はすべて需要される。すなわち供給が需要を作り出す。

そしてセイの法則が成立すれば、古典派の言っているとおり、マーケット・メカニズムが働いて資源の最適配分が行なわれ、失業者も生まれない。古典派経済学はちゃんと意味を持つというわけです。

そこで歴史的なことをいえば、アダム・スミスの時代から20世紀初頭に至るまで、ヨーロッパの経済はずっと右肩上がりで成長してきた。途中、多少の不景気はあったが、産業革命以来、経済は拡大する一方であったから、ずっと需要が強かった。だから基本的にセイの法則は成り立っていたし、古典派経済学の欠点も分からなかったというわけです。

需要が供給を作る

ところが、1929年に始まる大恐慌では、このセイの法則がまったく通用しなくなりました。いくら企業や生産者がモノを作っても、ちっとも売れない。こういうときには、古典派経済学は成り立たないというのがケインズの指摘です。要するにマーケット・メカニズムに任せていても「神の見えざる御手」は動かない。

そこでケインズが持ち出したのは、「有効需要《ゆうこうじゅよう》」という概念です。

古典派経済学ではセイの法則によって、供給が需要を作ると考えた。「はじめに供給ありき」です。

これに対して、ケインズが言ったのは、その正反対。つまり、需要が供給を作る。「はじめに需要ありき」です。

まさに、これはコペルニクス的転回というべき大発見。

ケインズによれば、経済の規模は国民総需要の大きさによって決まる。いくら生産を増やしても、需要以上には売れることはない。

――要するに「ない袖《そで》は振れない」って話だ。

まあ、そんなものです。

国民総需要こそが経済に効果を及ぼしているというわけですから、彼は国民総需要のことを「有効需要」と呼んだ。経済学の用語を使って表現するならば、「総生産は有効需要と等しくなる」というのが、彼の「有効需要の原理」です。

ケインズは大恐慌を観察して、これは有効需要が小さいために起こったことなのだと考えた。有効需要が小さくなっているために、いくら商品を作っても売れるわけがないし、いつまで経っても失業者はなくならないというわけです。

では、いったいどうやったら、経済は元に戻って「健康体」になるのか。

その答えは簡単です。有効需要を大きくしてやればいい。

ケインズの「有効需要の原理」によれば、有効需要こそが経済の大きさを決めている。有効需要が大きくなれば、その分だけ供給、つまり総生産は増える。総生産が増えれば失業者は吸収され、景気は上を向くというわけです。

そこで、需要を大きくするには何をしてやればいいか。

——こりゃ簡単だ。要するにみんながもっとカネを使えばいい。そうでしょう?

たしかに、それは間違いではない。しかし、現実問題としては、それはむずかしい。そもそも大恐慌で失業者がわんさといる状況で、「景気をよくするために、もっとモノを買いましょう」と言っても、誰が買ってくれようか。だから、消費を大きくすることで景気をよくするのは事実上、むずかしい。

穴を掘っても公共事業

そこで大事になってくるのは、「有効需要とは何か」ということです。

ケインズによれば、有効需要とは消費と投資の合計です。今日のためにカネを使うのが消費とすれば、明日のためにカネを使うのが投資です。この2つこそが有効需要の正体です。

さっきシマジくんの言った「もっとモノを買おう」という案は、要するに消費を拡大しようということです。しかし、不況下では、そう簡単には消費の拡大は望めない。したがって、投資を大きくするほうが現実的と言えます。

では、どうすれば投資を増やすことができるか。

そこでまず考えられるのは、利子をぐっと下げて、企業がカネを借りやすいようにするということです。利子が下がれば、それだけ投資意欲は増えてくる。

――今の日本がやっていることですね。

しかし不景気もどん底になれば、企業だって投資を控えるようになる。自分の会社も明日潰れるかもしれないというときに、来年、再来年《さ》のために設備投資をしようとは思わない。だから、利子を下げるのは悪くはないが、それほどの効果は期待できない。限界がある。

そこでケインズが考えたのは公共投資です。つまり、民間の投資意欲が減退しているのであれば、それに代わって政府が道路やスタジアム建設などの大がかりなプロジェクトを実行する。そうすれば投資は増え、その分だけまずは需要が大きくなる。

――と、おっしゃいますがね、先生。

シマジくん、何か反論でもあるのかね。

――大ありです。だって、国家プロジェクトって、要するに借金して事業を興《おこ》すわけでしょう。借金で投資をするってのは、タコが自分の足を食っているようなもんじゃないですか。

たしかに君の言うことも道理です。

民間企業の投資なら、投資はやがて利潤を産む。借金の利息を上回る利潤が入ってくるのなら、何の問題もない。しかし国家プロジェクトでモノを作るというのは、金儲けが目的ではない。だからむやみに借金しても、利子ばかりが膨《ふく》れ上がってしまって、かえって大損になるのではないかというわけですね。

ところが驚くべきことにケインズは何と言ったか。国がする公共事業なんて、何だっていい。失業者を集めてきて、とにかく大きな穴を掘らせろ。その穴が大きくなったら、今度は埋めさせろ。それでも公共投資だと言った。

――ケインズというのも、とんでもない野郎ですね。

ところが、そうではない。実はこれこそがケインズの天才たるゆえん。彼が「公共投資なら何でもいい」と言った理由は、ちゃんとあるのです。

ケインズ理論の奥義は「波及効果」にあり

ケインズ理論のポイントが公共投資にあることは、読者の多くの方もすでにご承知でしょう。

しかし、残念ながら日本人のほとんどは、その理解が中途半端《ちゅうとはんぱ》です。といっても、読者が悪いのではありません。ケインズ理論の最も大切なところをはしょって説明してきた、これまでの経済学の教科書の責任です。

ケインズはたしかに「有効需要の原理」で、公共投資をすれば有効需要が増えると述べています。しかし、それはけっして単純な話ではありません。

たしかに、彼の理論によれば、1兆円のプロジェクトを行なえば、1兆円分だけ生産も増えることになります。しかし、実はそこから先が肝心《かんじん》なのです。

というのも、彼の経済理論によれば、1兆円の投資はさらなる波及効果《はきゅうこうか》を呼ぶ。これを乗数理論《じょうすうりろん》と言います。

では、この乗数理論とはいかなるものか。本当なら、ここでグラフと方程式を使って説明するのがいいのですが、あえて言葉で説明してみましょう。

ここに1兆円の国家プロジェクトが行なわれたと仮定してみてください。この1兆円というカネの行き着く先は、結局のところ国民です。公共事業を行なうための材料費や賃金は、企業や個人の懐《ふところ》に入る。

さて、この1兆円の臨時収入はどうなるか。

——1兆円の臨時収入なんて夢みたいだなあ。

何を言っているのですか。1兆円を君1人がもらうわけがない。1億の国民がいたとしたら、平均すれば1万円の臨時収入です。

——でも、元《もと》を質《ただ》せば税金だ。

今はそういうことを考えない。

さて1万円の臨時収入があったときに、人間はどうするか。中には1万円をそっくりタンス預金にしてしまう人もあるでしょうが、たいていの人はそれを使ってしまうでしょう。

収入のうち、何割を支出に充《あ》てるのか、その割合をケインズは消費性向《しょうひせいこう》と呼んでいます。消費性向が1なら、入った額をすべて使っていることになるのですが、それはまずありえない。かといって0というのも考えられない。それでは飢《う》え死《じ》にしてしまいます。そこで今回は消費性向を0・8と仮定しましょう。

つまり、1人当たり1万円の臨時収入があった場合、そのうち8000円が消費に回されると考えるわけです。

ではその場合、国民全体で考えれば、どれだけの支出が増えることになりますか。

——8000円かける1億人で8000億円ですね。

そう。つまり1兆円の公共投資、すなわち需要増があれば、それだけで1兆円分の生産が増えるけれども、それにともなってさらに8000億円の需要が増えることになる。

——つまり、合計で1兆8000億円！

有効需要は雪だるま式に膨らむ

いや、これだけでは終わりません。

臨時収入のうち8000億円が使われるということは、8000億円だけ生産が増え、それだけ国民の懐《ふところ》に入ってくる。つまり、8000億円が何らかの形で収入になる。

——カネは天下の回りものだから、使ったらまた戻ってくるわけだ。

では、その8000億円はどうなるか。先ほどの消費性向0・8を当てはめてみれば、8000億×0・8＝6400億円の新しい需要が生まれるということになる。

こうして、6400億円分の新規需要が生まれると、それはさらにその8割分の新規需要を産む。6400億円×0・8＝5120億円。

——合計2兆9520億円！　まさに雪だるま式ですね。

こうして無限に需要が需要を産み出していくと、その結果、全体では1兆円の投資は、合計でぴったり5兆円の効果をもたらすことになる。

——なんで、そんなに簡単に答えが出るんですか。

そこが数学を知っているか、知っていないかの差です。無限等比級数《むげんとうひきゅうすう》の和の出し方を知っていれば、すぐに答えが出る。

「無限等比級数」の求め方

1，2，4，8，16，32・・・・・・・・・・・・①

2，1，0.5，0.25，0.125・・・・・・・・・②

●①や②のように、ある項と次項の比が一定である数字の列を「等比数列」と呼び、その数列の各項の和を「等比級数」と呼ぶ。また、その比を「公比」と呼ぶ。

●初項 a、公比 r（$-1<r<1$）の「無限等比級数」は下記の公式で求められる。

$$S=\frac{a}{1-r}$$

本文中の例で言えば
S=1兆+8000億+6400億+5120億…

$=\frac{1兆}{1-0.8}=5兆$　となる（a=1兆，r =0.8）

※r≧1またはr≦−1の場合、その無限等比級数は一定の値に収束しない。

1兆、8000億、6400億、5120億……このように一定の比率で変わっていく数字の並びのことを等比級数（数列《すうれつ》）と言い、その比率を公比《こうひ》と言います。

この等比級数が無限に続く列をすべて合計するには、公式を用いれば簡単です。ここに、その公式を書いておきます。今回の例でいえば、初項《しょこう》は1兆円、公比は消費性向の0・8だから、答えは5兆円になる。

つまり、ケインズの乗数理論とは、この無限等比級数を経済の世界に持ち込んだということでもある。1兆円の公共投資は、それだけで効果が終わるのではない。それが無限に波及効果をもたらすから、1兆円の投資であっても5兆円分の需要を産み出すというわけです。

したがって、国家の借金として1兆円が増えるとしても、そんなことは大した問題ではない。実際の何倍もの効果を産み出すのであれば、利息なんてたかが知れたものだということになる。

また、大切なのは波及効果のほうなのだから、公共投資で何を作ろうとも問題ではない。それこそ穴を掘って埋めても、エジプトのファラオのようにピラミッドを造ってもいいというわけです。

憲法違反と言われたニュー・ディール政策

さて、こうしたケインズの考えは経済学に大革命をもたらしたわけですが、かといって、ケインズ流の公共投資が実際に行なわれたかと言えば、そうではありませんでした。というのも、ケインズの発想があまりに革命的であったために、なかなか受《う》け容《い》れられなかった。

さらにもう1つ問題がありました。

というのは、すでに述べたように当時の通念では、政府が民間の経済活動に対して干渉することは害悪であると思われていた。市場のことに政府が口を出すのは、権力の濫用《らんよう》だと言うわけです。したがって、いかにケインズの理論が分かっていても、それを実行に移すのには大変な抵抗があった。

たとえば、当時のアメリカ大統領だったFDR、フランクリン・デラノ・ルーズベルトは優《すぐ》れたブレーンが周囲にいたので、いち早くケインズ経済学の価値を認めることができた人でした。

ルーズベルトは不況に苦しむアメリカ経済を救うために、ニュー・ディールと呼ばれる経済政策を行なおうとします。TVA（テネシー川流域開発公社）などを設立して、有効需要を増やし、失業者を減らそうとするのですが、彼のこうした政策は憲法違反であるという非難が野党・共和党を中心に巻き起こった。政府があまりに力を持ちすぎるというわけです。

かくして彼の出す法律、出す法律はみな訴訟沙汰《そしょうざた》に発展した。ニュー・ディール政策の柱となったNIRAという法律などは、実際に連邦最高裁で違憲判決が下った。

アメリカ合衆国憲法の規定では、最高裁が違憲判決を下せば、大統領といえどもそれを覆《くつがえ》すことはできません。その結果、ルーズベルトはまったくと言っていいほどニュー・ディール政策を実行に移せなくなった。

そこで腹を立てたルーズベルトは最高裁の判事の席に自分の子分どもをどんどん送り込んだ。その結果、最高裁の判事の過半数は彼の子分になってしまったほどです。

最高裁の判事は終身任期ですから、大統領も勝手に首にすることはできません。しかし、大統領は判事を任命することができる。したがって、理屈のうえではルーズベルトのやったことは合法なのですが、あまりにもそれが露骨《ろこつ》だったので後世の歴史家たちは、彼のやったことは革命やクーデターに等しいと言っているくらいです。

しかし、これだけの強硬手段をとっても、結局、ルーズベルトは思ったことの半分も実行できなかった。ケインズ政策は充分に実行できなかった。

結局、アメリカ経済が復活するのは、第2次大戦になってからでした。第2次大戦が始まると、途方《とほう》もない額の軍需が発生したので、有効需要が増大した。その結果、大きな無限波及効果が働いて、失業者は誰もいなくなり、国民の生活水準は上昇したというわけです。

インフレを抑え込んだヒトラー

かくしてケインズ経済学の革命も、実際には大恐慌にはあまり役に立たなかったわけですが、ただ1人だけ例外があった。

それが、かのアドルフ・ヒトラーです。ヒトラーは前にも述べましたが、ケインズが有効需要の理論を発表する前から、公共投資こそが不況からの脱出策であることを見抜いていた。

プラトンは天才とは「生得《せいとく》の知恵」を持った人物であると言っています。つまり誰から教わるわけでもなく、また経験を通じて学んだわけでもないのに、天才は真理を生まれながらに知っているというわけです。同じ独裁者であってもナポレオンは生得の知恵によって軍事の天才になった。ロシアの冬将軍に敗れるまでナポレオンはほぼ連戦連勝だったわけですが、ヒトラーの場合、その生得の知恵は経済にあったと言うべきでしょう。

後年、経済学者のヒックスは「戦前はヒトラーの時代、戦後はケインズの時代」と言ったと伝えられていますが、まさに戦前の世界においてはヒトラーのみが古典派経済学の欠点を見抜いていた。彼だけがケインズ経済学の奥義《おうぎ》を知っていたのです。

※と言った　森嶋通夫『思想としての近代経済学』岩波新書223ページ参照。

彼はドイツ全土にアウトバーンを張《は》り巡《めぐ》らせ、また大軍拡を行なったりすることでドイツの有効需要を急増させました。失業者はみるみるうちに減り、ついに完全雇用が達成された。しかも、ヒトラーはルーズベルトとは違って、憲法違反だと言われる心配はないし、文句を言ってくる古典派経済学者どもはどんどん首にできたわけです。

さらに彼の偉かったところは、有効需要を増やしながら、同時にインフレを起こさなかった点です。

戦後、ケインズ政策は世界中で行なわれるようになるのですが、そこで問題になったのは有効需要を増やすと、どうしてもインフレが起きるという問題です。戦後のアメリカ経済は、まさにこのインフレで悩まされました。

公共事業が行なわれると通貨が出回る量は増え、どうしてもモノの値段は上がります。モノの値段が上がってしまえば、せっかく有効需要を増やしてもその効果が物価上昇で消されてしまう。インフレこそ、ケインズ政策の一大弱点と言うことができるでしょう。

ところが、ヒトラーのドイツでは、このインフレが起きなかった。彼が起用した「マルクの魔術師」シャハト博士が巧妙《こうみょう》な金融政策を行なったおかげで、物価上昇を防ぐことができたのです。

ケインズ対古典派の戦い

さて、戦後になるとケインズ経済学の思想は、憲法にまで及ぶようになりました。第2次大戦まではルーズベルトの例に見るがごとく、政府が積極的に公共投資を行なうことは民主主義国では大変な抵抗があったのですが、戦後になるとそれも可能になった。

つまり、セイの法則が働かなくなって、市場の原理がうまく作動できなくなったときには、国家が経済に介入してもかまわないという考えが認められるようになったわけです。大恐慌の経験は、憲法における経済観を変えたということができるでしょう。

――しかし、最近はケインズの経済学って評判悪いんでしょう。

たしかに君の言うとおり、最近ではアメリカを中心に、やはり古典派経済学の精神に立ち返ろうという考えが強くなった。規制緩和や自由化を積極的に行なって、あとはマーケット・メカニズムに任せたほうが結局はうまく行くというわけです。

経済学が他の学問と違うのは、たとえ新しい学説が生まれても、古い学説がそれで死に絶えるわけではないところにあります。たしかにケインズ経済学は戦後の西側世界を風靡《ふうび》したわけですが、だからといって古典派経済学がなくなったわけではなかった。

特にアメリカはロック流の資本主義の国ですから、古典派の流れは戦後もシカゴ大学を中心に残った。そして、ケインズ経済学とシカゴ学派との間には熾烈《しれつ》な論争が繰り広げられたのです。

ここでその論争の歴史を詳しく紹介するわけにはいきませんが、まずケインズ経済学で問題になったのは、先ほども述べたインフレの問題です。

戦後のアメリカでは、1960年代に深刻なインフレ問題が起きました。たしかにケインズ政策のおかげで失業者は少なくなったのですが、じわじわ物価が上昇して国民生活を直撃した。ことに60年代後半になるとベトナム戦争が始まったので、インフレはさらにひどくなりました。

そのため、経済学の世界においても徐々《じよじよ》に「反ケインズ」の力が強くなっていった。その中心になったのはシカゴ大学のフリードマン※やルーカス※といった学者です。

※フリードマン（1912－）シカゴ大学教授を経て、スタンフォード大学フーバー研究所で活動。通貨量が経済を左右するという「マネタリズム」を提唱した。反ケインズ主義者として有名。1976年、ノーベル経済学賞を受賞。**※ルーカス**（1937－）1995年、ノーベル経済学賞を受賞。シカゴ大学に学ぶ。初めカーネギー・メロン大学、のちにシカゴ大学で教鞭を執る。邦訳に『マクロ経済学のフロンティア――景気循環の諸モデル』（東洋経済新報社）がある。

フリードマンはケインズ経済学が主張する公共投資の効果を否定しました。

政府が国債などを通じて巨額の公共投資資金を調達すれば、それだけ市中に出回る通貨の量が減る。通貨の量が減れば、それだけ民間が利用できるカネに余裕がなくなる。お金に余裕がなくなれば、利子率は上がって、かえって民間投資を減らすことになる。つまり、公共投資を増やせば増やすほど、民間投資は減るのだから結果的にはプラス・マイナス・ゼロになって、有効需要は増えたりしないと主張しました。

またルーカスは「合理的期待説」でケインズ経済学に反対した。つまり、これだけ情報化が進んでしまえば、政府がどんな意図で経済政策をやろうとしているか、世間はすぐに分かる。そうなれば、みなが政府の先回りをして行動するので、どんな経済政策も意味がなくなるというわけです。

ケインズの逆襲

こうして70年代も後半になると誰もが「ケインズは死んだ」と言うようになりました。しかも、度重《たびかさ》なる公共投資や福祉政策のために、アメリカの財政赤字がどんどん深刻になっていったので、ますますケインズ経済学の旗色《はたいろ》は悪くなった。

ところが80年代に入ると、今度はケインズ経済学の逆襲が始まります。

――ケインズ経済学もしぶとい！　いい加減に負けを認めたらいいのに。

ところが、そうとも言えない。

ケインズ経済学を信奉《しんぽう》するケインジアンたちが頑張ったので、フリードマンやルーカスの説にも穴があることが分かった。古典派対ケインズ派の戦いは、単なる非難《ひなん》の応酬《おうしゅう》で終わるのではなく、経済学全体を発展させることになったのです。

その結果、今ではケインズと古典派のどちらが正しくて、どちらが間違っているとは単純に言えないという考えが強くなっています。

たとえば、ある研究によれば両派の違いは要するに、価格の変化するスピードが速いと見るか、遅いと見るかの違いではないかという解釈もなされています。

たとえば労働者の賃金率のことを考えてみましょう。古典派の考え方では、失業者が増えれば、賃金率はたちまち下がるので失業は自然に解消できると考える。しかしケインズ経済学では、賃金率は急速には変わらないと見るから、公共投資が必要であると考えた。

ところがケインズのモデルで考えてみても、長期的に見れば、やはり賃金率は下がることが近年の研究で分かった。つまり、やがては失業は解消されるというわけです。古典派とケインズとの違いは、結局のところ、短期と長期の違いではないかと見ることもできる。

こうしたことが分かってきたのも、やはり長年にわたって古典派とケインジアンとが学問的な論争を積み重ねてきたおかげです。古典派だけ、ケインズだけでは、ここまで経済学は発展しなかった。やはり、論争は学問を発展させるうえでは不可欠なのです。

公共投資に潜む「罠」

――しかし先生、最近の日本政府はそのケインズ流の公共投資を一所懸命やっていますが、ちっとも景気はよくならない。やっぱりケインズは駄目ですよ。

ところが、そうとは言えない。

今の日本政府のやり方は、一見するとケインズの経済学をやっているようであるが、実は全然違う。ケインズが日本のことを知ったら、怒りのあまり、墓の下から蘇《よみがえ》ってくるに違いない。

ケインズは有効需要を増大させる手段として、1つは政府による公共投資、もう1つは利下げを挙《あ》げています。公共投資の無限波及効果で有効需要を増やすと同時に、利下げを行なうことで民間の投資意欲を刺激しようというわけです。

今の日本は、政府が積極的に公共投資を行ない、その一方で低金利政策を続けているわけですから、あたかもケインズ先生の考えに従っているかのように見える。

しかし、ケインズはこの2つの政策を行なうに当たって、注意が必要だと言っているのです。まず第1は、利子率をあまり下げすぎるのは問題であるという点です。

彼は「ジョン・ブルはたいがいのことには我慢できるが、2パーセントの利子率には我慢できない」と書いています。ジョン・ブルとは英国人の別名です。たいていのことには動じない英国紳士であっても、2パーセント以下に利子が下がれば、もはや経済活動をやる気が失われてしまうというわけです。

利子率があまりに低下することを、ケインズは「流動性《りゅうどうせい》の罠《わな》」(liquidity trap　英語)と呼びました。いかにケインズ経済学といえども、この罠にはまってしまったら、どうにもならない。いかなる経済政策も働かなくなるというわけです。

ところが今の日本はどうでしょう。

——普通預金なんて0コンマ何パーセントですもんね。

ここまで利子が低くなれば貯金をする気も起きなくなる。では、その分、何かを買うかと言えば、そうではない。結局はタンス預金になってしまう。前にも述べたように、有効需要は消費と投資の合計ですが、消費も伸びず、投資も伸びなければ、有効需要の増えるはずがない。

ちゃんとケインズの著書を読んでいたら、「流動性の罠」が書いてある。それなのに日本の役人どもと来たら、それをすっかり忘れているのです。これではいくら公共投資をやっても、意味がないのは当然です。

社会主義国・日本

さらにケインズは第2の注意として、「有効需要拡大政策を長く続けると、その有効性は失われる」とも指摘している。

ケインズは経済活動に政府が積極的に関与せよとは言ったけれども、それも程度問題です。あまりに長く政府が介入しつづければ、もはやその国からは経済の自由は消え、社会主義になってしまうとケインズ自身も言っています。

社会主義国ではすべてが計画経済で、誰も自発的に働こうとはしない。今の日本もまったく同じです。そのいい例が土木業界です。土木業界は今や公共事業を当てにして経営計画を立てている。公共投資がなければ、たちまち日本の土木産業は潰れてしまうと言われているのは、みなさんもご承知のとおりでしょう。

たしかに公共投資がなくなれば、土木業界では大量の失業が生まれるでしょう。それはたしかに気の毒ではある。しかし、その人たちのやっていることが、はたして民間の経済活動と言えるでしょうか。もはや土木業界は、政府の一部門になっています。そして土木業界に働いている人たちは、事実上、国から給料をもらっているようなものです。

こんな状態は、もはや資本主義国とは言えません。

ケインズの経済学はあくまでも資本主義経済を前提に作られているのですから、社会主義の日本で通用しないのは当然です。

――昔のソ連と同じじゃあ、景気がよくなるわけがない。

「ハーベイ・ロードの仮定」

さらにケインズ自身は言わなかった、もう1つの罠《わな》に日本ははまっています。

ケインズ経済学を批判する際によく言われる言葉として、「ハーベイ・ロードの仮定」という有名なキーワードがあります。

ケインズは自由放任を否定して、政府が積極的に経済に関与するのを提案したわけですが、もしもその公共投資を行なう人たちが無能であったら、どうなるか。また、私利私欲《しりしよく》しか頭になかったら、どうなるか。

そうなれば、公共投資はちっとも効果を上げず、たちまちにしてただの無駄遣いに転じてしまうであろうというのが反ケインズ側の指摘です。

つまり、ケインズは無意識のうちに「役人は無欲で、しかも正しい判断ができる」と仮定しているが、その仮定がいつも成り立つとはかぎらないというわけです。

――それを何で「ハーベイ・ロードの仮定」って呼ぶんですか。

ハーベイ・ロードとは、ケインズの生まれたケンブリッジの地名です。彼はケンブリッジの知的エリートの家に生まれ、成長してからもエリート街道まっしぐらだった。彼は若いころ、イギリス大蔵省の官僚として活躍していました。彼の友人もみんなエリートばかりだった。

当時のイギリスの知識階級は、いい意味のエリート意識、つまり私欲を捨てて公共のために尽くすという意識が強かったから、ケインズは無意識のうちに「官僚が間違いを犯《おか》すわけがない」と考えたわけです。

しかし、はたして「ハーベイ・ロードの仮定」は今の日本に成り立っているか。

——民間の業者に「おねだり」するエリートがいるくらいですものねえ。

日本経済復活の条件

現代の日本は、ケインズ政策を行なう場合の3つの「タブー」を3つとも犯しています。これでは新幹線を日本中に作ろうと何をしようと、ピクリとも景気は動かない。つまり、今の公共事業政策は単に政府の借金を増やして、将来の日本国民が支払うべきツケを増やしているだけの結果に終わっている。

——先生、ぜひお役人にケインズ経済学のレクチャーをしてやってくださいよ。

そんなことを今さらやっても、何の意味もない。そもそも日本は先ほども述べたとおり、もはや資本主義国家ではなくなっている。一種の社会主義国家です。社会主義国の官僚にケインズ経済学を教えるのは時間の無駄。

この日本の惨状を救うには、まず社会主義を一掃して、日本を資本主義の国にしなければならない。

——規制緩和をしろというわけですね。

いや、古典派の教えに従って規制緩和をしたところで、元来が資本主義ではないのだから、その効果は知れたもの。古典派経済学にしても、資本主義経済をその対象にしているのです。

ですから、まず日本人全体が資本主義の精神に戻ることです。

では、資本主義の精神に戻るにはどうしたらいいか。

その前提となるのが、民主主義です。この講義でも述べたように、資本主義経済は民主主義があってこそ。ロックの社会契約説から古典派経済学が生まれたように、民主主義の精神なくしては資本主義は生まれない。

したがって、日本を救うにはやはり民主主義を蘇《よみがえ》らせ、憲法がちゃんと働く国家にしなければならない。結局のところ、現代日本が社会主義経済になったのも、民主主義の土台ができていなかったからです。

ですから、この問題もやはり憲法に行き着く。憲法が死んだままでは、日本経済もどうにもならない。

――憲法って大切なんですねえ。知らなかったなあ。

何を今さら、寝ぼけたことを言っているのかね。すべてのカギは憲法にあり、だよ。

さて、そこでいよいよ問題は核心に近づいてきた。

なぜ現代日本には、真の意味の民主主義も資本主義も根付かなかったのか。どうして憲法は死んでしまったのか。そしてなぜ、今の日本は苦境に置かれているのか。次章以降で、この問題を解明していこうと思います。

――ようやく本題ですね。あんまり歴史の講義が長かったから、そこまで行かないかと心配しましたよ。

何を言っているのですか。これまで講義した基礎知識がなければ、日本が抱えている問題の真相は分からない。素人《しろうと》が解剖しても、医学の知識がなければ病気の原因が突き止められないのと同じです。

しかし幸いにして、読者のみなさんはこれまでの講義をよく理解してくださった。もはやみなさんは素人ではありません。※耆婆扁鵲《ぎばへんじゃく》ほどではないにしても、※膏肓《こうこう》の病《やまい》くらいは治せる。それは保証できます。

――また何やら分からぬ熟語が出てきましたな。

※耆婆扁鵲　耆婆は古代インド、扁鵲は古代中国の伝説上の名医。このクラスの名医ともなれば、黙って坐ればどんな病気か分かるし、死んだ人間でさえ生き返らせることができる。**※膏肓**　膏肓とは心臓と横隔膜の間の部

分。中国の伝統医学では、この部分にまで病気が広がる（病《やまい》、膏肓《こうこう》に入《い》る）と治癒の見込みはないとされた（『春秋左伝』）のだから、「膏盲の病くらいは治せる」というのは大変な褒《ほ》め言葉である。

それでは、いよいよ日本を「診断」することにいたしましょう。

第11章

天皇教の原理

デモクラシーは「優曇華の花」

ここまでの講義をお読みになったみなさんには、すでにお気付きのことだと思いますが、およそデモクラシーという政治形態は、人類の社会の中でもひじょうに特殊なものです。

学校の授業では、あたかも人間社会が発展し、人類が賢《かしこ》くなっていけば自然にデモクラシーになるかのように教えていますが、そんな話は夢物語でしかありません。

そもそもデモクラシーが生まれるには予定説という、摩訶不思議《まかふしぎ》な教えを持ったキリスト教がなければ始まりません。しかも、デモクラシーが生まれたからと言って、それが順調に育つわけではない。デモクラシーはそれ自身にカエサルやナポレオン、ヒトラーを産み出す要素がある。せっかく生まれたデモクラシーも、途中で死んでしまうのです。

仏教の教典に「優曇華《うどんげ》」という花のことが記されています。インドの伝説によれば優曇華の花は、衆生《しゅじょう》を救う如来《にょらい》や転輪聖王《てんりんじょうおう》という帝王の出現を告げるものだとされているのですが、悲しいことにこの花は3000年に1度しか咲かない。この伝説から「優曇華の花」とは、滅多《めった》に起こらないことのたとえとして使われます。

デモクラシーとは、まさに優曇華の花。日本人はデモクラシーを当然のもの、当たり前の政治システムだと思っていますが、それは大間違いなのです。

現に世界を見渡してごらんなさい。

曲がりなりにもデモクラシーらしき政治が行なわれている国は、数えるばかりしかありません。ヨーロッパの諸国と北アメリカを除けば、あとは日本と台湾、それとアフリカにいくつかあるくらいです。それ以外の国々はほとんどが独裁か、それに近い政治です。当然のことながら、そうした国では憲法はロクに機能していません。

こうしたことを考えたとき、みなさんの頭の中に1つの疑問が起こるでしょう。

いったい、なぜ日本は曲がりなりにもデモクラシーの国になりえたのか……この大問題を、この講義では扱っていきたいと思います。

「半主権国家」にされた日本

今さら言うまでもなく、日本の近代化は1867年12月9日に行なわれた王政復古《おうせいふっこ》によって始まります。

この翌年、年号は明治と変わって、近代日本はスタートするわけですが、この明治維新のそもそもの動機は当時、アジアに進出していた欧米列強《おうべいれっきょう》の圧力の中、日本の独立をどのように維持していくかということにありました。維新のころには、すでに隣の清国《しんこく》はイギリスとのアヘン戦争に敗れ、侵略の対象にされていました。その二《に》の舞《まい》を演じることなく、日本が独立国でありつづけるための選択として、明治維新が行なわれたというわけです。

こうして始まった明治新政府にとって、当面の課題は2つありました。1つは欧米の軍事的圧力に対抗できるための近代的軍隊を一刻も早く持つこと。もう1つは外交において、日本が完全な主権国家として認められることでした。

この当時の日本は、欧米諸国から「半主権国家」「半独立国」という、ひじょうに不名誉な扱いを受けていました。

そもそも近代国際社会においては、すべての国は「主権国家」として同格であるというのが大原則です。つまり国家は平等である。

もちろん、いくら国際社会が平等だからといって、そこにはおのずから限界はあります。やはり小さな国は大きな国の顔色が気になるでしょうし、また国家同士で結んだ条約は守らなければなりません。しかし、基本的には国家はみな対等であるというのがヨーロッパ国際法の建前なのです。

といっても、以上の話はすべて20世紀後半、第2次大戦が終わってからの「常識」です。

それ以前の国際社会においては、すべての国が平等であるなどという考えはどこにも実現されていなかった。

そもそも国際法という概念はヨーロッパ大陸の中で生まれたルールです。したがって、当初の国際法は、ヨーロッパとアメリカ大陸の白人国家以外には適用されなかった。

つまり、白人たちが「野蛮《やばん》」だと認めた地域では、国際法のルールはまったく関係なかった。だから住民を皆殺しにするのも、彼らの財産を略奪《りゃくだつ》するのも合法、住民を奴隷として売り飛ばすのも合法。何をやっても合法であると考えられていたわけです。

こうして白人たちは地球上のありとあらゆる場所を略奪し、植民地にしていったわけですが、やがて彼らは中国などの、文明国家と接触するようになります。さて、こうした異種の文明国と出会ったときに、ヨーロッパ人も困った。

というのは、さすがにヨーロッパ人から見ても中国の王朝を「野蛮国」とまでは断定できない。ヨーロッパより中国のほうが優れている点はいくつもある。さりとて、対等の主権国家と見なすのも癪《しゃく》である。

文明開化とは何だったのか

そこで彼らが考えたのが「半主権国家」「半独立国」などという、いかがわしい概念です。

半主権国家という概念のいかがわしさは、主権とは何かを思い出していただければ、すぐに分かります。前に述べたように、主権とは「誰からの制約も受けずに自由に行動できる権利」という意味です。

つまり、主権とはオール・マイティの力である。

それなのに、オール・マイティの力が半分しかないとは！

本来の主権の思想からすれば、主権は「ある」か「ない」かの2つに1つ。その中間のグレイ・ゾーンは存在しないのです。自由でなければ、すなわちそれは不自由ということに他ならない。それなのに「半主権」と言うのは、矛盾《むじゅん》もはなはだしい。

ところが、欧米列強はこの矛盾を無理矢理《むりやり》に押し付けたのです。

彼らの論理によれば、中国のように、いかに文明の程度が高かろうと主権国家とは認められない。問題は資本主義の発達であるというのです。

資本主義がひとかけらもなければ、どんな文明国でも主権国家ではない。いや、国家ですらないと考えた。したがって、そういう「無主権」の国に対しては、住民を虐殺するのも奴隷にして売り飛ばすのも勝手である。また、もし、その国の資本主義が中途半端なものであれば、その国は半独立国、半主権国家と考えたのです。

――無茶苦茶な理屈ですな。

しかし、彼らはその論理を強引に押し通した。南米の先住民を皆殺しにしたし、また中国（清《しん》）に対しては「半主権国家との間には対等の条約を結ぶことはできない」と言って、いわゆる不平等条約を押し付けた。

安政年間にペリーの来航によって開国した日本もまた、この論理を適用されました。すなわち、日本には関税の自主権もなければ、治外法権《ちがいほうけん》のために居留外国人《きょりゅうがいこくじん》の犯罪を取り締まることもできないことになった。要するに、日本との貿易によって徹底的に利益を吸い取ろうというのが彼らのねらいです。

そこで明治の新政府は、一刻も早く不平等条約の撤廃を行なおうと考えました。1871年、岩倉具視《いわくらともみ》を全権大使に任命して、欧米諸国を歴訪させ、不平等条約改訂の下準備を行なうことにします。いわゆる岩倉使節団です。

ところが、この岩倉使節団は最初の訪問国アメリカで、けんもほろろの扱いを受けた。つまり、日本が資本主義国にならなければ、条約の改正など絶対にありえない。いくら交渉しても無駄であると言われたのです。そこで岩倉使節団は早々に当初の目的を捨てて、あとは欧米文明の視察を行なうことにしたので、欧米諸国は歓迎してくれたというわけです。

こうして日本に戻ってきた政府の首脳たちが断行したのが、いわゆる文明開化政策です。

文明開化というと、ちょんまげを切って鹿鳴館《ろくめいかん》でダンスをすることだと思われていますが、それは本質ではありません。文明開化とは要するに日本経済を資本主義にすることです。資本主義こそが主権国家へのパスポートなのです。

日本を資本主義国にするというのは、明治政府のもう1つの方針である国防の強化にもつながります。資本主義の工業力がないかぎり、日本は国防力を持つことはできません。そこで官民《かんみん》挙《あ》げて、明治の日本は資本主義への道をひた走ることになったというわけです。

アメリカ教育を真似した明治の日本

さて、こうして明治政府は日本の資本主義化を第1目標に設定して、さまざまな方策を打ち出します。

——官営工場を造ったりするわけですね。

と思うのは、シマジくんがまだ資本主義を理解していない証拠です。国家が出資して国営事業をいくら行なっても、資本主義の「資」の字も出てくるわけがない。資本主義は、資本主義の精神が産み出すものです。いくら資本を投下しても、そこにエートスの転換が行なわれていなければ、いつまで経っても資本主義経営は行なわれない。

実際、明治政府が官営工場や鉱山の経営を行なったのは、岩倉使節団までの話です。岩倉使節団が帰国すると、どんどんこうした工場や鉱山は民間に売り払われた。いくら近代的な工場を造っても、それだけでは、いつまで経っても資本主義国になれないことを彼らは欧米の実例を見て、はっきり認識したのです。

では、日本人が資本主義の精神を持つためには何が必要か。そのためには、いったい何をしたらいいか。そこで、これまでの講義が役に立ってくる。シマジくん、資本主義の精神とは要するに、どういうことだったかね。

——ちょ、ちょっと待ってください。今、思い出します。

君の返事を待っていたら、日が暮れてしまいそうだ。

資本主義の精神とはまず第1に、労働を自己目的化することです。つまり仕事とは単にカネを稼ぐための方便《ほうべん》ではない。仕事そのものに価値があるのだと考えるようになることが必要です。

キリスト教の予定説では、労働は天職だとされた。仕事は神が与えたものなのだから、一心《いっしん》不乱《ふらん》に働くのが当然であるとなった。ここから資本主義がスタートしたわけです。

ところが困ったことに、日本にはキリスト教は定着していない。かといって、今から日本人に予定説を普及できるはずもない。

そこで明治政府がまず最初に考えたのは、資本主義精神の本場であるアメリカの教科書をそっくり子どもたちに教えることだった。アメリカ人の中にあるピューリタンの精神を、教科書を通じて子どもたちにたたき込もうとしたのです。

そこで初期の学校教育では何とアメリカの教科書である『ナショナル・リーダー』をそっくりそのまま翻訳して使った。普通なら、それを多少なりとも日本の風土に当てはめようとするのでしょうが、日本の資本主義化は急務です。そんな時間はありません。そこでこんな直訳調の教科書が使われた。

「コレハ猫ナリ。汝《ナンジ》、手ヲ出《イダ》サバ、スナワチヒッカクベシ」

――教わる子どももはいい迷惑ですな。

日本人に資本主義の精神を教えたいという意気込みは分かるが、これはやはり失敗です。ところが、その後、日本の文部省は「これぞ日本のピューリタン」という人物を発見して、大成功を収めた。それが例の二宮尊徳《にのみやそんとく》です。

「手本は二宮金次郎」

おそらく読者のみなさんは、戦前日本では軍国主義の反動教育が行なわれたと教わったことでしょう。

しかし、それは真っ赤なウソ。アメリカ直輸入の教科書が使われたことを見ても分かるとおり、戦前日本の教育では資本主義精神の育成こそ最優先目的だったのです。

そのことは日本中の小学校に、二宮金次郎《きんじろう》の銅像が建てられたことに象徴的に現われています。二宮尊徳とは何者か。彼は英雄的な軍人でもなければ、維新《いしん》の志士《しし》でもない。ただの農民にすぎません。そんな男がなぜ日本の学校教育では「理想的人物」とされたのか。

——♪手本は二宮金次郎、ですものね。

二宮尊徳とは、要するに資本主義のお手本であった。彼こそが日本的資本主義の精神の象徴だった。二宮尊徳の教えとは要するに「労働は金儲けのためではない」、これに尽きます。人間は正直に働くべし。そうすればお天道様《てんとうさま》はちゃんと見てくださる。だから、怠《なま》けてはいけない。

実際、金次郎少年は貧しい家に生まれながらも、勉学と労働に打ち込んだ。成長してからは合理的精神を発揮して、小田原藩《おだわらはん》や相馬藩《そうまはん》の財政建て直しに貢献《こうけん》した。また、それと同時に、「労働は救済なり」という予定説ばりの思想を、みんなに説いてまわった。

まさに彼は日本的資本主義精神の権化《ごんげ》でした。

だからこそ、明治の学校教育では二宮尊徳の銅像を建て、彼をテーマにした唱歌《しょうか》を子どもに歌わせたのです。日本の学校教科書に登場する日本人は、第2位が誰かは分かりませんが、彼が圧倒的に第1位と言われています。

明治政府は、この二宮尊徳を通じて、なんとか日本人に資本主義の精神を定着させたいと考えたのです。

伝統主義こそ維新の敵

さて、こうして明治政府は学校教育を通じて「勤勉の精神」を育てようとしたわけですが、実はこれだけでは資本主義にはなりません。

というのも、日本人の間に平等の精神がないと資本主義はできないのです。なぜなら、二宮尊徳がいかに偉いからと言っても、結局のところ、彼は江戸時代という身分制の中に生きた人物です。要するに「農民には農民の本分があり、武士には武士の本分がある」という考えがあった。

しかし、こうした身分意識、階級意識が残っていたら、いつまで経っても資本主義は生まれない。資本主義の大前提となっているのは、みなが自由に仕事を選ぶことができる社会です。「農民の子は農民、職人の子は職人」では、資本主義にはならない。

そこで勤勉の精神と同時に必要になってくるのは、人間は平等であるという精神です。この精神がなければ、やはり資本主義は生まれてこない。

ところがやっかいなことに、この平等の精神もまた、キリスト教があって初めて生まれてくる。

つまり、キリスト教においては神様はすべてを超越した存在である。その至高《しこう》の神から見れば、王様も貧乏人も同じ人間である。無限大と比較すれば、どんな数字も似たようなものである。

この「神の前の平等」が転じて、やがて「法の前の平等」という近代デモクラシー思想が生まれてきたことはすでに述べたとおりですが、結局のところ、近代資本主義が生まれるには、このデモクラシー思想がなくてはならないというわけです。

しかし、そうはいっても、ついこの間まで身分制があった明治の日本に、近代デモクラシーを持ち込むのは、勤勉の精神を持ち込むよりもむずかしい。

何しろ、敵は伝統主義です。近代デモクラシーは優曇華《うどんげ》の花で滅多《めった》に見つからないが、伝統主義はさながらセイタカアワダチ草《そう》のごとく、どの社会にもはびこっていて、なかなか退治できるものではありません。

それは日本も例外ではありません。

300年近くにわたって続いてきた江戸幕府の身分制は、明治維新になっても色濃《いろこ》く残っています。実際、農民なんて明治維新はどこ吹く風で、江戸時代とまったく同じ生活をし、地主様《じぬしさま》をあがめ奉《たてまつ》っていた。アメリカのように、貧農の子が身を起こして大実業家になることなど、当時の農民には考えることすら罰当《ばちあ》たりです。

こんな状態では、いくら日本に資本主義を作りたくても、話になりません。

いったい、どのようにすれば伝統主義を退治して、日本人に平等の精神を教え込むことができるか……これこそ明治政府にとって最も頭の痛い問題であったわけです。

「天皇の前の平等」

さて、そこで明治政府が考え出したのが、驚くべきアイデア。

こんな破天荒《はてんこう》なことを考え、しかも実行に移したのは世界でも日本がただ1国。このおかげで、日本は非白人国家で最初のデモクラシー国家に変貌《へんぼう》できた。

そのアイデアとは何か。

それは国家元首たる天皇を、日本人にとって唯一絶対の神にすること。天皇をキリスト教の神と同じようにするというアイデアです。

すなわち「神の前の平等」ならぬ、「天皇の前の平等」です。現人神《あらひとがみ》である天皇から見れば、すべての日本人は平等である。この観念を普及させることによって、日本人に近代精神を植え付けようと考えた。

この試みは大変な成功を収めました。戦前の日本人は、自分たちを「天皇の赤子《せきし》」と考えた。つまり日本人はみな天皇の子どもであって、天皇から見れば「一視同仁《いっしどうじん》」、みな平等であると信じることができた。

この確信があって初めて、日本に資本主義が生まれてくるようになった。

末は博士か大臣か……どんな貧農の子であっても、学問と努力さえあれば、出世することができる。そう思えたのは、結局のところ、天皇から見ればみな同じ人間ではないかと考えられるようになったからです。

戦前の日本で、天皇および皇室が神格化されたことについては、いろいろなことが言われています。反動、ファッショ、封建的とさまざまなレッテルが貼《は》られていますが、そうした既成のレッテルで片付けたのでは、明治の日本がやろうとしたことは分からない。

明治政府がやろうとしたのは、キリスト教の代替物《だいたいぶつ》としての宗教を作ることにありました。ヨーロッパがキリスト教の力によってデモクラシー国家になったように、日本は独自の宗教をもってデモクラシー国家になる。そのために行なわれたのが、天皇の神格化です。

史上、どこの国が近代化のために宗教を作ろうと考えたでしょう。こんな国はどこにもありません。その意味では、明治の日本がやったことは空前絶後《くうぜんぜつご》です。

しかし、もし明治日本が天皇を神格化せずに、単に制度や法律だけを輸入して近代化しようとしたら、どんな結果になったか。

それは考えるまでもない。大失敗に終わったでしょう。

その実例は20世紀の歴史に無数に残されています。

第2次大戦後、世界中で有色人種の国家が誕生しましたが、そのうち、どれだけの国が民主主義の国になれたか。また、平等な社会がそこに誕生したか。

言うまでもありません。そのほとんどが無惨《むざん》な失敗に終わりました。すぐに独裁者が現われて、前時代の階級制度も温存されたまま。

近代資本主義の精神、近代デモクラシーの精神がなければ、制度や法律をいくら整《ととの》えても、近代国家にはなれないのです。

それに比べれば、明治の近代化は大成功といえます。

もちろん、欠点をあげつらえばキリがない。「一視同仁」と言っても、現に差別が残ったではないかと言う人もあるでしょう。たしかに、それは事実です。

しかし、明治の日本は江戸時代の日本とはまったく別の社会になった。これだけは間違いなく言えます。

現にあの横暴な西洋諸国でさえ、日本を近代国家の一員として認め、明治27年(1894)から不平等条約も改訂されはじめました。その事実は誰にも否定できません。これを成功と言わずして、何と言いましょう。

天皇教は神道にあらず

さて、明治政府は天皇を神格化し、新しい宗教を作ったと言いましたが、この新宗教は「天皇教」と呼ばれるべきでしょう。

戦後の歴史観では、しばしば「戦前の日本は国家神道《こっかしんとう》であった」と言われますが、天皇教と国家神道はまったく別物です。

神道とは本来、自然崇拝《しぜんすうはい》の原始的な信仰です。大木《たいぼく》や山、あるいは巨岩の中に「八百万《やおよろず》の神」が宿っていると考えるのが神道です。

天皇教は、建国神話以来の神道がベースになってはいます。しかし、天皇教は神道とはちっとも似ていない。古くから伝わる神道のどこをどうひっくり返しても、※キリスト教におけるイエスのように天皇が現人神《あらひとがみ》であるという結論にはなりません。伝統的な神道の考えに従えば、天皇は皇祖神《こうそしん》である天照大神《あまてらすおおみかみ》直系の子孫であらせられても、現人神ではない。天皇とは、皇祖神のいわば※斎主《さいしゅ》であって、それ以上のものではないのです。

※キリスト教におけるイエス　紀元325年に開かれたニケア公会議で採択された「ニケア信条」では、イエスは神にして人、人にして神であるとされた。まさにイエスは現人神なのである。

※斎主　「神道の祭りに際し、主となって奉仕する者」（集英社『国語辞典』第2版）

ですから、戦前の日本を支配していたのは「国家神道」であるという言い方は、どう考えてもおかしい。

天皇教を国家神道とは呼べないということは、明治維新になって古くからある神社は、ほとんど政府の手によって破壊されている事実からも明らかです。

日本史の教科書などには、明治になって廃仏毀釈《はいぶつきしゃく》運動が起こって、各地の寺院が破壊されたり、仏像が焼かれたと記されています。たしかに、これは事実ですが、しかし、だからといって神社がその代わりに栄えたかといえば、そうではない。むしろ、正反対です。

というのも、当時の明治政府は天皇を中心とする天皇教のために、徹底的な神社管理を行なった。古くからある神社で、天皇や国家と関係の深い神社に対しては、官幣社《かんぺいしゃ》や国幣社《こくへいしゃ》などの称号を与えて保護しましたが、それ以外の神社は壊されたり、廃止されたりした。しかも、生き残ることができた神社に対しては国家権力が介入して、その儀式ばかりか教義に至るまで変更させられた。その結果、江戸時代までの神道は明治になって消《き》え失《う》せたと言ってもいいぐらいです。

私は数年前に奈良の春日大社《かすがたいしゃ》に行ったことがあります。

春日大社といえば、奈良時代に創建された由緒《ゆいしょ》正しい神社ですが、そこの神職《しんしょく》に話を聞くと、やはり春日大社でも古くからの儀式はみんな明治時代で途絶《とだ》えてしまったと言うことです。ことほど左様《さよう》に、明治政府は徹底的に神道に対して統制を加えた。

その理由は言うまでもありません。明治政府にとっては、近代国家を作るために天皇教を確立することが何よりも優先した。そのため、従来の神道がそのままの形で残っていては困るのです。ですから、明治に入って神道はむしろ大変な弾圧※を受けたと言ったほうが正しいでしょう。

※大変な弾圧　これは平泉澄博士の説である。

日本にも「予定説」はあった！

では、その天皇教の教義とは何か。

その主な柱は2つです。1つは先ほども述べた「天皇は現人神にして、絶対である」という教義です。この教義から「天皇の前の平等」という考えが生まれてくる。

もう1つの重要な柱は「日本は神国《しんこく》である」という思想です。

――そういやあ、「日本は神の国である」と言った首相がいました。あの人も天皇教信者なんですかね。

あれは単に「八百万《やおよろず》の神様がいる国」という意味ですから、天皇教ではない。天皇教で言う「神の国」とは、ユダヤ教における「約束の地」と同じ意味を持つ、重大な概念です。

日本神話によれば、皇室のご先祖は高天原《たかまがはら》から地上に降りていらした、つまり天孫降臨《てんそんこうりん》があったとされていますが、そのとき主神・天照大神はこう宣言なさった。

「葦原《あしはら》の千五百秋《ちいおあき》の瑞穂《みずほ》の国は、これ吾《あ》が子孫《うみのこ》の王《きみ》たるべき地《くに》なり」

つまり、日本国は神によって繁栄をあらかじめ約束された土地であるというわけです。

――なるほど聖書とそっくりですね。

しかし、聖書と日本神話では決定的に違うところがある。古代イスラエルの神は、そこに付帯条件を付けた。つまり「神との契約を守るならば」というわけです。その契約を守らなかったから、ユダヤ人は約束の地を失うことになった。

これに対して、日本神話には付帯条件がない。つまり、どんなことをしようとも、日本は栄えるというわけです。

これこそが、天皇教における「予定説」です。

天皇教を信じれば、もう怖いものはない。何しろ日本の繁栄は神代《かみよ》のときにすでに予定されているのだから、何の心配も要らない。

しかも、これは歴史的にみれば、すでに証明されている。

何しろ、日本は、あの勇猛なモンゴル騎馬民族《きばみんぞく》の元《げん》をも退《しりぞ》けたくらいで、1度として他民族の支配を受けたことがない。これを見ても、日本国が神国であることは火を見るよりも明らかである、というわけです。

キリスト教の予定説を信じた人たちは、神の栄光を信じて、この世に怖いものがなくなったわけですが、天皇教の予定説を信じれば、また同じように怖いものなしになる。

日本はかならずや資本主義、デモクラシーの近代国家になれる。それは神様が約束したものなのだから、心配することはない。だから、脇目《わきめ》もふらずに働くべし。こういう論理が成り立つわけです。

もちろん、この神国思想はのちに軍部によって悪用されることになるわけですが、しかし明治時代に限っていえば、「神の国」という確信があったから、日本は資本主義やデモクラシーに向かって猪突猛《ちょとつもう》進《しん》できた。

何度も強調しますが、この時代、非白人国で資本主義になった国はどこにもない。だから本当のことを言えば、日本が近代国家になれるかどうか保証はない。しかもアジアでは西洋列強が虎視眈々《こしたんたん》と日本をねらっている。心配をすればキリがないわけですが、「日本は神国なのだから」と言われれば、安心ができるというものでしょう。

だから、この神国思想は日本人にとってのよりどころとなった。この予定説がなければ、あそこまで大胆な改革は行なえなかったというわけです。

天皇教のルーツはどこか

――先生を疑うわけじゃないけど、天皇教って本当にあったんですか。予定説まであったただなんて、話が出来すぎですよ。

たしかに君が疑うのも無理はない。

しかし、天皇教は間違いなく存在していた。しかも、それは明治になってから、急ごしらえで作られたものではなかった。こうした思想は、江戸時代からあったものなのです。

みなさんは幕末の志士たちが、いわゆる尊王思想《そんのうしそう》を持っていたことは知っているでしょう。その尊王思想とは、まさにこの天皇教と同じだったのです。

ここで詳しく触《ふ》れるゆとりはありませんが、幕末維新の革命をもたらしたのは、天皇こそが絶対であるという尊王思想にありました。

尊王思想の原点は、言うまでもなく『古事記《こじき》』『日本書紀《にほんしょき》』にあるわけですが、これが一種の神学理論に進化したのは、江戸時代に入ってからのことです。

中でも最も功績が大きかったのは、江戸時代初期の儒学者《じゅがくしゃ》だった山崎闇斎《※やまざきあんさい》と、その弟子たちでしょう。

※山崎闇斎　（1618－82）京の浪人の子として生まれ、比叡山《ひえいざん》に学び、妙心寺《みょうしんじ》の禅僧となるも、のちに儒学（朱子学）に転じる。闇斎は、儒教の説く「王道」が実現されているのは、皇室をいただく日本のみであるという「大発見」をして、尊王思想の原点を作った。彼の思想は弟子である浅見絅斎《あさみけいさい》や栗山潜鋒《くりやませんぽう》によって理論的に精緻《せいち》なものになった。

彼らを総称して「崎門《きもん》」と呼ぶのですが、この崎門学派によって尊王思想は理論的に完成します。天皇が現人神であること、そして日本が神国であることの神学的証明は、この崎門学派によってなされました。

崎門学派の尊王思想がどれだけの影響力を振るったか、それはみなさんの想像を絶したものです。何しろ、この尊王思想は倒幕の志士たちだけが信じたのではない。倒される側の江戸幕府ですら、その影響から逃れることはできなかった。

その何よりの証拠は、「最後の将軍」となった徳川慶喜《とくがわよしのぶ》です。慶喜はご承知のとおり、水戸《みと》の生まれですが、この水戸藩は尊王思想の牙城《がじょう》だった。元来、水戸藩は2代藩主の光圀《みつくに》以来、尊王思想に熱心な藩だったのですが、のちになると崎門学派の影響を受けて、全藩を挙げて尊王思想になってしまった。したがって、慶喜も尊王思想の持ち主で、言うなれば天皇教の信者だった。

――将軍が隠れキリシタンならぬ、隠れ天皇教信者だった！

だからこそ、かの鳥羽伏見《とばふしみ》の戦いにおいて、官軍側が例の「錦《にしき》の御旗《みはた》」を掲げたとき、「もはや、これまで」と慶喜は江戸に逃げ帰った。これが何よりの証拠です。

あのとき、幕府は大坂城で官軍と戦う準備を整えて、今か今かと待ち構えていた。しかし、相手が薩《さつ》長《ちょう》ならば戦うけれども、錦の御旗は天皇の象徴。神様とは戦えないと、もう慶喜も抵抗の意志を失った。天皇教信者の慶喜には、現人神と戦うことなど考えるだに恐ろしいことであったわけです。

「神の国」明治日本

かくして尊王思想の宗教的イデオロギーによって江戸幕府は倒れるわけですが、その影響はそれに止《とど》まりません。

キリスト教の予定説を信じれば、その人のエートスは完全に変わる。内面も外面もすべて変わると述べましたが、尊王思想を信じると同じようにエートスが完全に変わってしまいます。尊王思想を信じたのは、主として武士たちですが、彼らもまたまったく別人のようになってしまった。

このことが理解できなければ、明治維新の意味も分かりません。

明治維新の特徴は、何と言っても、武士が起こした革命なのに、その革命後に武士が自分の特権をすべて捨ててしまった点にあります。廃藩置県《はいはんちけん》に始まって廃刀令《はいとうれい》に至るまで、明治の新政府は次々と江戸時代に持っていた武士の特権を否定していった。こんな革命は、古今東西、どこにもありません。

なぜ、そんなことが可能であったか。

それは要するにエートスが変わってしまったからです。

というのも、尊王思想を信じる人たちにとって倒幕運動とは「神の国」を作るためのものであった。江戸幕府を倒したのは、中世ヨーロッパの領主たちのように自分の既得権益《きとくけんえき》を守るためではなかった。すべては、天皇を中心とする新国家を作るためにある。したがって、徳川時代までの悪い伝統はすべてぶち壊しても古代から伝わる日本の「正しい伝統」を復活すべきであると考えた。つまり、伝統主義を※否定した。

※伝統主義を否定した　こうした明治維新の思想的背景については、平泉澄『物語日本史』(全3巻、講談社学術文庫)が参考になる。

明治4年に行なわれた廃藩置県を見て、英国の駐日公使だったパークスはこう言ったと言われます。

「日本の天皇は神である」

これはまさしく、明治維新の本質を表わしている言葉です。

ヨーロッパの歴史において、王権神授説が猛威を振るっていた時代においても、ここまでの大胆な社会変革は行なわれませんでした。国王が領主の土地を取り上げる。そんなことを考えただけで、その国王は恐ろしさに震《ふる》え上がったことでしょう。

現にイギリスを見てごらんなさい。今でもイギリスでは、中世の貴族の称号が残っています。中世の領主は今でも生き残っているのです。

かたやフランスでは、フランス革命のときに領主から土地が奪われました。しかし、そのためにはたくさんの血が流され、国内では内戦が起こった。

しかるに明治の日本ではどうだったか。日本の藩主は、ヨーロッパの領主とは違いますが、それでも特権や既得権益を奪うという点では同じです。普通なら内戦が起こって当然です。

しかし、廃藩置県は一滴《いってき》の血を流すことなく完了した。

こんな奇蹟がなぜ可能になったのか。それはパークスがいみじくも漏《も》らしたように、当時の武士たちの多くが天皇を神であると信じていたからです。

明治維新によって、日本は文字どおり生まれ変わるわけですが、これほどの伝統主義否定が可能だったのは、ひとえに尊王思想を武士たちが信じていたからに他なりません。

「憲法の奥義」を知っていた伊藤博文

かくして明治維新という大革命は、尊王思想のイデオロギーによって成功したわけですが、その尊王思想を信じていたのは、人口のほんの一部を占《し》めるにすぎない武士たちの、そのまた一部だけでした。多くの庶民は尊王思想など、ほとんど関係がなかった。すでに述べたように、農民も町人も相変わらず伝統主義の世界で暮らしていました。

その伝統主義をぶち壊し、日本を近代資本主義国家にするために、尊王思想を「天皇教」という形に変えたのが、かの伊藤博文《いとうひろぶみ》です。

伊藤はこの時代にあって、近代ヨーロッパ憲法思想の根幹となっているのが、他ならぬキリスト教であることを見抜いていた。そして日本が近代国家になるにも、同じように宗教の力が必要であることを知っていたのです。

そのことを明確に述べているのが、明治21年（1888）6月に行なわれた彼の演説です。

ご承知のとおり、明治13年、高まる自由民権運動に応《こた》えて、明治政府は国会の設置と憲法の制定を約束します。

そこで伊藤博文が憲法草案の策定《さくてい》のためにヨーロッパに派遣されるわけですが、その帝国憲法草案がようやく作られたことを受けて、このとき、枢密院《すうみついん》でその審議が行なわれることになった。

審議の冒頭、伊藤は次のような趣旨の演説を行なっています。

「ヨーロッパにおける憲法は、いずれも歴史の中で作られてきたものであって、どれも一朝一夕《いっちょういっせき》にできたものではない。しかるに、我《わ》が国ではそうした歴史抜きで憲法を作らなければならない。ゆえに、この憲法を制定するに当たっては、まず我が国の『機軸《きじく》』を定めなければならない。……ヨーロッパにおいて、その『機軸』となったものは宗教である。ところが、日本においては『機軸』となるべき宗教がどこにもない」

つまり、伊藤はヨーロッパの憲法がすべてキリスト教の伝統から生まれたことがちゃんと分かっていた。そして、キリスト教のような伝統がないところに憲法を作っても、何の意味もないことも知っていたのです。伊藤は憲法の奥義《おうぎ》がちゃんと分かっていた。

皇室こそ憲法政治のカギ

戦前の憲法、つまり大日本帝国憲法はプロイセン憲法を真似したものだと、よく言われます。しかし、憲法を作った当人の伊藤に言わせれば「我が輩《わがはい》の仕事は、そんな簡単なものではない」と怒るに違いありません。

伊藤がヨーロッパに憲法研究に行ったのは、わずか半年ほどですが、その短い時間で彼は「宗教なきところに、憲法はありえない」という事実を悟《さと》った。そして憲法を作る前に、憲法の「機軸」となる宗教を作らなければならないことも分かった。宗教なきところに憲法なんて作っても、それはかえって混乱を生じるばかりだと思ったのです。

――それにしても大した着眼点ですねえ。

伊藤博文は長州藩《ちょうしゅうはん》の下級武士の家に生まれたのですから、高等教育を受けているわけではない。いちおう吉田松陰《よしだしょういん》の松下村塾《しょうかそんじゅく》に学んだことになっているが、それもわずかな時間です。また幕末に長州藩の留学生としてイギリスに渡っていますが、それもほんのちょっと。彼の青春時代は、ほぼすべて倒幕運動で費《つい》やされたと言ってもいい。

ところが、本当の人物というのは教育を受けていなくとも、真理を見抜く力がある。伊藤はその典型です。

さて、その伊藤は憲法を作るに当たって、宗教という機軸が必要だということに思い至ったわけですが、その機軸となるべき宗教とは何か。

伊藤はその答えを、この枢密院会議で明確に述べています。

「我が国にありて機軸となすべきは、ひとり皇室あるのみ」

すなわち、天皇教こそが近代日本を作るための機軸だというわけです。

彼はこの演説で明確に「既存の仏教や神道、あるいは儒教は、日本の新しい憲法の土台にはなりえない」と述べています。

これはまことに正しい指摘です。

江戸時代、仏教はすでに葬式仏教になっていますし、伝統的な神道にはキリスト教のような「神学」はありません。さらに中国の儒教は、日本では宗教性は抜けてしまっています。したがって、どうやっても既成の宗教では間に合わない。

そこで伊藤は江戸幕末を風靡《ふうび》した尊王思想を、新政府の宗教にすることで日本を近代化、つまりデモクラシー化、資本主義化するというアイデアを思い付いた。

この伊藤のもくろみは、見事に的中しました。

すでに述べたように、教育勅語などを通じて、日本人は挙げて「天皇の赤子《せきし》」という意識を持つようになりました。近代日本人は西洋人と同じように、「日本人は平等である」と信じるようになった。かくして日本は近代国家への道を歩むようになったというわけです。

明治憲法は誰との契約か

さて、憲法の中心に天皇教を置くというのは、日本人に近代精神を植え付けるうえで、たいへんな功績があったわけですが、しかし、そこに欠点がなかったわけではない。

というのも、西洋の憲法とはそもそも国王の権力を縛《しば》るためのもの。権力者と国民との契約です。ところが日本においては、その君主が「神である」とされた。現人神である君主をどうやって縛ればいいかという大問題が生じてくる。

キリスト教の神を見れば分かるように、本来、神とはすべてから自由な存在です。どんなものにも縛られないのが神なのに、その神に憲法を守らせることができるのか。

――うーむ、これは大問題。

かといって、神は自由であるのだから、天皇は憲法に縛られないとしてしまったら、何のための憲法かという話になる。それではヨーロッパの絶対君主と同じですから、とうていデモクラシー国家とは認められない。

そこで、明治憲法では他の国の憲法に見られない、特殊な形の契約が行なわれた。

そのことは明治憲法発布の際に出された「告文《こうもん》」という、文書に現われています。この「告文」とは、天皇が先祖である皇祖《こうそ》・皇宗《こうそう》・皇考《こうこう》の神霊《しんれい》に対する誓約書。

皇祖とは天照大神、皇宗とは天照大神直系の神々と歴代の天皇、そして皇考とは天皇の父、つまり孝《こう》明《めい》天皇のことを指します。

すなわち、明治天皇は「この憲法を守ります」という宣言を、国民に対してなさったのではない。皇室のご先祖様に誓ったことだから守る。憲法を破れば、ご先祖様に申し訳ないというわけです。

――なるほど、うまいこと考えたものですね。

しかし、この結果、帝国憲法は天皇と人民との契約ではなく、明治天皇と神々との契約になってしまったのも事実です。

そのため、日本人の意識に「憲法とは国家を縛るものである」という意識がとうとう定着しなかった。

憲法が大切なのは、それが権力を規制するためのものだとは思わずに、「天皇様が守れとおっしゃったから、大切なものだ」という意識しか生まれなかった。

かといって、この時期の日本ではどこをどうやっても、天皇と人民との契約なんてものは成立しようもありません。国民にそれだけの意識がないのだから、それを恨《うら》んでもしかたがないことではあります。

しかし、これが結果として、後になって響いてきた。昭和になると、天皇の権威に名を借りて軍部が専横を始め、ついに日本は暴走してしまうことになった。

こうしたことを許してしまったのも、結局は憲法が天皇と人民の契約になっていなかったことに起因する。もし、日本国民に「憲法とは人民との契約である」という意識があれば、軍部の暴走、権力の横暴は許さないということになったはずだからです。

拒否権が立憲君主制の分かれ道

さて、そこで明治憲法との絡《から》みで、どうしても触《ふ》れておかなければならないことがある。

さっき述べたように、昭和になると軍部が明治憲法を悪用して、暴走をしはじめた。その結果、日本は敗戦を迎えることになったわけですが、これについて「天皇にも戦争の責任があったのではないか」と考える人々がいます。つまり、戦前日本の行動に関しては、国家元首《こっかげんしゅ》である天皇にも多少なりとも政治責任があるはずだというわけです。

しかし、最初に結論を言ってしまえば、こういうことを言う人は憲法の何たるかがまったく分かっていない。デモクラシーとは何かが分かっていないから、こういう暴論が出てくる。

そもそも戦前の日本のような国家を、政治学では「立憲君主国《りっけんくんしゅこく》」と呼びます。すなわち憲法によって君主の権力が制限を受けているのが、立憲君主国です。

その代表的な例が、議会制民主主義の本家本元であるイギリスです。イギリスにおいては、君主は国王ですが、その国王の権力は完全に議会によって制限されていて、実際には何の決定権もない。「君臨《くんりん》すれども統治《とうち》せず」とは、そのことを指した言葉です。

さて、そこで立憲君主国とそうでない国の見分け方を伝授しましょう。

君主がいて、憲法があれば、立憲君主国であるかといえば、そうではありません。憲法は生き物なのですから、それが実際に作動していなければ、たとえ立派な憲法があっても、その国は立憲君主国とは言えない。憲法はただの建前《たてまえ》で、君主が実質的に統治を行なっていれば、その国は要するに専制君主国です。

では、君主が立憲君主か、専制君主であるかを見分けるポイントはどこにあるか。

その答えは「拒否権」です。つまり、政府が決定したことに対して、君主が拒否権を発動できるのであれば、その国は立憲君主国ではありません。逆に、君主が政府の決定にすべて従うのであれば、その国は立派な立憲君主国。

すでにご承知のとおり、イギリスの憲法は慣習法《かんしゅうほう》で、日本のような成文憲法《せいぶんけんぽう》ではありません。したがって、イギリス憲法がいつ成立したかについては、いろんな議論がある。しかし、一番有力な説は1707年だと言われています。

その根拠は何かといえば、この拒否権です。

つまり、それ以前はイギリスでも国王が議会の決定に対して、拒否権を発動したことがあった。ところが、1707年、時のアン女王が拒否権を発動したのを最後に、国王が拒否権を発動した例はなくなった。だから、憲法が成立したのだというわけです。

ですから、正確に言えば、イギリス憲法が成立したのは「1707年以降の、どこかの時点」ということになるわけですが、これ以後、どんなことがあっても国王は政府の決定にサインしなければならないことになった。

イギリスのジャーナリスト、バジョットはその著書『英国憲政史』の中で、「議会が女王に死刑宣告文を可決したら、女王は黙ってそれにサインしなければならないであろう」と言っています。立憲君主とは、かくも無力な存在であるというわけです。

天皇に拒否権はあったか

さて、そこで日本の場合はどうであったか。明治憲法は、立憲君主国の憲法として作動していたか。ここが大問題です。

先に答えを言えば、明治憲法はその点において、立派に作動していた。つまり、戦前の日本はイギリスと同じく、立憲君主国であった。

大日本帝国憲法の第55条には、「国務各大臣ハ天皇ヲ輔弼《ホヒツ》シ其《ソ》ノ責ニ任ズ」という規定があります。輔弼とは辞書を引くと「天子《てんし》や君主の行政を助けること」とあります。

つまり、解釈のしようによっては、やはり天皇が最終決定権を持っていたと見ることもできる。しかし、憲法の場合、もっとも大事なのは慣習です。つまり、拒否権を行使することが実際に許されたかという点にある。

この点においては、明治憲法の運用は明確でした。つまり、内閣が決定したことに対して、天皇は反対することはできない。たとえ本心は反対であっても、そのまま「そうであるか」といって、裁可《さいか》する。

――しかし、かりに天皇が「反対である」と言い出したら、どうなるんです。

その場合は、天皇の発言といえども無視する。

――無視しちゃっていいんですか。相手は現人神ですよ。

そうしないかぎり、日本は憲法政治が行なわれなくなるのだから、絶対に無視するしかない。これが明治以来の伝統です。

「これは朕の戦争ではない!」

というのも、実際に明治憲法が作られた当初、そうした「事件」が起こった。

それは明治27年に始まった日清戦争《にっしんせんそう》のときです。

この日清戦争の経緯《いきさつ》は話せば長くなるから省略するとして、このとき日本の外務省や軍部は断固《だんこ》として日清戦争を行なうつもりであった。ところが、これに対して明治天皇が反対なさった。要するに、いきなり戦争に打って出るのではなく、もう少し外交交渉を行なってみてはどうかということです。

ところが、それでも政府は明治天皇のご意向など、まったく聞きもしない。戦争やむなしとして、どんどん開戦の準備を進めていきます。

こうして同年7月25日、日本はついに清軍と交戦することになるわけですが、牙山《がざん》において日本陸軍が清軍を攻撃しようとしている情報を得た明治天皇は、大いに怒って伊藤首相に攻撃中止命令を出せと強い調子で命じられた。時に明治天皇は御年《おんとし》41歳、その怒りたるや想像にあまりあります。

これには、さすがの伊藤も恐れおののいて、攻撃中止命令を参謀本部と外相に伝えた。

ところが、これに対して陸奥《むつ》外相は天皇みずからの命令を握りつぶして、発信させなかった。かくして日本陸軍は一斉《いっせい》に清軍を攻撃し、明治天皇の命令は完全に無視されたというわけです。

――明治天皇はそれで我慢なさったんですか。

お怒りになったとも！

本来なら、開戦となったことを皇祖・天照大神と皇考・孝明天皇に報告するため、御陵《ごりょう》に勅使《ちょくし》を派遣される予定だったのですが、「これは朕《ちん》の戦争ではない」と言って、勅使を出されなかったほどです。

しかし、すでに明治憲法は発布《はっぷ》されていて、日本は立憲国家になったのですから、天皇の意志よりも政府の意志が優先する。したがって、明治天皇がいかに反対なさっても、政府が開戦決定をしたのであったら、天皇もそれを裁可なさる他ない。

実際、この開戦の直後、伊藤内閣は閣議で対清開戦を正式決定するのですが、この閣議決定を明治天皇は裁可なされた。いや、裁可なさるしかなかったと言うべきか。

日清戦争の開戦の経緯《いきさつ》については、かねてから議論があるところですが、こと憲法に関するかぎり、この前例によって大日本帝国憲法第55条の解釈は確定したと言えます。イギリス憲法のひそみに倣《なら》って言うならば、「明治憲法はこの年、実質的に成立した」ということになるでしょう。

天皇に戦争責任はない

こうした事実の積み重ねがあって、明治の憲法は近代憲法として見事に働くことになった。天皇は立憲君主であるということは、戦前の憲法学においても定説とされていました。また、明治・大正・昭和の歴代天皇はいずれも、立憲君主として立派に振る舞われて、拒否権を発動なさったことはなかった。

したがって、憲法という観点から見れば「天皇の戦争責任」などあるわけがない。日本においては、戦前も戦後も政治責任はすべて内閣にあった。天皇はただ、それを裁可なさるしかないのです。

「もし、昭和天皇が日米開戦を拒否してくださったら敗戦は避けられた」と言う人がいますが、しかし、そんなことをした瞬間、日本の憲法政治は崩壊し、日本は絶対君主国に戻ることになる。天皇独裁の国になってしまう。

それは、デモクラシーなんか必要ないと言っているのと変わらないのです。

――「困ったときの天皇頼み」では駄目だということですね。

たしかにそのとおりです。

しかし、実際の歴史を見ると、近代日本ではどうしても「天皇頼み」にならざるをえない瞬間が2回だけあった。

それは2・26事件のときと、終戦のご聖断《せいだん》のときです。

2・26事件は昭和11年、日本陸軍の青年将校を中心に行なわれたクーデターですが、このとき首都・東京は反乱軍に占領され、政府の機能が事実上ストップした。首相が暗殺されたという情報までが流れたくらいで、政府はまったく動かなくなった。

しかも、このクーデターに対して、当時の軍首脳は青年将校を支持すべきか、それとも反乱部隊として処分すべきかの判断に迷って何もできなかった。

そこで昭和天皇がみずから「これは反乱軍である」と決定なさったので、ようやく軍部も決断し、事件が終息《しゅうそく》したという経緯があります。

さて、このとき昭和天皇はみずから政治決断をなさったわけですが、はたしてこれは憲法の精神に照らし合わせたときに、どう判断されるべきか。

先ほども述べたように、このとき政府の機能は完全にストップしている。天皇を輔弼《ほひつ》するべき内閣が実質上、なくなったに等《ひと》しい。したがって、この場合は言うなれば、緊急避難《きんきゅうひなん》の措置《そち》であると見るべきです。

さらに2回目は、第2次大戦における終戦を決めた御前会議《ごぜんかいぎ》です。昭和天皇は居並《いなら》ぶ重臣たちに向かって、ポツダム宣言受諾の聖断を下されたわけですが、このときもまた政府は事実上、機能していなかった。

というのも、このとき日本の首脳たちは何度も会議を繰り返したあげく、終戦か戦争継続かの最終決断を下せなかった。そのため、政府みずから天皇の判断を求めたわけで、すすんで天皇が憲法を破ったのではありません。これもまた政府が実質的に機能停止になったわけで、非常事態の措置と見るべきでしょう。

したがって、この2つの例を持ち出して、戦前の日本で天皇に政治責任があったとするのは、どう見ても暴論です。戦前の日本はあくまでも立憲君主国家であったのです。

藩閥政府VS議会

さて、以上のことでも分かるように、明治憲法の成立によって近代日本は堂々たる立憲君主国になったわけですが、次なる大問題は日本にデモクラシーがあったかということです。

たしかに憲法によって、天皇は立憲君主となった。しかし、そこで行なわれる政治が一部の人々によって行なわれるのなら、戦前の日本はデモクラシーとは言えません。憲法はデモクラシーの前提条件ではあるけれども、憲法があればデモクラシーになるとはかぎらないわけです。

そこで現実の歴史を見れば、はじめ明治政府を牛耳《ぎゅうじ》っていたのはいわゆる藩閥《はんばつ》です。薩長を中心とする藩閥が実際の政治を行なっていて、人民の代表たる議会は首相を出すことができなかった。この点ではデモクラシーではなかった。

ところが、天皇教の効果恐るべし。日本の人権思想は「神の前の平等」ならぬ「天皇の前の平等」という特殊なスタートをしたわけですが、時を経《へ》るにしたがって、それでも立派にデモクラシーは育っていった。

戦前日本にデモクラシーはなかったと思っている方は多いでしょうが、そんなことはない。どこに出しても恥ずかしくないデモクラシーが育っていたのです。

大正2年、すなわち1913年、日本のデモクラシーの歴史に燦然《さんぜん》と輝く出来事が起こりました。それは※尾崎咢堂《おざきがくどう》の桂内閣弾劾演説《かつらないかくだんがいえんぜつ》です。

※尾崎咢堂（1858－1954）本名・行雄。慶応義塾中退後、新聞記者となる。1890年に行なわれた第1回総選挙以来、連続25回当選。桂内閣打倒後は普通選挙運動に参加、治安維持法や翼賛選挙に反対した。戦時下には不敬罪で告訴されるも無罪。1953年に初めて落選して引退。「憲政の神様」と言われる。

先ほども述べたとおり、明治時代における薩長藩閥の権力たるや絶大でした。彼らは「自分たちが明治政府を作った」という自負があるから、議会なんぞ怖くない。薩摩の樺山資紀《かばやますけのり》海軍大臣などは議会に対して「それほどまで反薩長的言辞《げんじ》を弄《ろう》するならば、議会に大砲をぶち込むぞ」とまで放言した。

——言いも言ったり、ですな。

いや、議会制度の始まりなんて、どこでもこんなものです。

そもそもピューリタン革命も、国王に反抗する議会に対してチャールズ1世が軍隊を投入したことから始まった。しかし、そこでイギリス議会があくまでも抵抗したから、イギリスに議会政治が定着した。

そこで議会が王様にひれ伏せば、イギリスには議会政治もデモクラシーも生まれなかった。

しかして、戦前日本の場合はどうであったか。

藩閥政府が何と言おうとも、議会は断固、抵抗した。それどころか、言論の力でついに内閣をも倒すに至った。これが今紹介した、尾崎咢堂の弾劾演説です。日本のデモクラシーはとうとうそこまで成長したのです。

首相を殺した大演説

さて、その尾崎咢堂の弾劾演説とはどんなものであったか。

時の首相・桂太郎《かつらたろう》といえば、その権勢《けんせい》たるや他に並ぶものなし。なにしろ、桂内閣の下、日本は日露《にちろ》戦争《せんそう》で大国ロシアに勝利を収め、韓国をも併合した。桂太郎は自分こそ日本を救った男であると思っている。

ところが、この桂に嚙《か》みついたのが帝国議会です。桂はおのれの権力を笠《かさ》に着て、やたらに勅令《ちょくれい》を連発し、国民に無用の圧力を加えているという非難が高まった。

こうして登場したのが立憲政友会《りっけんせいゆうかい》の尾崎咢堂です。尾崎は第30回帝国議会の壇上に立ち、弁論をもって桂首相を指弾《しだん》した。

すなわち桂首相は「つねに口を開けばただちに忠愛《ちゅうあい》を唱《とな》え、あたかも忠君愛国《ちゅうくんあいこく》は自分の一手専売《いってせんばい》のごとく」唱えている。しかし、その実際はどうか。天皇の名の下に、私利私欲の政治を行なっているにすぎない。そもそも首相とは、憲法の規定にあるごとく、天皇の輔弼《ほひつ》の任に当たるべき人物であるのだから、一挙一動《いっきょいちどう》が天皇の手本となるくらいでなければならない。ところが桂には、そんな立派なところは

1つもないではないか。

——そこまで言われて、桂太郎はどうしたんですか。

尾崎の演説に議会は満場総立ちとなって喝采《かっさい》を送った。そのようすに、さしもの桂太郎も顔面蒼白《そうはく》となった。公的な場で人間性まで罵倒《ばとう》されたのですから、当然です。

この尾崎の演説が火を点《つ》けた形になって、議会の外でも桂内閣打倒運動が行なわれた。これを見て、桂太郎もついに諦《あきら》めた。総辞職したのち、桂は悶死《もんし》してしまった。

——演説を聞いて、悶死！

議会の演説とは、そのくらいのパワーがある。

それに比べたら、今時の国会の演説なんて演説のうちにも入らない。

この当時の帝国議会には、尾崎咢堂以外にも演説の名手がたくさんいた。犬養木堂《いぬかいぼくどう》、永井柳太郎《ながいりゅうたろう》、浜口雄幸《はまぐちおさち》、鶴見祐輔《つるみゆうすけ》……彼らの演説が本にまとめられて、市販されていたくらいです。代議士の演説集が販売され、それがどれも大ベストセラーになったなんて、シマジくんには想像もできないでしょう。

——政治家が書いた本なんて、今じゃ猫もまたぐと言われているくらいですからねえ。

大正デモクラシーは日本の誇り

さて、この尾崎演説の重要なところは、議会での弁論によって実際に内閣が倒れたという点にあります。

前にイギリスの議会政治はディズレーリによって完成したという話を紹介しました。ディズレーリは弁論の力だけで、時のピール内閣を辞任に追い込んだ。このときを以《もっ》て、イギリスの議会政治はついに一人前になったわけですが、尾崎演説はまさにそれと同じです。すなわち、この桂内閣の辞職こそが「大正デモクラシー」の始まりだと言えます。

実際、これからおよそ5年後に「平民宰相《へいみんさいしょう》」と言われた原敬《はらたかし》が総理大臣になった。それまでの首相はほとんど藩閥の出身であったのが、このとき初めて平民の衆議院議員が総理大臣に選ばれたわけです。

すでに述べてきたように、デモクラシーとは一朝一夕に誕生するものではありません。長年にわたる権力との戦いを経て、人民が勝ち取るものがデモクラシーです。その意味において、戦前の帝国議会はたしかにこの時期、デモクラシーを勝ち取ることに成功した。

天皇の前の平等という、ヨーロッパでは考えられない前提から始まった日本の憲法政治も、自力でここまで進化したのです。これは奇蹟と言ってもいい。

――デモクラシーは「優曇華《うどんげ》の花」、ですものねえ。

だから、このことを日本人はもっと誇りに思うべきではないでしょうか。つい半世紀前まで身分制があった日本が、誰からの力も借りずにここまで来た。これは今から考えても、恐るべきことと言わざるをえない。

――水を差すようで申し訳ないですが、でもその後、日本は軍国主義になってしまうわけですよね。

たしかに、それは動かしがたい事実です。

しかし、このとき日本のデモクラシーはけっして簡単に軍部に道を譲ったわけではありません。その間にも、さまざまな戦いが行なわれた。

では、日本の議会政治はどのように死に絶えたのか――それをつぶさに見ていくことにしましょう。

第12章

角栄死して、憲法も死んだ

デモクラシーを食い殺す怪物

「法の前の平等」ならぬ「天皇の前の平等」、そして憲法が「人民との契約」ではなく、「皇祖《こうそ》・皇考《こうこう》との契約」として始まった近代日本も、ようやく大正時代になって独自のデモクラシーを持つようになりました。

当時の人々は、天皇中心の日本では「民主主義」と言うのは恐れ多いとして「民本主義《みんぽんしゅぎ》」という言葉を使っていましたが、国民の代表たる議会が権力を縛るという意味では、民本主義は紛《まぎ》れもなくデモクラシーであったわけです。

ところが、その輝かしき大正デモクラシーも昭和に入ると急速に失われていきます。デモクラシーとの関連で考えた場合、大きな転機となったのは昭和11年（1936）2月26日に起こった2・26事件でありましょう。

このクーデターは、昭和天皇の緊急避難的な措置によって、幸いにして未遂《みすい》で終わったわけですが、この事件を見て、世間は軍部批判を差し控えるようになりました。ことにその傾向の強かったのは、マスコミ、つまり新聞です。日本のマスコミ人たちは、軍を批判すれば、どんな目に遭《あ》うか分からないと自己規制を始めたのです。

また世論の中にも、軍人の「憂国《ゆうこく》の情《じょう》」を褒《ほ》め讃《たた》える声は強かった。すでに2・26事件の6年あまり前、大恐慌は始まっています。それ以前から金融恐慌によって不景気に突入していた日本経済は、大恐慌によってさらに大きな打撃を受けました。

景気はどんどん悪くなり、東北の農村などでは娘たちが家を救うために身売りをしなければならなくなった。世の中には失業者が溢《あふ》れています。

もちろん、当時の日本にはケインズ経済学もなければ、ヒトラーのような天才もいない。政府も議会も、この空前の大不況の前になすすべもない。ただただ議論に議論を重ねるばかりであった。

こうした状況を見て、もはや日本の政治を議員どもに任《まか》せておけないと考えたのが、彼ら軍人でありました。選挙区におもねり、献金してくれる企業の顔色をうかがう代議士では頼りにならない。われら軍人こそが、この日本の苦境を救うしかないと考えた。

――そこで軍部独裁を始めようとしたわけですね。

いや、デモクラシーは衆愚政治《しゅうぐせいじ》だと考える連中はどの時代にもいる。言いたい奴には言わせておけばよい。軍人がいかに憂国の情を持とうとも、それがただの「遠吠《とおぼ》え」で終わっていれば、それで問題はなかった。

ところが昭和の日本では、この軍人たちを支持する人々が増えてきた。非効率な議会政治はコリゴリだ。軍人さんのほうが、代議士よりも日本のことを心配している。彼らに政治を任せたらどうだと考える人たちが国民の中に増えてきた。こちらのほうが大問題です。

すでにボナパルティズム、ナチズムのところで述べたように、デモクラシーを殺すのは独裁者にあらず。デモクラシー自身です。

大衆が「デモクラシーなんて要らない」と言い出したら、もうどうにもならない。あとは独裁者が現われるのを待つばかり。

それと同じことが、戦前の日本で起きた。日本のデモクラシーを殺したのは軍部でもなければ、ましてや憲法ではない。日本人みずからがデモクラシーを殺したのです。

軍部と戦った代議士たち

あらためて言うまでもなく、議会とは人民の代表たる議員が集まって、自由に討議をする場所です。議員の力の源《みなもと》は、他でもない人民にある。ところが、その人民が「もうデモクラシーは要らない」と考えるようになった。

この一大事に、はたして帝国議会はどうしたか。もう駄目だと言って、ただちに軍部に道を譲ったでしょうか。

そうでは、ありません。「議場こそが自由の最後の牙城《がじょう》」と戦った人々がおりました。

その代表的な例が、いわゆる「腹切《はらき》り問答」の浜田国松《はまだくにまつ》代議士と、「反軍《はんぐん》演説」の斎藤隆夫《さいとうたかお》代議士です。彼らのエピソードは日本憲政史上、まことに有名な話ですが、あらためてここで述べたいと思います。

政友会の浜田国松代議士は2・26事件の翌年1月に開かれた第70回帝国議会において、寺内寿一《てらうちひさいち》陸相に質問、いや詰問《きつもん》した。すなわち、最近の軍部を見るに、あなたがたは独裁強化の道をひたひたと歩んでいるのではないかというわけです。

この勇気ある浜田代議士の演説には、議場に「しかり」「ヒヤヒヤ」という賛成の声が上がった。

浜田の質問を聞いて立ち上がった寺内陸相は、軍部独裁など考えていないと否定したあとで、こう言った。

「ときに、先刻来《せんこくらい》の浜田君の演説中、軍人に対していささか侮辱《ぶじょく》するかのごとき言説《げんせつ》があったのは遺憾《いかん》である」

これに噛《か》みついたのが浜田です。

「自分の言説のどこに軍隊を侮辱した箇所《かしょ》があるか。いやしくも国民を代表している私が、不当な喧嘩《けんか》を吹っかけられては後へは引けぬ。どこが軍を侮辱したのか、事実を挙げよ」

そこでふたたび登壇《とうだん》した寺内陸相は、こう弁解した。

「侮辱したとは言っていない。ただ軍を侮辱するかのような言辞《げんじ》は、軍民一致の精神を阻害《そがい》すると言いたかっただけである」

そこで浜田は、

「侮辱したと最初に言っておきながら、こんどは侮辱に当たるような疑いがあるとトボケてきた。武士は古来、名誉を重んじる。事実も根拠もなくして他人の名誉を傷つけるのは許しがたい」

と言ったあとに、さらにこう畳《たた》みかけた。

「速記録を調べて、小生の発言に軍を侮辱した言葉があるかどうか探してほしい。あったら割腹《かっぷく》して君に謝罪する。なかったら、君が割腹せよ！」

言論の自由は議会から生まれた

これが世に有名な「腹切り問答」なのですが、この浜田の発言で議場は怒号《どごう》と興奮のために、大混乱になった。もちろん陸軍は怒りました。陸軍は議会を解散するか、浜田代議士を政友会から除名させろと広田弘毅《ひろたこうき》首相に詰め寄った。この処置に困った広田内閣はついに総辞職してしまいます。

さて、この腹切り問答において重要なのは、まず第1に、どれだけ陸軍が議会に対して圧力をかけようとしても、当時の議会はビクともしなかったという点です。浜田代議士はいかなる懲罰《ちょうばつ》も受けなかった。ここがポイントです。

議会のそもそもの役割は権力の横暴に抵抗することにある。議会の中で思うがままに権力批判をするのが、議員の仕事です。しかし、権力の側から見れば、好き放題に批判を行なう議員たちが憎らしくてしかたがない。

これは議会政治の本家本元であるイギリスでも同じことです。たとえば16世紀半ばに即位したエリザベス女王は、一生を独身で貫《つらぬ》き「処女王《バージン・クイーン》」と言われた人ですが、彼女に対して議員たちは遠慮がなかった。「女王陛下は、いつ結婚なさるのですか」とか「陛下にはボーイ・フレンドはおられるのでしょうか」としょっちゅう聞く。

——立派なセクハラですぜ、それは。

だがエリザベス女王は稀代《きたい》の名君であったから、彼女はそんなことを言った議員を責めなかった。議員たちが心の底では女王を敬愛していることを知っていたからです。

しかし、そうした蜜月《みつげつ》状態がいつまでも続くわけがない。エリザベス女王の2代後に即位したチャールズ1世と議会との折り合いは悪く、つねに議会は国王と対立した。そこで怒ったチャールズ1世はとうとう議会に国王軍を投入した。そこで立ち上がったのが、かのオリヴァー・クロムウェルでした。

クロムウェルはピューリタン革命を起こし、ついにはチャールズの首をはねてしまったわけですが、その「国王殺し」のクロムウェル像が、今でもイギリスの国会議事堂正面に建っています。それというのも、イギリスの議会政治史においては、クロムウェルこそ議会内での言論の自由を守り抜いた大恩人だからなのです。

デモクラシーの歴史において、「言論の自由」は議会から始まったもの。

議会において議員が何を言おうと、王といえども処罰することは許さない。これこそが言論の自由の始まりなのです。

実際、明治憲法の第52条にも、日本国憲法の第51条にも、議員が議会内で行なった発言に対して院外で責任を問わないという規定がある。議員の言論の自由こそ、デモクラシーの砦《とりで》と言うべきものなのです。

さて、その観点から見れば、戦前日本の議会制度は合格か、不合格か。

その答えは言うまでもないでしょう。

前にご紹介した尾崎咢堂は桂首相の人格までを否定しましたが、それでも彼は何の処罰も受けなかった。この浜田国松においても、しかりです。

明治の藩閥、そして昭和の軍閥は巨大な権力を有していましたが、その力をもってしても議員を処罰できなかった。つまり、日本においても議院内の言論の自由は立派に守られていたわけです。

かくして議会は「自殺」した

しかし、残念ながら日本の議会が健全さを保っていられたのも、この腹切り問答の時代までの話でした。

昭和15年（1940）2月に開かれた第75回帝国議会において、民政党から代表質問に立った斎藤隆夫代議士は、かの「反軍演説」をします。

腹切り問答のあった昭和12年（1937）7月7日、盧溝橋《ろこうきょう》事件に始まった支那事変《※しなじへん》はすでに足かけ4年を迎えていましたが、戦線は拡大する一方でいっこうに終わる見込みはない。そこで斎藤は、この「事変」の目的を政府に問《と》い質《ただ》した。

※支那事変　今日では「日中戦争」と言う人もあるが、当時の呼称は支那事変である。この時期の大陸には統一政権がなく、「清」や「中国」といった国号は使えなかったので、地理的名称である「支那」という語が使われた。「日中戦争」では、そうした歴史状況が分からなくなる。

すなわち、事変による戦死者は10万人を超え、その数倍の負傷者を出している。軍はこの事変を「聖《せい》戦《せん》」と呼んでいるようだが、そもそも戦争に正しいも悪いもない。問題なのは、この戦争によって、日本は何を得るのかということである。ところが政府は公式声明において「支那の主権を尊重し、領土や賠償を要求しない」と言っている。それでは、いったいここまで浪費した軍費や損害をどのようにして埋めるつもりなのかというわけです。

この斎藤代議士の質問は、理《り》路《ろ》整《せい》然《ぜん》とした立派な内容です。

事実、これを聞いた畑《はた》俊《しゅん》六《ろく》陸相でさえ「政治家というものは、なかなか、うまいこと急所を突いてくる」と漏《も》らしたほどだった。

ところが、そこで重大なことが起こりました。

この斎藤質問に対する迫害が、軍部ではなく、議会の同僚たちから来たのです。

すなわち斎藤代議士の発言は「聖戦目的を侮《ぶ》辱《じょく》するものである」として、衆議院本会議で彼の除名が決定し、彼の発言そのものも議事録から削除された。それればかりか議会では、軍におべっかを使って「聖《せい》戦《せん》貫《かん》徹《てつ》に関する決議案」まで可決してしまったのですから、恐れ入るではありませんか。

言論の自由こそが議会の砦《とりで》であるはずなのに、その砦を議会みずからが明け渡した。これはまさしく「議会の自殺」です。

ピューリタン革命を見ればただちに分かることですが、権力者からどんなに弾圧を受け、議会が解散させられようとも、その議会はやがて不死鳥のように復活する。議会には、それだけの力がある。しかし、議会みずから死を選んでしまったら、これはどうしようもない。2度と復活はしない。

斎藤隆夫が除名されたのは昭和15年（1940）3月7日です。

この日、戦前日本のデモクラシーは死に、明治憲法も死んだ。

日本の命数《めいすう》は、まさしくこの日に尽《つ》きたと言ってもいいでしょう。

何が軍部の横暴を許したのか

戦前の日本がどうして、軍部の跳梁跋扈《ちょうりょうばっこ》を許したのか。そして、なぜ軍部によって戦争に引きずり込まれてしまったのか。

その原因については、さまざまなことが書かれていますが、その中でもしばしば言われるのが、明治憲法や当時の制度に致命的な欠陥があったという説です。

すなわち大日本帝国憲法の第11条に「天皇ハ陸海軍ヲ統帥《トウスイ》ス」という規定があり、戦前の軍隊は天皇に直属することになっていました。そのため、政府が軍隊の作戦行動に干渉するのは憲法違反、当時の言葉で言えば「統帥権《とうすいけん》の干犯《かんぱん》」であるとされ、軍の独断専行を許したというわけです。

あるいは軍の暴走の原因を「軍部大臣現役制」に求める考えもあります。

軍部大臣現役制というのは、陸軍大臣、海軍大臣になれるのは、現役の大将・中将に限るという規定です。

この規定は1913年、山本権兵衛《やまもとごんべえ》内閣によっていったん廃止されるのですが、先ほどの浜田国松の「腹切り問答」が行なわれた広田弘毅内閣のときに復活します。

この現役制の規定を陸軍は最大限に活用した。すなわち陸軍の言うことを聞かない人物が首相候補になった場合、陸軍が「この首相では陸軍大臣の引き受け手がいない」と宣告する。陸軍大臣がいなければ組閣は不可能ですから、この結果、その首相候補は任命を辞退するしかないというわけです。

その結果、陸軍は事実上、内閣を支配することができるようになりました。現役制を利用することによって、軍は自分の望む総理大臣を選べるようになった。腹切り問答の昭和12年から始まった支那事変でも、また昭和16年から始まった対米戦争でも、つねに軍の意向が最優先して、日本は政治不在の国になったのは、この現役制にあるというわけです。

さて、統帥権にしても、軍部大臣現役制にしても、たしかにそれらは傾聴《けいちょう》に値《あたい》する重要な問題ではあります。しかし、こうしたことが戦前の日本にとって、真に致命的なことであったかと言えば、疑問符を付けざるをえません。

なぜなら、欠陥のない憲法、欠陥のない制度など、どこの国にだって、ありはしない。憲法や制度は天からの授かりものではありません。すべて人間が作ったものである以上、欠陥があるのは当然のことではありませんか。

どんなに知恵を絞って抜け穴をなくしたとしても、やがて、その法律や制度を作った人間より悪賢《わるがしこ》い奴が出てくる。法の抜け穴、制度の抜け穴を悪用する連中が出てくるのです。

もし憲法や制度の欠陥が、その国を自動的に独裁に導くのであれば、今ごろ地球上はみな独裁国だらけになっていて不思議はない。そうではありませんか。

議会が独裁者を作る

では、たとえ憲法に欠陥があったとしても、それが致命的な方向に働くのは、どういう場合か。

そのカギを握るのが、人民の代表たる議会なのです。議会こそが、法の欠陥、制度の欠陥が露呈《ろてい》することを防ぎ、権力の暴走を防ぐ最大の力である。そのことをデモクラシーの歴史は教えています。

ところが、その議会が自分の任務を放棄《ほうき》してしまったら、どうなるか。

憲法や制度の中に潜《ひそ》んでいた欠陥や矛盾は、ただちに現われて自由に羽ばたき始めるでしょう。そうなったら、もはや止める者はどこにもいない。リヴァイアサンは解き放たれるのです。

「近代憲法の最良の部分を集めて作った」と言われるワイマール憲法は、なぜ死んだのか。

ワイマール憲法を殺したのはヒトラーではありません。あの全権委任法を作った議会こそが、憲法を殺し、ワイマール共和国を殺した下手人です。彼らが手を貸さなければ、たとえヒトラーであろうともドイツの独裁者にはなりえなかった。

議会が自分の任務を放棄すれば、その国のデモクラシーの運命は決まるのです。

これに対して、議会がつねに権力を牽制《けんせい》し、その行動を監視していればデモクラシーは守られる。その好例がイギリスやアメリカです。

イギリスやアメリカが、長年にわたって民主主義を守ってこられたのは、歴代の権力者が善人だったからではありません。議会がそれこそ鵜《う》の目鷹《めたか》の目《め》で、権力者が法や制度の欠陥を悪用していないか監視してきたからです。

ところが戦前日本の場合は、どうであったか。

昭和15年、帝国議会はみずから言論の自由を封殺した。そして、軍部を批判した斎藤隆夫を除名処分にしてしまった。議会は任務を放棄してしまったのです。

日本の運命を決定したのは、憲法でもなければ、制度でもありません。ドイツと同じように議会が自殺してしまったことこそ、日本にとって致命的なことであったのです。

――でも、あの時代の日本で議会が抵抗したところで、どうせ日本の運命は決まっていたようなものでしょう。

いや、そうともかぎらない。議会が戦えば、軍部の横暴を抑《おさ》えることは充分できた。

――ホントですか！

「越境将軍」の敗北

そこで斎藤隆夫を除名したときの日本を振り返ってみることにしましょう。

陸軍と、そのお先棒《さきぼう》を担ぐ内閣があくまでも斎藤の除名を求めてきたとき、もし心ある議員が議会の多数派を占めていたとします。

その人たちがあくまでも斎藤を守り抜く覚悟であれば、議会政治の常道《じょうどう》として、議員に不当な圧力をかけた内閣に対する不信任案を出す。そして可決する。すると、おそらく内閣のほうだって後には引けないから、衆議院を解散して総選挙になったはずです。

この総選挙で、議員たちが徹底的に軍の横暴《おうぼう》を非難して選挙運動をやったとする。その結果、斎藤をはじめとする批判派の議員たちが当選し、議場に戻ってきたらどうなるか。

これはすなわち国民が斎藤を支持し、軍の横暴に反対していることの証明に他ならない。こうなれば、軍も内閣も議会の意志を尊重せざるをえなくなる。

――しかし、それでも軍が懲《こ》りなかったら、どうしますか。

そのときは何度でも内閣不信任案を出し、何度でも総選挙をやればいい。そして民意がどちらにあるかを見せつけるのです。

およそ憲法の歴史において、これに逆らえた権力者はおりません。

――それは先生がそう思っているだけで、実際にそうなったとはかぎりませんよ。

君もよほど僕を疑っていると見えるが、これには実例がある。

斎藤隆夫の反軍演説を遡《さかのぼ》ること3年前の昭和12年、林銑十郎《はやしせんじゅうろう》なる陸軍大将が総理大臣になったことがあります。

林首相は昭和6年に満州《まんしゅう》事変を関東軍が起こしたときの朝鮮軍司令官だったのですが、このとき、満州で事変が起きたことを知るや「助太刀《すけだち》でござる」と言って、勝手に朝鮮軍を動かしたので「越境将《えっきょうしょう》軍」というあだ名が付いた。そんな男が首相に任命されたのだから、陸軍べったりの政策をやろうとしたのは言うまでもない。

もちろん、これに対して議会は抵抗したのですが、何を思ったか、この林首相はいきなり議会を解散してしまった。

彼にとっては、生意気《なまいき》な議員どもを懲《こ》らしめてやるつもりだったのかもしれませんが、それは大失敗だった。というのも総選挙をやっても、議員たちの顔ぶれはまったく変わらなかった。「議員を懲らしめる」という林首相の思惑《おもわく》は見事に外れたわけです。この結果、とうとう在職わずか4ヵ月で林は総辞職を余儀なくされた。

――バカな大将ですな。

選挙を甘く見たツケです。しかし、この前例はひじょうに重要です。何しろ、軍が送り込んだ首相でさえ、選挙結果には勝てなかった。いくら首相がやる気になっても、議会の賛成を得られなければ法律ひとつ通すこともできないのですから、これは当然のことです。

何度も繰り返すように憲法とは慣習であり、議会政治もまた前例の積み重ねが、ものを言う。この林内閣の前例があるのですから、これを利用しない手はありません。

――「選挙するぞ」と脅かせばよかったんだ。

今も昔も選挙は蓋《ふた》を開けてみなければ分からない。だから、軍部も選挙だけは怖かったはずです。何しろ、つい3年前にそれで軍部出身の総理が辞職したばかりですからね。

帝国軍人すら恐れた「伝家の宝刀」

しかし、さらに深く考えていけば、議会が軍の独走を防ぐ、もっと簡単な方法があることに気付くはずです。

それは予算案を否決することです。

いかに天皇直属の軍隊といえども、その予算は議会の承認を必要とする。軍がどれだけ戦争をしたくても、カネがなければ兵1人を送りだすことも、大砲の1発も打つこともできないのですから、これこそが軍を抑《おさ》える急所です。

実際、明治時代には議会と政府は、しょっちゅう軍事予算の問題で対立していました。

日清戦争の直前、時の政府は清国《しんこく》との戦争のために新しい軍艦を作ろうとして、予算案を提出したのですが、それを議会が否決したものだから大問題になった。このときは、官吏の給与をカットしたり、明治天皇から御内帑金《ごないどきん》、つまりポケット・マネーをいただくことで何とか切り抜けたのですが、藩閥《はんばつ》政府でさえも議会が予算を否決したら、それをひっくり返すことはできなかった。

実は、このことを最もよく知っていたのは軍部のほうだった。

予算案を作る実務は今も昔も大蔵省（現・財務省）の主計局《しゅけいきょく》が担当しているのですが、あれだけ威張《いば》っていた軍人でさえ、その主計局の役人に対して徹底的におべっかを使った。

何しろ、彼ら主計局の判定次第で、軍事予算は多くもなれば少なくもなる。

だから、主計局の役人に対する軍部の接待たるや、戦後の銀行が大蔵省銀行局のキャリアを接待したのとは比較にならないほどだった。

——官官接待の元祖は軍部だった！

こういう話が残っている。

戦後に総理を務《つと》めた福田赳夫《ふくだたけお》は、戦前、大蔵省主計局のエリートだった。彼が予算案作成のために、当時の中国大陸に派遣されていた陸軍を視察することになった。

彼が大陸の原野を軍用列車で移動していると、大きな川が流れていた。

それを見た福田が「僕は釣りが大好きなんですよ」とつぶやいたら、軍人たちはどうしたか。

何と、その軍用列車を鉄橋のど真ん中で緊急停止して、「どうぞ、ここでお釣りください」と言った。

——さすが、戦前の日本人はスケールが違う。ノーパンしゃぶしゃぶなんて、問題じゃない。

何を感心しているのかね。

軍用列車が止まれば、その路線を走っているあらゆる列車が動けなくなる。それでもかまわないから、大蔵省の役人には徹底的に接待したというわけです。

しかし、その大蔵省のエリートが作った予算案を可決するのは誰か。言うまでもなく議会です。議会が予算案をどんどん否決するなり、あるいは軍事予算を削《けず》っていけば、戦争継続もできないし、軍拡もできない。軍にとっては、議会が持っている予算決定権※こそが本当の恐怖だったはずです。

※予算決定権　ヨーロッパでは軍事予算を可決した議員もまた戦争責任があると考えるのが普通である。第1次大戦のあと、ドイツでは戦時予算に賛成した議員たちは非難の的になった。第1次大戦後のドイツで社会民主党が人気を失ったのも、そのためだった。戦後の日本で、そうした議論を聞いたためしがないのは、どういうことだろう。

そもそも議会政治の歴史において、議会は国王のかける税金を承認するために作られた。予算の承認こそが議会の特権、※伝家《でんか》の宝刀《ほうとう》です。権力者の財布を制したからこそ、議会は力を持つに至った。ところが現実には昭和の議会は、この伝家の宝刀を1度も抜かなかった。つまり、この点においても戦前の議会は「自殺」していたと言えるでしょう。

※伝家の宝刀　ところが恐ろしいことに現代日本の官僚たちは「予算編成権は内閣にある」として、財務省の作った予算を議会が否決、修正するのは越権行為であると考えているのだと言う（「日本経済新聞」2001年2月12日論説記事）。この独善・傲慢は、戦前軍部のそれに匹敵するではないか。

国権の最高機関

——しかし、議会というのは大きな力があるんですねえ。知らなかったなあ。

そんなことを言っているから、日本人はデモクラシーが分かっていないと言われるのです。

みなさんもご承知のとおり、国家権力は司法、行政、立法の3つに分けることができますが、その中でも最も力があるのは立法府、すなわち議会です。

だからこそ、日本国憲法第41条に「国会は、国権の最高機関」であると定められている。

さらに言えば、アメリカ合衆国憲法においても、第1条は連邦議会の規定であり、第2条が大統領の規定です。みなさんは「アメリカの最高権力は大統領にあり」と思っているかもしれませんが、条文の順番を見ても分かるとおり、それは大きな誤解なのです。

何しろアメリカの大統領は、日本の首相とは違って自分で法律案を議会に提出することすら許されていない。大統領が法律を作りたければ、教書《きょうしょ》という形で議員に対して「どうか、こんな法律を作ってください」とお願いをするしかない。

大統領といえども、議会を自由にすることはできないのです。これに対して、議会のほうは大統領の行動をあれやこれやと好き勝手に批判し、制限することができるのですから、やはり議会のほうが1段上にある。

――その大きな力を振るえば、戦前の日本は戦争をやらずに済んだんだ。

いや、やはり無理だった。あの時点で議会が抵抗したとしても、軍部に対して勝ち目はなかったでしょう。

――何ですって！　さっきと話が違うじゃありませんか。感心して損した。

いや、君は肝心《かんじん》なことを忘れているよ。

そこで考えていただきたいのは、なぜ、それほどまでに議会は力を持っているのかということです。すなわち、議会の力の源泉はどこか。

その答えは民意にある。

つまり、議会に集まる議員たちの後ろには、彼に1票を投じた大衆が控えている。

これこそが議会の力の正体です。

――でも民意が大切と言うんだったら、大統領だって選挙で選ばれてますよ。ヒトラーだって選挙に通ったから首相になれたんでしょう。

しかし、大統領なりヒトラーなりが背負っている民意はあくまでも民意の一部でしかない。一口に民意と言っても、個々の人間が考えていることは違う。

たとえば戦争にしても、断固、開戦すべきだと考えている人もあるし、やはり平和主義がいいと考える人もいる。そうした多種多様の意見を、1人の政治家が背負えるわけがない。

しかし議会は違う。議会には、さまざまな選挙区で、さまざまな政見によって当選した議員たちが集まっている。だからこそ「民意は議会にあり」で、議会のほうが強い力※を持っているとされるわけです。

※強い力を持っている　ヒトラーが独裁権力を握れたのも、議会が「全権委任法」を可決し、彼に立法権をゆだねたからだった。

戦争に熱狂した日本人

さて、そこで当時の日本の民意は、どこにあったか。

たしかに昭和12年、林首相が総選挙を行なったときには、民意は軍部に対して批判的でした。だからこそ総選挙の結果、与党は敗れ、林内閣は倒れざるをえなかった。

ところが、それからわずか3年後の昭和15年、斎藤隆夫が反軍演説をしたとき、民意はそこになかった。

つまり、軍部と同じように支那事変を「聖戦」だと考える意見が圧倒的だった。衆議院の大多数が彼を除名処分にすることに賛成したというのも、結局は世論が彼を見捨てたからです。代議士という種族くらい、世論の動向に敏感な存在はない。彼らにとっての最大の関心事は次の選挙で当選するかどうかですから、それは当然です。あのとき、代議士たちが斎藤除名に回ったのも、結局はそうしないと選挙で勝てないと考えたからに他ならない。

ですから、私が先ほど述べた、総選挙で勝って内閣を打倒するという方法も、また予算案を否決するという手段も、当時の日本においては使えなかった。

いかに議会が軍と対抗しようとしても、最大の味方であるはずの世論が軍を支持していたのですから、勝負はすでに付いていたと考えるしかないのです。

現代の歴史観では「戦前の日本は暗黒で、日本の大衆もマスコミも軍の弾圧を恐れて、何も発言ができなかった」とされています。しかし、それはとんでもない話です。支那事変において、マスコミは沈黙するどころか軍よりも戦争に熱狂していた。そして、言論を尽くして軍と大衆を戦争に煽《あお》りたてていった。

昭和12年7月7日、支那事変が始まった当初、日本軍は破竹《はちく》の猛進撃でした。その年の暮れには早くも国民政府の首都・南京《ナンキン》に迫るほどだった。

連戦連勝の報が伝えられるようになると、日本国民は猛烈に興奮した。毎日、新聞を開いては南京陥落《かんらく》のニュースを「まだか、まだか」と待ちわびたほど。

これは子どもだけの話ではありません。大人も子どもも、男も女もみんな同じです。

――そんなに戦争って興奮するんですかねえ。

何しろ当時の日本人は「戦争は負けることもある」なんて考えもしなかった。

というのも、近代日本が体験した日清・日露の両戦争は、ともに日本の大勝利だと教えられている。実際には日露戦争などは薄氷《はくひょう》を踏むような勝利だったのですが、そんなことは知りません。「神国・日本に敵はなし」だった。

だから、支那事変においても日本が勝つのは当たり前。「なあに相手は、ろくに訓練も受けていない支那軍だ。鎧袖一触《がいしゅういっしょく》で蹴散《けち》らしてやる」と誰もが思っていた。だからこそ、南京陥落を一日千秋《いちじつせんしゅう》の思いで国民全員が待ちわびていた。

日本人が戦争に対して不安を感じるようになるのは戦局が悪化してからのことです。少数の批判者はあれども、ほとんどの日本人は軍の活躍に期待をしていた。

「空気」が支配する国

どれだけ当時の日本人が戦争に熱狂していたかを示すエピソードがあります。

昭和12年末、いよいよ首都・南京に対する総攻撃が始まろうとする前の晩、何を血迷ったのか、ある新聞が「南京陥落」という号外をばらまいた。これは南京攻撃開始を取り違えての誤報だったのですが、その号外に接した市民の興奮たるや恐るべきものだった。すぐに銀座の街頭には「祝南京陥落」の看板が掲《かか》げられ、芝居《しばい》小屋では役者も観客も万歳の連呼。各地の盛り場では、バーやカフェの女性たちが提《ちょう》灯行列《ちんぎょうれつ》を行なった。

断わっておきますが、これは当局が強制したものではありません。

何しろ、南京がまだ陥落していないことを一番よく知っているのは当局です。したがって政府や軍部が、これを仕組んだということはありえない。みんな市民が自主的に行なったことです。

――でも、結局は誤報で、みんながっかりしたんでしょうな。

ところが、そうではなかった。

というのも本来なら、政府や陸軍が「まだ陥落していない」と声明を出すべきなのですが、あまりに大衆が興奮したのを見て当局も恐れをなした。結局、誰もそれを公式に否定することができなかった。つまり、大衆のほうが軍よりも戦争に酔《よ》っていたのです。戦争を歓迎していた。

さて、そこで思い出していただきたいのですが、浜田国松の「腹切り問答」や林銑十郎内閣の総辞職はすべて、この支那事変の起こる前の話です。その段階においては、まだ国民は軍に対して警戒感を抱いていた。だから議会も正常に機能していた。

ところが、支那事変が起こったら、その世論が一変した。支那事変は「聖戦」である、要するに勝てる戦争だ。天下の公論に反対するとは何事だということになった。

山本七平《やまもとしちへい》氏は、日本は「空気」（ニューマ）が支配する国であるという、きわめて注目すべき指摘をしています。

この戦争は正しい、軍部を批判する奴は卑怯者《ひきょうもの》だ……こうした「空気」が世間に充満してくると、もはやそれには誰も逆らえない。たとえ本心では「この戦争は負けるのではないか」と思っていても、それを口に出すこともできない。空気の前には道理が引っ込む。

こうして日本はずるずる戦争に突入することになるのですが、そうした空気ができたのは支那事変がきっかけではないかと思います。南京陥落というニュースを聞いて、全国民が興奮した。そのときをもって、日本の空気はガラリと変わったのです。

こうなってしまえば、もはや良心的な議員がいたとしても何の役に立ちましょう。1人の斎藤隆夫がどんなに頑張ったとて、目には見えない「空気」には勝てません。かくして議会は死に、憲法は死んだのです。

誰が角栄を殺したのか

――結局、軍部が独裁するようになったのも、戦争することになったのも、すべては国民に原因があるってわけですか。自分の国のことながら、なんだか情けない話ですねえ。

ん、今、君は何と言ったかね。

――いや、だから情けねえなあ、と。

情けないとは何事ですか！

――どうしたんですか、突然。落ち着いてくださいよ。

君は、戦前の日本で起こったことをさも他人事のように言っているが、戦前の体質はそっくりそのまま現代まで残っている。戦前も戦後も、日本人は本質的に変わっていないのです。そんなわれわれが、どうして戦前の日本を批判することができますか。

本書の中で何度も述べてきたように、現代の日本では憲法は死んでいます。議会も死んだも同然です。このようになったのも、結局は国民がみずから播《ま》いた種。しかも、憲法や議会を殺した経緯《いきさつ》まで戦前と一緒です。1回の過《あやま》ちなら、過失であったと言い訳もできる。だが、同じ過ちを繰り返したのでは弁解のしようがない。情けないのは、私たち現代の日本人のほうです。

戦前の帝国議会は、斎藤隆夫という議員を除名することによって「自殺」をした。それと瓜《うり》二つの出来事が戦後にも起こった。1人の大政治家を追放したことで、戦後のデモクラシーも自殺を遂《と》げた。これをもって日本の議会は死んだ。

――いったい、その大政治家って誰です？　そんな人いたっけなあ。

その人とは、あなたもよくご存じの田中角栄《たなかかくえい》元首相です。

――えーっ！　あの角さんですかあ。

そのとおりです。

日本人は田中角栄を「殺した」ことで、みずからのデモクラシーをも捨てた。今の日本が出口の見えない状況に置かれているのも、元《もと》を質《ただ》せば、ここに大きな原因がある。

あえて申し上げるが、田中角栄こそ戦後日本でただ1人のデモクラシー政治家だった。彼こそがデモクラシーの権化《ごんげ》。そのデモクラシーの権化を殺してしまったのだから、今の日本が行き詰まったのは当然のことです。

――つまりは「角栄の呪《のろ》い」ってわけですか。

では、誰が田中角栄を「殺した」のか。それは戦前と同じ「空気」でした。

田中角栄がロッキード事件で起訴されたときの日本の空気は、今の40歳以上の方ならよく覚えているでしょう。

裁判がまだ終わっていないのに新聞もテレビもみな、有罪が確定したかのような報道ぶり。猛反省しろだの、恥を知れだの、口々にみなが罵《ののし》っていた。「有罪か無罪かは裁判が終わるまで分からない」なんてデモクラシーの常識を言おうものなら、それこそ袋叩《ふくろだた》きに遭《あ》った。

しかし、その世論はわずか数年前、田中角栄が首相に就任したときには何と言って彼を褒《ほ》めそやしたか。「今太閤《いまたいこう》」、「庶民宰相」という大活字が新聞に躍《おど》ったではありませんか。

この変わり身の早さたるや、戦前の日本とそっくりです。支那事変が始まる前までは議会を応援していた日本人が、事変が始まるや議会の敵に回った。

このことだけを見ても、戦前も戦後も日本人がちっとも変わっていないことは明白ではありませんか。

議員立法のレコード・ホルダー

――しかし先生、あの角さんがデモクラシーの権化《ごんげ》だなんて、ちょっと褒《ほ》めすぎでしょう。金権政治の権化と言うなら分かりますが。

そこで、これまでの講義を振り返っていただきたい。

そもそも近代デモクラシーが成り立つための必要条件とは何か。

それは議会政治が機能することです。議会において言論の自由が保障され、そこで自由な議論が交《か》わされる。そのプロセスを経て、法律や予算が決まる。これこそがデモクラシーの必要条件です。

この観点から見たとき、戦前、いや昭和の政界において、角栄という人物ほどデモクラシーを体現した政治家はいません。

何しろ、彼が昭和20年代、まだまだ新米《しんまい》議員であったときに作った法律はなんと26件。わずか8年にして、これだけの法律を提案し、しかも成立させたのです。

しかるに今の議会はどうか。議員が法律を提案することなど皆無《かいむ》に近い。そのほとんどが政府立法、つまりは役人が作った法案を採決するだけの存在に堕落してしまっています。

では、なぜ角栄が戦後政界で議員立法のレコード・ホルダーになれたのか。

その第1の理由は、彼が議会での討議をいとわなかったからです。

新米議員の田中角栄には、コネもなければカネもない。そんな男が法律を作って可決できたのは、ひとえに議会での演説が巧《たく》みで、説得力に優れていたからに他なりません。

――たしかに角さんは演説がうまかったよなあ。

今でも書店に行けば、角栄の演説集、スピーチ集が市販されています。こんな政治家が戦後の日本に他にいるでしょうか。すでにお話ししたように、戦前の議会がもっとも機能していたときには、尾崎咢堂《おざきがくどう》、犬養木堂《いぬかいぼくどう》らの演説集が市販されていた。その伝統が絶《た》えて久《ひさ》しい中、角栄の演説だけは今でも読む人がいる。この一事をもってしても、彼のデモクラシー政治家としての面目躍如《めんもくやくじょ》でありましょう。

ところが今の議員の演説の下手《へた》なこと、下手なこと。みな下を向いて役人が書いた原稿の棒読みです。

自分の言葉で相手を説得できる政治家など、どこにおりましょう。

――テレビの国会中継ぐらい、つまんないものはない。あれで大学の弁論部出身というんですからねえ。

戦後作られた国会法第78条には「自由討議」、つまりフリー・トーキングの規定があって、大いに弁論を振興しようとしたのですが、それを活用できたのは角栄だけで、あとは汚いヤジの応酬《おうしゅう》に終始した。その結果、とうとう昭和30年の第5次国会法改正で、この制度は廃止された。つまり、国会はみずから「言論《げんろん》の府《ふ》」であることを止めてしまった。この結果、今の国会は役人の書いた作文の朗読会になったというわけです。

サッチャー元首相は、その回顧録で「民主主義の眼目《がんもく》は、率直で力を込めた討論である」と記していますが、イギリスの名政治家、大政治家は例外なく雄弁家だった。ディズレーリしかり、チャーチルしかり、サッチャーしかりです。戦後日本において、その伝統を体現したのは角栄ただ1人であった。彼こそ、議会政治の精神を誰よりも理解していたと言えるでしょう。

なぜ日本の議員は法律を作れないのか

若き田中角栄があれだけ多くの議員立法をできた第2の理由は、役人の操縦に巧みであった点にあります。

そもそもなぜ日本では、議員立法が盛んではないのか。それに対して、なぜアメリカではマスキー法、タフト＝ハートレー法などのように提案した議員の名を冠した法律が多いのか。

※マスキー法　上院議員マスキーが1970年に提出した自動車排気ガスの削減法案。この法律が可決されたことで、日本製の低燃費の自動車がアメリカを席巻することになった。

※タフト＝ハートレー法　1947年、タフトとハートレーの2議員によって作られた労使関係法。大戦後、アメリカ産業界でしきりに起こったストライキを解決するために作られた。

アメリカで議員立法が多い理由は、まず議員が法律制定に熱心であるということも大きいのですが、もう1つ忘れてはならない事情がある。

というのも、日本では新しい法律を作る際に、すでに施行されている法律との矛盾《むじゅん》点があってはならないと考えられているのです。そのため、素人《しろうと》が勝手に法案を作っても、そこに従来の法律と矛盾する点があれば、本会議に提出することもかなわず廃案になる。

これに対して、アメリカでは矛盾なんて気にしない。とにかく新しく作った者勝ちです。

――それで他の法律と矛盾したら、どうなるんですか。

その矛盾を解消するのが裁判所の役割です。何かの事件で、矛盾する2つの法律が見つかったとする。そのときは、裁判所が判断を下して「こちらの法律が優先する」という判決を下す。その判例が積み重なって、実際の法の運営が定まっていくというわけです。

さらにアメリカの場合、議員立法に有利なのは議員それぞれに多数のスタッフがいて、法案作成のために働いていますが、日本の議員には秘書はいても専門スタッフ※がいない。その代わりに衆参両院に法制局※があるのですが、この法制局も人員が少ない。そのため、どうしても議員立法がしにくいという事情がある。

※専門スタッフ　最近、日本でも国会議員の「政策秘書」の給与を公費負担することにはなった。だが、それによって、議員立法が増えたとはとうてい言いがたいことはご承知のとおりである。

※法制局　衆参両院の法制局があまり機能していない原因として、内閣法制局の存在を無視するわけにはいかない。内閣法制局は規模も大きく、しかも法務を得意とする有能な役人を集めていて、質量ともに議会の法制局を圧倒しているのである。

ところが角栄は違いました。後年「官僚操縦の天才」と言われたように、彼は官僚を自由自在に操《あやつ》る能力があった。官僚は自分の担当する分野においては、既存の法律を隅々《すみずみ》まで知っていますから、彼らの力を借りれば、立派な法案が作れる。

と言っても、無論、そこには大事な前提があります。政治家自身に問題意識と知識がなくては、役人に適切な指示を与えることはできない。バカな政治家だと思ったら、役人どもは働きません。

その点、田中角栄は――。

――なにせ「コンピュータ付きブルドーザ」と言われた、でしょ。

その正否はさておき「日本列島改造論」といったスケールの大きな提案を国民に問いかけ、しかもそれがベストセラーになった。これもまた彼がデモクラシーの政治家であることの何よりの証左と言えるでしょう。

しかし、こうした角栄の能力を受け継いだ政治家もまた、いなかった。今でも国会にかけられる法案のほとんどは、役人の作ったものです。官僚を自由自在に使った政治家は角栄以後、今に至るまで現われていません。

身の毛もよだつ暗黒裁判

――若き田中角栄がデモクラシーの権化であったという話は分かりました。でも、だからといって、角栄を追放したから戦後日本のデモクラシーは死んだというのは、ちょっと大げさでしょう。だって、あれだけ悪いことをしたんですもの。

ご承知のとおり、田中角栄は1974年末、金権政治批判を受けて首相の座を降りることになりました。

しかし、私が言いたいのはそのことではありません。その後に起こった「ロッキード事件」のことです。

いわゆるロッキード事件では、全日空に導入される新型飛行機の選定に当たって、当時の田中首相がロッキード社から当時のカネにして5億円の賄賂《わいろ》を受け取ったとされました。

この事件が報じられると、日本のマスコミは一斉《いっせい》にこの事件に飛びついた。

――覚えていますよ、でかい見出しが一面を飾りましたもの。

金脈問題で辞めた元首相なら、このくらいの賄賂は受け取っても不思議はない。いや受け取っていないはずがない。そういう空気が日本を覆い尽くした。

かつては「今太閤」と、持て囃《はや》したことなどコロリと忘れ、新聞もテレビも「田中を一刻も早く逮捕しろ」の大合唱だった。

かくして元首相は昭和51年（1976）7月、逮捕された。そしてロッキード裁判が始まるわけですが、この裁判で身の毛もよだつ恐ろしいことが行なわれた。

――身の毛もよだつとは、大げさな。

大げさなものですか。

私は、はたして田中角栄が5億円を受け取ったかどうかは知りません。

受け取ったのかもしれないし、受け取ってないかもしれない。その真実は「神のみぞ知る」です。

しかし、それでも間違いなく言えることがある。それはこのロッキード裁判が、まさに暗黒裁判であったという事実です。

この裁判で何が行なわれたかを欧米デモクラシー諸国の人間に話してごらんなさい。

きっと「お前の国では、そんな暗黒裁判が今なお行なわれているのか」と仰天《ぎょうてん》することでしょう。それどころか、「そんな日本には足も踏み入れたくない」と言って、日本を嫌悪《けんお》するようになるかもしれない。そのくらい、大変な裁判なのです。

ところが日本人のほとんどは、この裁判でどれだけ恐るべきことが行なわれたかを知らないし、それを報じた新聞やテレビはありません。

「田中角栄は悪者である」という空気が日本を支配した結果、冷静な議論はすべて封じ込められ、デモクラシーの精神は踏みにじられてしまったのです。

これを「デモクラシーの死」と言わずして何と言いましょう。

――何だか分からないけれども、すごい話みたいですね。

魔女狩りと同じだった角栄の逮捕

田中角栄が1976年に逮捕されたとき、世のマスコミは諸手《もろて》を挙げて「ついに巨悪が捕まった」と大喜びしたわけですが、実は彼を逮捕した検察側は大きな壁にぶち当たることになった。

田中に5億円の賄賂《わいろ》を贈ったとされるのはロッキード社のコーチャン副社長なのですが、そのコーチャンが証言を拒《こば》んだのです。日本の法廷にノコノコ出かけていったら、彼自身がロッキード事件の共犯者として起訴されるかもしれないのですから、それは当然のことです。

しかし、彼の証言がなければ、田中を有罪にする決め手がない。かくして検察は手詰《てづ》まりになってしまった。

しかし、そんなことは実は最初から分かっていたことです。自分が有罪とされるかもしれないのに、わざわざ証言するお人好しがいるでしょうか。

それなのに、日本の検察は見切り発車で、田中を逮捕した。

「世論が味方に付いているんだから、何とかなるだろう」と思ったのでしょうか。

だとしたら恐ろしいことです。

物証も証人も手元に揃《そろ》っていないのに、テレビや新聞が逮捕しろと言ったら、逮捕する。そんなことが行なわれるようになったら、それだけでも世の中は真っ暗です。

「あいつは悪いやつだ。逮捕しちまえ」と新聞が指させば逮捕されるのでは、もはや近代国家とは言えません。デモクラシーの国とは言えない。それは中世の魔女狩りと同じことです。

――そりゃ、怖いや。たとえ裁判で無罪になったとしても、逮捕されただけで社会的に葬《ほうむ》られたも同然ですからねえ。

しかし、本当に恐ろしいのは、これからです。

――え、これだけじゃないんですか。

というのは、このコーチャンが日本から来た検事に対して、前代未聞《ぜんだいみもん》の条件を出した。それは刑事免責の条件です。つまり、贈賄《ぞうわい》罪、偽証《ぎしょう》罪で日本の検察が彼を起訴しないのであれば、証言に応じてもいいというわけです。

もちろん日本の裁判には、刑事免責という制度はありません。アメリカでは、重大な犯罪を起訴する際にしばしば行なわれることだから、コーチャンはそれを要求したのですが、日本の刑事訴訟法にそんなことを許す規定はどこにもない。また、かつて1度も行なわれたことがない。

ところが、それを日本の法廷、この場合は東京地裁は何やかやと理屈を付けて、それを認めてしまったのです。

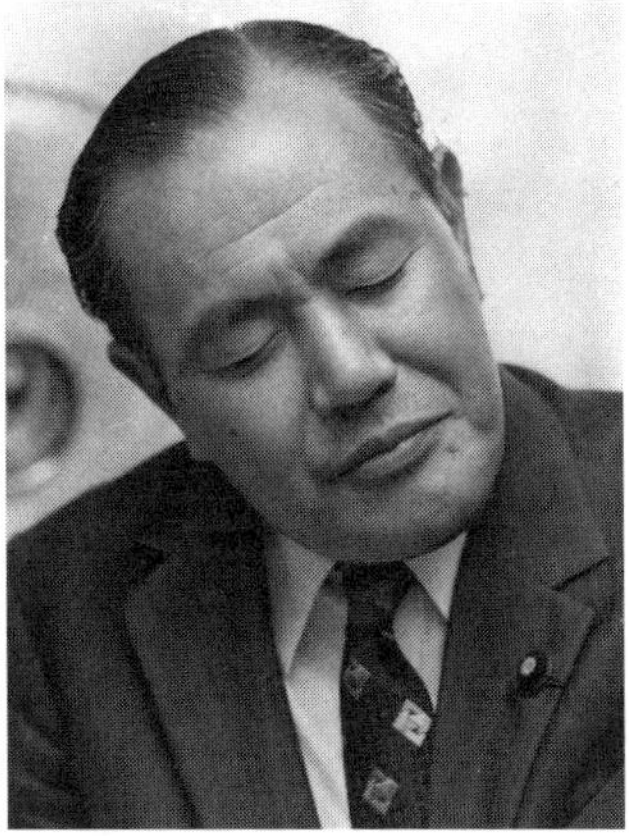

暗黒裁判にかけられた田中角栄
© 朝日新聞社／アマナイメージズ

裁判官と検事がグルになる恐怖

ロッキード裁判を私が「暗黒裁判」と表現する第1の理由は、このコーチャンに対する刑事免責の問題です。

第1章で私は「近代裁判とは検事を裁く裁判である」と述べました。

つまり、裁判官は被告人を裁くのではない。検事が不法な捜査や取り調べをしていないか、そのことを徹底的に調べあげるのが裁判の主たる目的であって、事実を明らかにすることが裁判の目的ではない。

――検事は1回でもミスをしたら即《そく》退場で、被告は無罪放免《むざいほうめん》というわけですよね。

権力というのは、無実の人間を罪人にしかねない。そういうことが行なわれていないかを監視するのが裁判官の役目です。

ところが、このロッキード裁判をごらんなさい。裁判所と検事がグルになって、刑事免責などという、法律のどこにも明文化されていない条件を与えた。

裁判所がなぜ刑事免責を認めたのかといえば、そうすることによって検察が助かるからです。ろくな物証もなければ、証人もいない。これでは裁判にできないから、何とかしてくれと検事は泣きついた。そうしたら、裁判所が「大変だね」と言って、ルールを勝手に変えた。

こんな裁判がどこにありますか。

第2章で述べたとおり、近代刑事裁判の大原則は「罪刑法定主義《ざいけいほうていしゅぎ》」にある。

裁判官と検察がグルになれば、どんな被告だって有罪になってしまいます。裁判官が検事に同情しているのでは、どこをどうしたって被告が勝てるわけがない。

こんな裁判が許されていいと思いますか。

――僕が被告だったら、すぐ海外に逃亡するね。

そう思うのが当然です。

ところが日本のマスコミは、この刑事免責の特例が出たのを見て、びっくり仰天するどころか、「これで重要証言が揃《そろ》った」と言って大喜びした。

とにかく角栄を一刻でも早く有罪にしたいものだから、検事と裁判官が結託《けったく》しても何の批判もしない。それどころか「刑事免責の特例も、この際だからやむをえない」などという理屈をひねくり出す始末です。「日本の司法制度、ひいてはデモクラシーが死んだ」と書いたマスコミなど、どこにもなかった。

――本当に怖くなってきたなあ。

いや、こんなのは序《じょ》の口《くち》です。

――まだまだ、あるんですか！

裁判所が憲法違反を行なった！

角栄裁判の暗黒裁判たる最大の理由は、このコーチャン証言に対して、いっさいの反対尋問《はんたいじんもん》が認められなかった点にあります。

裁判所が刑事免責を与えたことで、検察は喜《よろこ》び勇《いさ》んでアメリカに飛び、コーチャン氏をアメリカの裁判官の前で証言させて、それを記録に取って持ち帰った。いわゆる「嘱託尋問調書《しょくたくじんもんちょうしょ》」と言われるものです。

日本で行なわれている裁判なのに、なぜアメリカの裁判官の前で証言したものが正式の証拠として認められるのか――これだけを見ても、いかにこの裁判が異様なものだったかが分かろうというものですが、実はそこから先が大問題。

裁判において検事調書が証拠として提出されることは珍しくありません。目撃者の証言、あるいは共犯者の証言を検事が聞き取り、それをまとめたものが検事調書です。

ところが、検事調書とこの嘱託尋問調書とでは、決定的に違う点がある。

それは、ロッキード裁判においては、この証言を行なったコーチャン氏に対して、被告の側が反対尋問をする機会が一度も与えられなかったということです。

アメリカの裁判所で行なわれた証言では、アメリカの裁判官と日本の検事だけが立ち会った。そこには被告の弁護士はいませんでしたし、その後も被告側はコーチャン氏に反対尋問を行なう機会を与えられなかったのです。

これは紛《まぎ》れもない憲法違反です。

日本国憲法の第37条第2項には、次の規定があります。

「刑事被告人は、すべての証人に対して審問《しんもん》する機会を充分に与えられ、又、公費で自己のために強制的手続により証人を求める権利を有する」

つまり、刑事裁判で検察側が被告に不利な証言を持ち出したとします。その場合、被告側はその証人に対して、反対尋問を行なう権利がある。また、その場合は国が証人を強制的に、しかも公費で呼ばなければならないというわけです。

反対尋問は、被告人に与えられている「基本的人権」です。

何も国家が寛大だから、反対尋問の権利を国民に与えたのではありません。

また、ある人には反対尋問の権利があるけれども、ある人には権利がないと言うのでもない。日本国民なら、いや、デモクラシー国家に生きている人間なら、例外なく反対尋問の権利は与えられる。だからこそ、人権なのです。

ところが、その重大な人権が日本で踏みにじられた。しかも、裁判官がみずからその権利を踏みにじったのです。

反対尋問こそ被告の生命線

――先生、そんなに反対尋問って、大事なものなんですか。

大事どころの話ではない。この反対尋問こそが、被告がみずからの身を守る最後の砦《とりで》。この砦がなければ、どんな人間をも牢屋《ろうや》にぶち込むことが可能になる。

たとえば、私が検事で、シマジくんに何かの恨《うら》みを持っているとする。

もし、反対尋問の権利が被告に与えられなかったとすれば、君を無実の罪に陥《おとしい》れるのは朝飯前《あさめしまえ》。適当な未解決事件を探し、君がその事件の犯人であるというウソの証言をさせればいい。たとえば、こんな具合だ。

「殺人現場にいた男は、このシマジという奴です」

「シマジさんが血だらけの包丁《ほうちょう》を持っているところを見ました」

もちろん、そんなことはウソ八百だ。そのことを一番知っているのは、君です。

しかし、いくら君が「あいつらはウソつきです」と叫んでも、容疑者である君の主張を裁判官が信じてくれると思いますか。そんなのは、ただの言い逃れだと思われてしまうのがオチです。

その証言がウソであることを証明する、唯一の方法は証人に対して反対尋問を行なうことです。つまり、その証言がウソで固められていること、あるいは証言に矛盾があることを指摘して、証言の信頼性を覆《くつがえ》すしか、シマジくんに残された道はない。

しかし、その反対尋問の権利は君に与えられていない。

となれば、私の思惑《おもわく》どおり、君は裁判所から有罪判決を受けることになる。
――僕を例に出すのはやめてくださいよ、ゾッとしちゃうじゃないですか。

そのゾッとすることが、この日本で行なわれた。それがロッキード裁判です。

何度も繰り返しますが、近代デモクラシーにおける刑事裁判の鉄則は「デュー・プロセス」、すなわち法にのっとった裁判を行なうことにある。

刑事裁判では、権力の側は1つとして法を踏み越えてはならない。この鉄則を破れば、どんなに心証が真っ黒でも、その被告人は無罪になる。

たとえそれによって1000人の犯罪者が無罪になろうとも、無実の罪に泣く人間をけっして出してはならないというのが、近代デモクラシーの精神なのです。

ところが日本の裁判所は法の番人を自称しながら、デュー・プロセスの鉄則をみずから破った。検察官が破るならまだしも、裁判官が破ったのです。

これをデモクラシーの死、憲法の死と言わずして何と言いましょう。戦後日本のデモクラシーは角栄とともに滅び去ったのです。

かくして日本国憲法は死んだ

ロッキード裁判において、田中角栄は1審、2審で有罪判決になった。つまり、コーチャンの嘱託尋問調書は認められたわけです。

これに対して、田中角栄の側は最高裁まで争ったわけだけれども、判決を見ることなく田中角栄は平成5年（1993）に亡くなって、公訴《こうそ》棄却《ききやく》となりました。つまり裁判そのものがなかったことにされた。

ただ、その公訴棄却のときに最高裁は「コーチャン証言には適法性がなかった」旨《むね》のことを述べた。つまり最高裁だって、コーチャン証言は憲法違反だということが分かっていたというわけです。

しかしそれならば、田中側が最高裁に控訴《こうそ》した段階で、ただちに「コーチャン証言は憲法違反だから、この裁判は無効にする」と宣言すればよかった。なのに田中角栄被告が死んだのちに、それを発表した。巷間《こうかん》、「最高裁は田中角栄が死ぬのを待っていた」と言われるゆえんです。

――何だか、ガックリしちゃうなあ。そこまで日本は駄目になっているんですか。

だが、それより重要なのは、マスコミの姿勢です。

裁判所が身内をかばおうとするのは大問題だが、ある意味では当然の成り行きだとも言える。だが、それが許されてしまったのは、結局のところ、権力を監視するはずのマスコミまでが「角栄憎し」の風潮に乗ってしまったからに他ならない。もし、マスコミが批判していれば、最高裁だって態度を変えたでしょう。

実際、私は角栄裁判に関する一連※の著作を裁判進行中の昭和58年に発表し、またその後、渡部昇一《わたなべしょういち》(現・上智大学名誉教授)、石島泰《いしじまゆたか》(弁護士)、井上正治《いのうえまさはる》(弁護士)の各氏も角栄裁判の違法性を指摘する論文を発表したのですが、これに対するマスメディアの反発、攻撃たるや、すさまじいものがありました。

※一連の著作　『田中角栄の呪い』(光文社・昭和58年3月)、『田中角栄の大反撃』(同・昭和58年5月)など。また『田中角栄の遺言』(クレスト社・平成6年6月)もご参照いただければ幸いである。

だから、あのような裁判が行なわれたのは、結局のところ、マスコミの責任であり、ひいては国民の責任であるという結論になる。

――この間の戦争と同じ、というわけですね。ますますガックリ来た。

いや、ある意味では戦前よりなお悪い。

なぜなら、戦前においては「帝国憲法の死」は、軍部の独裁という形で誰の目にも明らかになった。ところが戦後日本の場合は、そうではない。この講義でも分かるように、日本国憲法はすでに死んでいます。議会も機能していなければ、近代裁判の理念も無視されている。ところが、そのことに気付いている人が、どれだけいるでしょうか。

――みんな「日本は民主主義の国だ」と思ってますものね。

そこが大変な間違いです。日本は民主主義の国ではない。もはや人民が主権者ではないのです。

その何よりの証拠が、例の北朝鮮による日本人の拉致《らち》事件です。

北朝鮮の工作機関が日本において、何人もの日本人を強制的に拉致したことは今では疑う余地のない事実です。ところが、これに対して日本政府は何をしたか。連れ去られた人を1人でも取り返したでしょうか。

答えは言うまでもありません。日本政府は北朝鮮との関係改善を最優先にして、拉致された日本人を取り返す努力さえ放棄《ほうき》しています。政治家たちは何のかのと言い訳をしていますが、これこそ恐るべき憲法違反です。

あらためて述べるまでもなく、憲法の急所は「基本的人権」です。基本的人権が守られていなければ、その憲法は死亡宣告を受ける。中でも最も大切なのが、生命、自由の権利です。

だからこそ、日本国憲法第13条にも国民の「生命、自由、幸福追求に対する権利」が謳《うた》われ、この権利こそ「国政の上で、最大の尊重を必要とする」と強調されています。この第13条はアメリカ合衆国の独立宣言に由来して、文章まで同じです。さらにそれを遡《さかのぼ》れば、ロックの思想に由来する。まさに第13条の規定こそ、憲法の急所、憲法の生命線なのです。

ところが、どうでしょう。国民がいきなり「生命、自由に対する権利」を奪われ、外国人に拉致され、しかも、その被害者がどこにいるかも分かっていながら、日本政府は「国政の上で、最大の尊重」をしていない。これほど明確な、そして悪質な憲法違反はありません。それなのにマスコミも憲法学者も、憲法違反を指摘しないとは奇妙《きみょう》奇天烈《きてれつ》としか言いようがない。

こんな国のどこが「人民主権」と言えるでしょう。もはや日本は民主主義国でも、近代国家でもない。憲法が死んだ結果、日本のデモクラシーは完全に死に絶えてしまった。みなさんは、そんな国に暮らしているのです。残念ですが、それが現実なのです。

第13章

憲法はよみがえるか

「見えない裁判所」

すでに見てきたように、私たちが暮らしている現代日本はすでに「憲法が死んだ国」になってしまいました。もはや日本はデモクラシーの国ではありません。あたかも表面上はデモクラシーのように見えているけれども、それはデモクラシーとは似《に》ても似つかぬものなのです。

明治憲法に始まった戦前日本のデモクラシーは、軍部の台頭《たいとう》とともに滅びたわけですが、今日の日本において軍部の代わりに現われたのが、霞ヶ関《かすみがせき》の官僚たちです。

霞ヶ関のエリート官僚たちは、議会を乗っ取って議員たちの代わりに法律を作り、また内閣を乗っ取って、首相や大臣の代わりに政策を決定している。これはすでにみなさんもよくご承知のとおりです。

しかし、彼らの横暴《おうぼう》、越権《えっけん》はそれだけに止《とど》まりません。彼らは司法権力をも自分のものにしている。つまり、司法・行政・立法の三権はすべて彼らの手のうちにあるのです。まさに官僚は戦後日本の独裁者になった。

——ちょっと待ってください。司法というのは裁判のことでしょう？　裁判は今でも裁判官がやっているじゃないですか。

たしかに、裁判所は今でもあります。しかし、君も知らない場所に「もう1つの裁判所」があるのです。その裁判所を仕切っているのが、何を隠そう、官僚たちなのです。

これは筑波《つくば》大学の加藤栄一《かとうえいいち》教授が紹介している例ですが、たとえば、ここに地方条例で「牛や馬は通ってならない」と決まっている橋があったとします。

その橋を君は象を連れて渡りたいと思うのだけれども、条例のどこを読んでも、象が通っていいとも書いてないし、通っていけないとも書いてない。

そこで役場に行って相談をすることにした。

すると、ある役人が「あの条例は昔にできたもので、今は橋も丈夫になった。だから象が通っても大丈夫ですよ」と言ってくれた。そこで、君が象を連れて渡ろうとしたら、別の役人がやってきて「条例違反だ」と騒ぎ出した。牛や馬でさえ渡ってはいけないのに、象が通っていいはずがない、と言うのです。

さあ、こうなってしまうと埒《らち》があかない。そこでどうするか。

これがアメリカやイギリスで起きた話ならば、結論は簡単です。すなわち、裁判所に訴えて、どちらが正しいのかを決めてもらう。裁判所だけが法令の解釈を最終的に決めることができる。これがデモクラシーの常識です。

ところが、日本ではそうなりません。

市町村役場で解決できない問題は、日本では県庁に訴える。すると県の役人が「この条例は、こう解釈すべきである」とご託宣《たくせん》を述べる。しかし、そこで結論が出なければ、今度は中央官庁にお伺《うかが》いを立てる。するとエリート官僚様《さま》が出てきて、「このように解釈せよ」とお告げを出す。「これにて一件落着《いっけんらくちゃく》」というのが日本のあり方なのです。

——市町村役場が第1審で、県庁が第2審、そして霞ヶ関が最高裁。なるほど、ちゃんと3審制になっている。

そんなことに感心して、どうします。

近代デモクラシー国家においては、法律は議会が定め、その法に基《もと》づいて政府が行政をし、裁判所がその解釈をする。この役割分担は、何も効率化のためではありません。それぞれの役割を分けることによって、法の濫用《らんよう》を防ごうとしているのです。

ところが日本においては法は役人が作り、役人がその法を運用し、しかも法の解釈までも行なっている。これはヒトラー以上の独裁です。

ヒトラーは全権委任法によって、議会から立法権を与えられたけれども、司法権力までは持たなかった。ヒトラーでさえやらなかったことが日本では行なわれているのです。これはまさに独裁政治以外の何ものでもありません。

無能な独裁者たち

官僚独裁にかぎらず、あらゆる形の独裁に当てはまることですが、独裁政治だからといって、すべてが悪いとはかぎらない。

ローマ帝国の栄光がカエサルから始まるように、フランスがヨーロッパで最も輝いたのがナポレオン時代であったように、そしてヒトラーによってドイツの失業問題が解決したように、独裁制には光もあれば、影もある。

ところが、現代日本の官僚独裁はどうか。今や「百害あって一利なし」としか言いようがない。

みなさんもよくご存じのように、今の平成不況が始まったのも、すべては官僚のせいでした。

バブル経済を潰《つぶ》すために、当時の大蔵省エリートは※「総量規制《そうりょうきせい》」なる一片《いっぺん》の通達を出しました。銀行に対して、土地を担保《たんぽ》とした融資を控えるようにというわけです。

※総量規制　1990年3月27日、土田正顕大蔵省銀行局長が各金融機関に対して出した通達。その内容は実質的に、ノンバンク、ゼネコン、不動産会社などに対する融資を全面ストップさせるものであったので地価はわず

か3ヵ月で2割も下落し、以後、日本経済は奈落の底に転がり落ちていった。

その通達に従って、日本中の銀行が急に土地関係の融資を引き締めた結果、バブルは一気に破裂して、今の長い不況が始まったわけですが、総量規制通達は法律に基《もと》づいて出されたものでもなければ、総理大臣の指示によるものでもない。

日本の独裁者たる一大蔵官僚が勝手に出した命令によって、国民の富は吹き飛び、経済は今なお立ち直れないほどのダメージを受けた。

この大事件によって、国民の目に明らかになったのは、「経済のプロ」と思われていた大蔵省の高級官僚たちが、実はちっとも経済のことが分かっていなかったという事実でした。

彼らは経済学のイロハも分からず、ただただ「土地がむやみに上がるのはケシカラン」と考えた。

そこで土地の暴騰《ぼうとう》を抑えるために、総量規制を出した。そこには経済学の「ケ」の字もありません。

すでに述べたとおり、近代資本主義は利潤《りじゅん》を正当化するところから始まりました。金儲けはけっしてやましいことでも悪いことでもない。その発想を世界で最初に持つことができたのが近代ヨーロッパ人であり、だからこそ資本主義はヨーロッパで生まれたわけです。

ところが大蔵官僚たちには、そんな近代精神のかけらもなかった。中世の人間と同じように「金儲けをする奴らは悪党である」というセンスしかなかった。こんな連中が土地の価格をコントロールしようとしたのですから、その結果、大惨事が起きたのは当然のことです。役人が勝手に市場法則を規制してはならないのです。

日本人は長い間、官僚はエリートである、有能であると考えてきました。彼ら官僚も自分たちはエリートであるという自負から、その独裁権力を拡大してきた。

ところが現実は違ったのです。現代日本の独裁者たちは経済のイロハも知らない連中だった。近代精神のかけらもなかった。

無能な独裁者に率《ひき》いられた大国の悲劇――それが日本の現状なのです。

官僚制の研究

なぜ、エリートであったはずの官僚たちが、かくも堕落《だらく》してしまったのか。日本の官僚制度はなぜ、これほどまでに腐りきってしまったのでしょうか。

その疑問を解くカギは、歴史にあります。

名著『プロテスタンティズムの倫理と資本主義の精神』を書いたマックス・ウェーバーは、官僚制の研究においても不朽《ふきゅう》の業績を残しています。彼は古今東西の官僚制度を徹底的に研究して「官僚とは何か」を明らかにした。

そこで彼が強調しているのは、一口に官僚制と言っても、そこには2種類があるということです。すなわち家産《かさん》官僚制（patrimonial bureaucracy　英語）と、依法《いほう》官僚制です。

前に述べたことと重なりますが、中世ヨーロッパの王国では国王の権力はひじょうに限られたものでした。領主たちの既得権益《きとくけんえき》の壁は厚く、王といえども領主たちの土地に税金をかけることはできなかった。ところが時代を経るにしたがって、国王の力が増して、最後には絶対王権にまで行き着いたというわけです。

さて、この絶対王権の時代になって発達したのが官僚制です。

それまでの王国では、領主の土地に税金をかけるわけにもいかず、王の収入は直轄地《ちょっかっち》からの上がりだけだったのが、絶対王権の時代になると、国そのものが国王のものになった。したがって、国中に税金をかけることができるようになったのですが、その税金を集めて、管理するには専門の担当者が必要です。そこで王は有能な人間をスカウトして、彼らを役人にした。そこで官僚制が発達したのです。

——今も昔も、お上は税金の取り立てには熱心だったんですねえ。

さて、そこで大切なのは、初期の役人はみな王様の僕《しもべ》であったということです。現代の私たちは「役人は公僕《こうぼく》である」と思っていますが、絶対王朝の官僚はそうではない。官僚とはあくまでも王様に仕《つか》える、いわばプライベートな召使いだったわけです。

こうした官僚制のことをウェーバーは「家産官僚制」と名付けました。絶対王権の国家とは、結局のところ、国王の所有物です。人民も土地も、すべてが国王の財産、つまり「家産」である。その家産を管理するのが、家産官僚の役割です。

したがって、家産官僚は何もヨーロッパ独自のものではありません。むしろヨーロッパの官僚制の誕生は世界史的に見ると遅いほうで、中国や古代エジプトなどでは紀元前から家産官僚たちがいて、権力者に仕えていたのです。

家産官僚の特徴は「公私混同」

さてヨーロッパでは絶対王権の時代に家産官僚が誕生するのですが、時代が経ち、その絶対王権が立憲制やデモクラシーに変わってくると、いきおい官僚の性格も変わっていきます。そうして誕生したのが、依法官僚制です。依法官僚制とは読んで字のごとく、法に従って動く官僚という意味です。

——じゃあ、家産官僚は法律無視ってわけですか。

そもそも絶対王権では、国家の隅《すみ》から隅まで王様の持ち物であって、王様がすべてを決めることができる。王様が法律であると言っても大げさではない。家産官僚は、その強大な権力を持った国王の名代《みょうだい》として働いているのですから、官僚もまた絶大な力を持っている。

――相当、威張《いば》っていたんでしょうねえ。

威張るどころの話ではありません。

家産官僚たちは、その本質は王様の私的な召使いでありながら、外面的には役人という公的な仕事を行なっている、いわば矛盾《むじゅん》した存在です。その矛盾した性格ゆえに彼らには、公私の区別がない。

その最も分かりやすいのが、税金をめぐる問題です。私たちは税金は公《おおやけ》のものであると思っていますが、家産官僚たちにはその感覚がありません。国民から巻き上げたカネは国家のもののようでもあり、王様のもののようでもあり、自分のもののようでもある。つまり、公のカネと自分のカネの区別がない。

古代中国の役人はその典型です。

中国には「清官三代《せいかんさんだい》」、つまりカネに執着《しゅうちゃく》のない人間でも、地方官となって赴任《ふにん》すれば、その在職中に得た利益で孫子《まごこ》の代まで楽に暮らせるということわざがあった。清官でも、これだけの財産を残せるのであれば、濁官《だくかん》ともなれば恐るべき財産※を蓄《たくわ》えることができた。

※恐るべき財産　清《しん》の高宗乾隆帝《こうそうけんりゅうてい》時代、権力をほしいままにしたのが首席軍機大臣・和珅《ホセン》だった。彼が後年、嘉《か》慶帝《けいてい》によって自殺を命じられたとき、没収された彼の財産は8億両と評価された。これは清の国家予算10年分に匹敵し、ルイ14世の私有財産の約40倍に相当すると言われている。家産官僚の公私混同、かくのごとし！

それと言うのも中国の歴代王朝においては、地方官は自分に割り当てられただけの上納金《じょうのうきん》を皇帝に納めさえすれば、あとは自分の収入にしてよかった。税金と自分のカネの区別がないのです。

　だから、欲張りな地方官なら人民から取り立てられるだけ取り立てた。それだけではなく、何かあるたびに口利《くちき》き料だとか手数料だとかいって、カネを巻き上げる。これも役人の裁量《さいりょう》一つで決まった。

――ごうつくばりの役人が赴任《ふにん》してきたら災難ですねえ。

　しかし、これは何も中国だけの話ではない。どこの国でも家産官僚なら、同じことをやった。家産官僚にとっては「公のものは俺のもの」なのです。

役人は「法律マシーン」たれ

　言うまでもないことですが、国家が絶対王権から立憲君主制、さらにはデモクラシーとなっていけば、官僚が家産官僚のメンタリティを残していたのでは困ります。官僚は国王の召使いではなく、「公僕」にならなければならない。

　そこで生まれたのが先ほども述べた、依法官僚制です。依法官僚制においては、官僚は法に従って行動する。権力を笠《かさ》に着て勝手な行動をしてはいけないし、ましてや税金を自分の懐《ふところ》に入れることなど絶対にあってはならない。言い換えれば、近代の官僚は「法律の実行マシーン」である。

――法律の実行マシーンというと、血も涙もないような。

　と感じてしまうのは日本人の感覚です。

　考えてごらんなさい。「この法律は俺の権限で変更する」とか「この法律は俺の意見と違うから無視する」などという官僚がいたら、人民が迷惑するではありませんか。官僚が法律というプログラムに従うロボットでなければ、大変なことになるのです。

――そりゃそうだ。

といっても、ロボットだから誰でもいいというわけではない。ことに現代の社会は複雑多岐《ふくざつたき》にわたっているから、官僚が守るべき法律はたくさんある。それらをきちんとマスターしていなければ困るので、どこの国でも能力ある人を官僚にしようとするわけです。

さて、そこで現代日本を見た場合、はたして日本の官僚は家産官僚か、依法官僚か。

――うーん、どう考えても家産官僚ですよね。だって自分のポッポに税金を入れちゃう奴がたくさんいるんですものね。

そのくらいなら、まだまだ罪は軽い。日本の官僚の場合、もっともっと悪質です。

家産官僚の特徴は「公のものは俺のもの」で、公私の区別がないことにあるわけですが、日本の高級官僚たちはまさにその典型例。何しろ、彼らは日本経済全体が自分の所有物であるかのごとく錯覚している。

――日本経済は俺のもの！　そこまで考えているんですか、高級官僚のみなさんは。

日本経済を支配したエリート官僚

そのいい例が、ついこの間まで行なわれていた「護送船団方式」なる銀行行政です。

日本の大蔵省は「1行たりとも銀行は潰《つぶ》さない」という美名の下、ことあるたびに銀行の経営に口を出してきた。預金の利子はもちろんのこと、お客に配るカレンダーのサイズや絵柄まで大蔵省銀行局にお伺《うかが》いを立てなければ銀行は何も決められない。

つまり銀行の経営権を実質的に握っているのは、株主でもなければ経営者でもない。大蔵省の役人が銀行を事実上「所有」していたのです。

もちろん「銀行のカレンダーは、かくあるべし」なんて国会で決まったことでもなければ、大蔵大臣の言ったことでもない。それらはすべて、大蔵省の役人の勝手な裁量で行なわれている。そこには法律的な根拠はない。

しかも、その行政指導は何も文書で行なわれると限ったわけではない。銀行の優秀な※ＭＯＦ《モフ》担ともなれば、お役人の顔色を見、声を聞いただけで「あ、これは大丈夫」「これはよくない」と分かったという。これのどこが依法官僚と言えるでしょう。

※ＭＯＦ担　ＭＯＦ《モフ》とはMinistry《ミニストリ》 of《オブ》 Finance《ファイナンス》（大蔵省）の略。日本の銀行マンにとって最重要な仕事は、預金者からのカネを預かることでも、企業家にカネを貸すことでもなかった。銀行の浮沈はひとえに大蔵省銀行局の胸《むね》三寸《さんずん》にかかっていた。そこで各銀行では最も有為な人材をＭＯＦの担当者、すなわちＭＯＦ担にした。ＭＯＦ担経験者は出世間違いなしと言われていたものである。

これは何も大蔵官僚に限った話ではありません。あらゆる官庁の役人は、日本経済は俺のものだと思って、今なお各業界を指導・監督しています。

日本の官僚はあたかも近代官僚、つまり依法官僚のふりをしているけれども、その実は全然違う。まだ家産官僚の域を脱していない。いや、家産官僚そのものなのです。

――つまり先祖返りしたというわけか。

そんな官僚たちが司法・行政・立法の三権を独占し、さらには日本経済までを私物化しているのですから、はなからうまく行くはずがない。

平成不況が始まって、すでに10年ですが、かくも長き不況から脱出できないのも当然すぎるほど当然のこと。この官僚の害を除かないかぎり、日本の経済は絶対によくならない。そう断言してもいいでしょう。

役人の害をどう防ぐか

——それじゃあ、先生、この官僚たちの態度を改めさせ、依法官僚とやらにすれば日本経済はよくなりますか。

君は「官僚たちの心を入れ替えさせる」と簡単におっしゃいますが、それがどんなに大変なことであるか。

依法官僚にせよ、家産官僚にせよ、官僚というものは放っておけば、自分の権力をどんどん肥大化させ、腐敗していくものと相場が決まっています。これは古今東西、どんな官僚組織であっても例外ではない。

したがって、官僚とは本来、悪であると考えたほうがいい。官僚を信じてはいけないのです。官僚の害はかならず起こると考えて、その対策を立てるしか方法はありません。

では、具体的にはどうすればいいか——その答えを知るうえで最も参考になるのが、中国の歴史です。

中国の官僚制度の歴史は、世界で最も長い。何しろ紀元前の戦国《せんごく》時代には整備・体系化された官僚制がすでに誕生しており、それが1912年に清国《しんこく》が滅びるまで2000年以上も続いた。中国のように巨大な帝国を統治するには、官僚の存在が絶対に欠かせないから、それは当然のことではあります。

しかし、これは別の側面から考えてみると、とうてい「当然のこと」などと決めつければ済む問題ではない。

というのも、それだけ官僚組織が長く続けば、弊害も大きくなって当然だからです。それなのに、中国の官僚制はなぜあれだけ続いたのか。そのことを考えてみる必要があります。

もちろん、そこには王朝の交替がしょっちゅう起こったという事実はあります。王朝が交替すれば、当然のことながら、官僚も一新する。たしかに、これは大きな要素です。

しかし、そうは言っても、たいていの王朝はけっして100年そこらでは変わらない。中国の歴代王朝は300年近く続いたものも珍しくありません。日本なんて近代的官僚制度ができて1世紀ちょっとでこれだけ腐敗してしまったのに、なぜ中国では曲がりなりにも1つの王朝が3世紀も維持できたのか。

――言われてみれば不思議ですねえ。

実は、それこそが官僚の害を抑えるためのヒントなのです。

なぜ中華帝国は2000年も続いたか

では、中国の王朝は巨大な官僚組織を持ちながら、どうして長続きしたのか。

その最大の理由は、つねに官僚グループに対抗する勢力があったからです。その対抗勢力がつねに官僚組織を監視し、それが腐敗、堕落《だらく》してくると糾弾《きゅうだん》した。だからこそ、官僚組織が制度疲労を起こさず、長持ちした。

先ほども述べたように、中国における官僚制度の起源は2000年以上前に遡《さかのぼ》るのですが、官僚制初期のライバルは、貴族たちでした。

何しろ、中国の皇帝といえば、結局のところ実力でのし上がってきた人物ですから、貴族から見れば、「どこの馬の骨か分からない」ということになる。

だから皇帝にとっては貴族の存在がわずらわしい。そこで貴族以外から人材を登用して、自分の思うがままに使いたいということから官僚制は始まった。

すなわち、官僚とは元々、皇帝が貴族を退治するための武器であったというわけです。

もちろん貴族のほうだって、そうした皇帝の意図はお見通しです。

そこで貴族は、皇帝のスタッフである官僚たちのあら探しをする。また官僚にしても、血筋《ちすじ》をひけらかす貴族に対しては敵愾心《てきがいしん》を燃やしていたというわけです。

ところが、その貴族もヨーロッパと同じで、時代が進むにつれて勢力が衰えてくる。

紀元10世紀の初め、唐《とう》王朝が滅びて五代《ごだい》の戦乱が起きると、貴族はほとんど消えてしまいます。そして宋《そう》の時代になると貴族は完全に消えた。

――となれば、今度は官僚の天下になる。

ところが、そうは問屋が卸《おろ》さない。

というのも、貴族がいなくても官僚にはまだまだライバルがいた。それは宦官《※かんがん》です。

※宦官　去勢された男子を宮廷の使用人にすることは、古代エジプトやペルシアでも行なわれたが、それが最も発達したのが中国の歴代王朝であった。当初、宦官は被征服民族や罪人がなったものだが、後に宦官勢力が発達してくると「自宮」と言って、みずから志願して宦官になる庶民が増えた。

中国史に多少なりとも興味のある人なら、誰でもご承知のとおり、中国では古来から「宦官の害」があった。宦官というのは、本当の意味での皇帝のプライベートな召使いなのですが、彼ら宦官は皇帝の近くに侍《はべ》っているのをいいことに政治にまで口を出し、それによって起こった政変は数知れない。

それだけ宦官が問題ならば、さっさと廃止してしまえばいいのにと思ってしまうわけですが、実は宦官がいるおかげで、官僚の専横《せんおう》が防げるという効用もある。

宦官が皇帝の私的な召使いとすれば、官僚は皇帝の公的部門に仕える召使い。したがって、両者の仲の悪さたるや、恐るべきものがあった。いずれの側も、何とかして相手を倒そうと虎視眈々《こしたんたん》。

——なるほど「人間は緊張感があると堕落しない」というわけですね。なんだか耳の痛い話だなあ。

「最高の官僚は最悪の政治家である」

しかし、貴族や宦官がいたとしても、それでもなお官僚たちを抑えられるとはかぎらない。そこでさらに中国の歴代王朝が考えたのが、御史台《ぎょしだい》という組織です。この御史台とは、要するに官僚の汚職を捜査する機関です。

といっても、御史台の力たるや今日の警察や検事の比にあらず。

なぜなら、この御史台の長官である御史大夫《ぎょしたいふ》に告発されると、自動的に有罪だと推定される。つまり、「疑わしきは罰せず」ではなく「疑わしきは罰する」という原則が適用される。

したがって、この御史大夫に告発されて助かろうと思えば、被告の側が自分の無罪を完璧《かんぺき》に立証する必要があるわけですが、昔の中国においては、そこまでやった人はまずいません。というのも、疑いを持たれた時点で官僚はいさぎよく死ぬものと決まっていた。そこで悪あがきするのは、高級官僚のプライドが許さないというわけです。

たとえば御史大夫の告発を受けた官僚は、皇帝から毒入りの菓子をいただく。それを黙って食べて死ぬ。言い訳したり、妻子ともども夜逃げをしたりしない。

——死刑率100パーセント！　史上最も怖い警察ですね。

今の人間から見れば、何という恐怖政治かと思ってしまうでしょうが、そのくらい強大な権力で牽制《けんせい》していないと、官僚組織はかぎりなく肥大し、腐敗していく。そうなると、もはや皇帝でさえどうにもならないというわけです。

この講義で私は何度も「国家権力はリヴァイアサンである」と述べましたが、高級官僚とはそのリヴァイアサンをも食い殺してしまう、恐るべき怪獣、いや寄生虫です。この寄生虫がはびこれば、皇帝でさえ権力を失いかねない。

だからこそ、中国の皇帝たちは知恵の限りを絞《しぼ》って、御史台という制度を作った。

日本のマスコミは、官僚の不祥事があるたびに「自浄努力を求める」などと言っていますが、中国の皇帝たちが聞いたら、鼻で笑ったことでしょう。官僚に自浄能力を求めるなんて、ないものねだりもはなはだしい。そんなことは夢物語だというわけです。

実際、これだけいろいろ知恵を絞っても、それでも中国の歴代王朝はすべて滅んだ。

その根底にはいずれも官僚の害があったと考えて間違いない。そのくらい官僚の害は恐ろしいのです。

――だったら、官僚制なんて止めましょう。そうすりゃ、話は簡単ですよ。

いくら何でも、それは暴論というものだ。

いにしえのアテネのように、国家の規模が極端に小さければ役人を国民から抽選《ちゅうせん》で選ぶこともできるだろうが、近代国家を官僚抜きで運営することなど最初から不可能な話です。近代官僚制は近代国家とともに生まれたという事実を忘れてはいけません。

となると、残された道は何か。

いかにエリート教育を受けたとはいえ、しょせん官僚は優秀な「マシーン」にすぎません。偏差値《へんさち》ロボットです。彼らは過去の前例や既存の法律はよく記憶しているかもしれないが、※今までに経験したことのない事態に遭遇したときには、何の役にも立たない。学校教育は知識を教えてくれるけれども、発想力や創造力までは与えてくれない。

※今まで経験したことのない事態 今の日本経済はデフレに直面しているが、このデフレはまさに官僚にとって未知の事態である。デフレーションが起きたのは何しろ大恐慌の時代以来のことだから、日本のエリート官僚たちはみなお手上げになっているのである。

マックス・ウェーバーは「最高の官僚は最悪の政治家である」と述べています。どれだけ優秀な官僚であっても、彼らには政治家たる資格、指導者たる資質はない。官僚に政治を行なわせるのは、サルに小説を書かせるよりもむずかしい。政治家たちが上手にコントロールして、初めて官僚の力を活かすことができる。その好例が田中角栄です。

もはや日本の運命は決まった

では、よい政治家を作るにはどうしたらいいのか。どうやったら、真のリーダーシップが生まれてくるか。

その答えは言うまでもありません。「よい政治家を作るのはよい国民だ」ということです。

——結局、そこに戻ってくるわけですか。

だが、残念ながらそれは容易ではない。

何しろ、これまで見てきたように、戦後の日本人はみずからデモクラシーを放棄《ほうき》し、憲法を殺してしまったのです。田中角栄を暗黒裁判にかけたのも、官僚の跳梁跋扈《ちょうりょうばっこ》を許したのも結局は日本人自身ではないですか。

その結果、日本はもはや身動き取れないところまで来ている。そのことは読者自身が何よりよくお分かりでしょう。

デモクラシーを殺した〝毒〟は、今やありとあらゆるところに回っています。家庭を見れば、子が親を殺し、親が子を殺すのが日常茶飯事《にちじょうさはんじ》になった。学校教育においては、すでに学級崩壊は頻発《ひんぱつ》し、いじめによる殺人が横行しているではありませんか。外を歩けば、いつ刃物を持った少年に襲われるか分からない。

これもまた振り返ってみれば、すべて日本人自身がデモクラシーを放棄したことにつながってくるとは思いませんか。

今の日本はパイロットなき飛行機、船長のいない巨船のごとき状態です。このまま行けば、かのタイタニックと同じ運命をたどることになるのは誰の目にも明らかです。

はたして日本という巨船が沈没するのが何年後かは分からない。しかし、そのときは刻一刻と近づいている。

残念ながら、今の日本を診断するかぎり、1つもいい材料は見つからない。それが私の偽らざる心境です。

——いったい、どうしてここまで悪くなったんでしょう。

そのことを考えるとき、どうしても避けて通れないのが「戦後デモクラシーの構造的欠陥」という大問題です。もっとはっきり言うならば、日本国憲法の構造的欠陥です。この事実に向き合わないかぎり、問題の本質は見えてこない。私はそう思います。

日本国憲法が民主主義を殺した！

昭和22年（1947）5月3日、日本国憲法は施行されました。

この日本国憲法が当時、日本を占領していたGHQの手によってその原案が作られたという事実は、今さら述べるまでもないでしょう。

当時のアメリカ人たちは、「日本人には民主主義憲法を作るだけの能力はない」と判断して新憲法の条文をすべて作り、それをそのまま公布するよう迫りました。これに対して日本の政府や議会ではさまざまな抵抗をしましたが、結局のところ、ほぼ大筋において合意して日本国憲法が制定・公布されたというわけです。

こうした経緯で作られた憲法ですから、その正当性、合法性に対しては賛否両論があって、いまだに決着が付いていない。

「占領下の日本には真の意味での主権はなかったのだから、そこで公布された憲法には正当性がない」という意見を述べる人もあれば、また「たしかに制定のプロセスは問題だが、当時の日本人はそれを歓迎したし、現にそれが憲法として半世紀続いたのだから、問題はない」という弁護論もある。この問題について述べていけば、それだけでも分厚い本が何冊も作れるくらいです。

しかし、今はこのことについてあえて述べません。それよりも今、私が問題にしたいのは、こうして作られた新憲法が、戦後のデモクラシーにどのような影響を与えたかということです。

そこで結論を先に言うならば、戦後の日本でデモクラシーが失われることになった真の原因は、実はこの憲法そのものにあったということです。

——途方もないことをおっしゃいますな。だって、日本国憲法は誰が見ても、民主主義の憲法ですよ。

民主主義の憲法が民主主義を殺すなんて、そんなバカな。ましてや、民主主義の本場であるアメリカ人が作った憲法なのだから、デモクラシーの精神に間違いがあるはずがない。そう君は言いたいのでしょう。

ところが、そこに実は大きな誤解がある。日本国憲法の本当の問題は、アメリカ人がこの憲法の原案を作ったところにあるのです。

といっても、それは「押し付け憲法だから駄目だ」といった簡単な話ではない。もっともっと根の深いものなのです。

アメリカ人はデモクラシーも資本主義も知らない

先ほども述べたとおり、日本国憲法の原案を作ったのは当時、日本を占領していたGHQのスタッフでした。

マッカーサー元帥《げんすい》の命を受け、GHQ民政局のケーディス陸軍大佐を中心に憲法原案の制定作業が行なわれることになったのです。

この作業はいわば突貫《とっかん》工事のようなものであったし、またスタッフも憲法の専門家とは言えない。だから批判しようと思えばいくらでもできるけれども、今はそれには触れません。

ただ全体としてみれば、彼らは自分たちの作った憲法に満足していたようです。後に、いろいろな研究者が彼らにインタビューを行なっていますが、おおむね誰もが「恥ずかしくない憲法を作った」[※]と答えています。彼ら制定スタッフは、無邪気とも言えるほどの「善意」を抱いていた。

※「恥ずかしくない憲法を作った」　憲法学者の西修氏によれば、日本国憲法を作ったアメリカ人たちは自分の仕

事を今でも誇りにしているが、その一方で彼らの大半は、自分たちが書いた「速成憲法」がそのまま今でも通用していると聞いてひじょうに驚いたそうである（『日本国憲法はこうして生まれた』文春文庫174ページ）。

だが、ダンテ曰《いわ》く「地獄への道は善意で舗装《ほそう》されている」。この「善意」こそが、実は危ない。というのは、およそ憲法を作るのにアメリカ人ぐらい、それにふさわしくない人たちはいないからです。アメリカ人ぐらい、民主主義が分かっていない国民もいない。

――何ですって！　アメリカは民主主義の本場じゃないですか。

たしかに、それは紛《まぎ》れもない事実です。ロックの社会契約説を実現し、世界で最初の人権宣言を出したのはアメリカだし、日本のみならず世界中がアメリカこそ民主主義のお手本だと考えている。またアメリカ人自身も、民主主義と資本主義を世界中に広めたがっている。

しかし、アメリカぐらい民主主義や資本主義の研究の遅れている国はない。これもまた事実です。なぜならアメリカでは民主主義も資本主義も、あまりにも当然のことであって、それは空気みたいなもの。そんなありふれたものをわざわざ研究してみようという気にならなかったのは無理もない。

実際、アメリカ民主主義に関する本で、名著と言われるものはすべてアメリカ人以外の人間が書いています。古典では、フランス人のトックヴィルの書いた『アメリカのデモクラシー』が最も有名ですが、この他にもイギリス人が優れたアメリカ研究を残している。

資本主義の研究にしても同じで、資本主義後進国のドイツの学者が書いたものが基礎になっています。

――そういえばウェーバーもマルクスもドイツ人ですね。

アメリカ民主主義は予定説である

日本国憲法は民主主義や資本主義が空気のように自然に機能しているアメリカに生まれ、育った連中が書いたものである。この事実はけっして見過ごすわけにはいきません。

彼らアメリカ人は、さながら野の花のごとく、民主主義はどこにでも咲くものだと信じて疑わない。民主主義でない国を見ると「どうして民主主義にしないのだろう」と無邪気《むじゃき》にも思ってしまう。民主主義が優曇華《うどんげ》の花のようなものであるとは思わないのです。

もちろん、そのアメリカにしても民主主義が本当に定着するまでには時間がかかった。合衆国憲法の条文のどこにもデモクラシーという言葉が書かれていないことを見ても分かるように、最初からアメリカにもデモクラシーがあったわけではない。彼らにしても、デモクラシーは戦いとったものだった。それは事実です。

しかし、アメリカ人の心情の奥の奥を探っていくと、彼らは言うなれば「デモクラシー予定説」を信じている。つまり、どれだけ困難が待ち受けていても、いずれはデモクラシーはかならず実現する。世界中がやがてはデモクラシーに覆《おお》われると信じている。だからこそ、今でもアメリカはデモクラシーの普及に熱心なのです。

――デモクラシー予定説！　アメリカ人にとって、デモクラシーは信仰なんですか。

まさにアメリカはデモクラシー教、資本主義教の総本山です。彼らはカルヴァンが予定説を信じたごとく、資本主義や民主主義の勝利を信じて疑わない。

でも、本当はそんなに簡単に民主主義が誕生するわけではない。民主主義の花が咲くには大変な苦労が必要です。

そのことは伊藤博文《いとうひろぶみ》の苦心を見れば、すぐに分かります。

伊藤は憲法の本場であるヨーロッパを見てまわり、日本が憲法を持つのは並大抵《なみたいてい》のことではないと気付いた。蒸気機関車や電灯を輸入するのと同じように、憲法を輸入することはできないことを知った。そこで、彼はいろいろ考えたあげくに天皇教を導入することにしたわけです。

ところが民主主義が当然だと思っているアメリカ人には、その日本人の苦労が全然分からない。民主主義なんて簡単だと思っていたわけです。

——タイガー・ウッズから見れば、われわれ素人ゴルファーがなぜシングルになれないのかが分からないのと同じですね。

空を自在に飛び回るワシから見れば、ニワトリが空を飛べないのが不思議に思えてならない。しかし、ニワトリにはニワトリの事情があるのです。

天皇教は崩壊した

さて、アメリカ人は日本を占領するに当たって、当然のことながら日本の近代史を検討した。たしかに日本すると戦前の日本でも大正時代には民主主義らしきものが生まれていたことを知った。たしかに日本民主主義は発進しかかっていた。そこまでは分かった。

しかし、彼らが誤解したのは、その民主主義が完全に離陸できなかった理由です。

彼らは、その理由を天皇に求めました。つまり、天皇が現人神《あらひとがみ》であるなどという馬鹿げた信仰があるから、日本の民主主義は成熟しなかったのだと考えた。

この要素さえ除去すれば、あとは放っておいても民主主義になるだろうと単純にも思ったのです。

GHQは「天皇教」を崩壊させた
（昭和天皇とマッカーサー）AP/アフロ

そこで彼らは伊藤がせっかく「憲法の機《き》軸《じく》」として導入した天皇教を徹底的に取り除くことにしたのです。

すなわち、戦前日本の立憲君主国家《りっけんくんしゅこっか》という枠組《わくぐ》みを完全に変え、天皇を「国民統合の象徴」にしてしまった。その流れの中、1946年1月、昭和天皇は「人間宣言」をなさいます。これによって、伊藤の作った天皇教は完全に崩壊した。

もちろん、こうしたGHQの「誤解」に対して抵抗した人たちは少なくなかった。

当時の憲法学者や政治家の多くは、明治憲法の欠陥を修正するだけで充分だという意見でした。実際、時の幣原《しではら》内閣が設置した憲法問題調査会でも、軍部の独走などを許すことになった規定を改め、国民の権利を保障し、議会の力を強めていけば、それで充分、日本は民主主義になれるはずだという線であったと言われていますが、これはまことに現実的な意見だったと思います。

しかし、こうした日本側の意見に対して、GHQは当然ながら不満を持った。そこで急遽《きゅうきょ》、GHQ側で憲法案を作ることが決まり、その憲法案が今日の憲法の土台になったというわけです。

「平等」の誤解はここに始まる

さて、憲法から「天皇教」の要素が取り除かれたことによって、戦後の日本ははたしてアメリカ人の言う「真の民主主義国」になれたのか。その結果は、あらためて言うまでもないでしょう。今の日本の置かれた現実が何よりも雄弁にそれを証明しています。

そこでもう1度思い出していただきたいのですが、明治憲法を作ったとき伊藤博文は、憲法には「機軸」が必要であると考えた。

つまり近代的な憲法が作動するには、まず平等という概念が成立しなければならない。しかし、その平等という概念はけっして簡単に与えられるものではないから、そこで「神の前の平等」に代わるものとして、伊藤は「天皇の前の平等」を日本に定着させようとした。そのためにこそ、天皇は現人神《あらひとがみ》でなければならないと考えたわけです。

ところが戦後の憲法では、「天皇の前の平等」という考えは取り除かれ、いきなり「平等」だけが与えられた。このことによって、戦後日本における平等は、ひじょうにいびつなものになってしまいました。

つまり、それは「機会の平等」ならぬ「結果の平等」という誤解です。

それが最も悪い形で現われているのが教育現場です。今の日本の教育は「みんな同じでなければならない」という、およそ民主主義ではまったく考えられないような思想が支配しています。

——今や運動会のかけっこでは、みんな手をつないでゴールすると言いますものね。

キリスト教の全知全能の神でさえ、人間をまったく同じには作らなかった。そんなことはキリスト教圏の人々には自明の真理です。

デモクラシーにおける平等とは、結局のところ「身分からの平等」に他《ほか》なりません。法の前には、身分は関係ない。誰もが同じように富を求めることができる。

それを平等という言葉に置き換えただけにすぎないのに、その平等という言葉がひとり歩きして、「誰も彼もが同じにならなければいけない」という「結果の平等」にまで拡大解釈された。しかし、それは単なる悪平等です。

真の自由主義とは何か

同じことは「自由」についても言えます。

戦後の日本で「自由」は、「何をやってもいい」ということだと誤解された。最近では「人を殺す自由」を主張する子どもさえ現われています。

しかし、デモクラシーにおける自由とは、元来、「権力の制限」を意味しました。

日本においては「自由主義」という言葉は実にいいかげんに使われていますが、これはもともと専制君主や絶対君主の権力を制限することから始まったものです。この自由主義を守るための砦《とりで》が、議会であった。

その議会からやがて民主主義が生まれたことは、本書の読者ならすでにご承知のことでしょう。

つまり、デモクラシーのどこをどうひっくり返しても、そこからは「殺人の自由」など出てくるはずがないのです。ところが日本では「自由」と「放埒《ほうらつ》」とは同義語になっている。これも恐るべき誤解です。

自由にしても、平等にしても、それは与えられるものではありません。現に欧米人たちは、みずから平等や自由を勝ち取った。自由も平等も、その前提になっているのは権力との戦いです。そのプロセスを抜きにして、いきなり自由や平等を与えるとどのような結果になるか。図《はか》らずもそれを証明しているのが今の日本なのです。

権力と戦うことなく人権を手に入れたものだから、戦後の日本人は権力を監視することも忘れてしまった。その結果が、官僚の独裁であることは言うまでもありませんが、民主主義とは国家権力との戦いなのだということが忘れられると、自由も平等もたちまちにして変質してしまうのです。

こうした果てしない誤解が生まれたのも、元を質《ただ》せば、アメリカ人たちが「善意」からアメリカ流の民主主義憲法を戦後の日本に与えてしまったからに他ならないのです。

「社会の病気」アノミー

天皇という「機軸」が失われ、憲法がアメリカ人から与えられた結果、日本に起きたのは「急性アノミー」と称すべき状況です。

アノミーとは言うなれば、「社会の病気」です。アノミーが起これば、身体にも心にも異常がなくても、その人間は異常な行動を取るようになる。まったく健全であるはずの人が信じられないようなことをする。

このアノミーを発見したのは、社会学の始祖と言われるデュルケム※というフランスの学者です。

※デュルケム　(1858－1917)ユダヤ系フランス人としてロレーヌ地方に生まれる。パリの高等師範学校を卒業後、ドイツに留学。のちにパリ大学教授となる。1897年に発表された『自殺論』において、アノミー現象を解明した。

彼は自殺の研究をしている過程で、この大発見をしました。

今の日本のように経済が不況になっているときに自殺が増えるのは、誰でもすぐに想像できることです。ところがデュルケムは逆に経済が活況を呈《てい》して、生活水準が急上昇したときにも自殺が起こることを発見した。

この思いがけない発見を、デュルケムはこう説明しています。つまり、生活が苦しいなどといった外面的なことから人間は自殺するのではない。「連帯」を失ったときに自殺をするというのです。

急に豊かになって生活スタイルが変わってしまうと、それまで付き合っていた友人たちとの連帯はなくなります。前と同じような友だちづきあいができなくなる。しかし、かといって、その人は新しい友人を持てるかといえば、そうではない。以前から豊かだった人たちからは「成り上がり者め」とさげすまれるので、そのサークルにも入っていけない。そのため、この人は連帯をどこにも見いだせず、ついに自殺を選んでしまうというわけです。

——貧乏も苦しいけれど、貧乏人が金持ちになると、もっと不幸になる。やっぱり庶民《しょみん》は今のままグータラ働いているほうがいいというわけですね。

君みたいな考えを、我田引水《がでんいんすい》と言うんだ。

さて、デュルケムはこうした現象をアノミーと名付けました。

アノミーは、自分の居場所《いばしょ》を見失ったときに起きます。心理学の用語で言い換えるならば、「アイデンティティの喪失《そうしつ》」によって引き起こされる状況なのですが、これは心の病気ではありません。原因は心ではなく、社会にあると考えます。

他人との連帯を失い、自分が何者であるかが分からなくなったとき、人は絶望し、孤独感を味わいます。その孤独感から逃げるためだったら、死をもいとわないというのです。

権威がなくなると、秩序は消える

さて、デュルケムは自殺の研究からアノミーという現象を発見するのですが、彼が見つけたのはいわば「単純アノミー」であって、これ以外にもアノミーはある。中でも深刻なのは、世の中の「権威」が否定されることによって起こる「急性アノミー」です。

「権威」とは単に威張《いば》っている存在ではありません。「権威」とは要するに、何が正しくて何が正しくないかを決める存在です。権威とは規範を定めるものです。

人間がなぜ人殺しをしないか。それは何も法律で定めてあるから、殺さないのではありません。あるいは罰が与えられるから、殺さないのでもない。「権威」が、殺人は正しくないという規範を定めているから、人は人を殺さない。

精神分析学では、家庭においては父が「権威」の役割を果たすことを明らかにしています。まだ幼い子どもにとって、父親とは全知全能の存在です。父親は強く、何でも知っているように感じる。そこで子どもは父親に権威を感じます。そして父親の命令は正しいのだと考えるようになる。

そうした父親の存在が、やがて心の中で「上位自我《じが》（スーパー・エゴ）」になるというのがフロイトの解釈です。フロイトによれば、この上位自我のおかげで、人間は本能をむき出しにせずに生きていけるというわけです。

しかし、その幼い子どももやがて大きくなれば、父親が全知全能などではないことに気付く。そうしたときに、その子は家庭の外に父親の代替物、つまり権威を求めようとする。

キリスト教社会において、その役割を果たすのは神です。聖書にあるとおり、神は古代イスラエル人に「十戒《じっかい》」を与えて、これらの決まりを守ることが正しいことで、守らなければ正しくないと宣言した。まさに、キリスト教の神は「われらが父」であり、権威に他なりません。

さて、こうした権威が否定されたときに、その人間は、その社会はどうなるか。

そこに起きるのは、まったくの無秩序です。何が正しく、何が悪いのかが分からなくなるのだから、それは当然すぎるほど当然の結果です。ある人は暴力的になり、またある人は何をしていいのか分からなくなって無気力になる。

「父なき社会」だった戦前のドイツ

その典型例が、第1次大戦後のドイツです。

ドイツは第1次大戦によって、手痛い敗北を喫《きっ》するのですが、その敗戦によってドイツ社会の権威はまったくなくなった。皇帝は逃げ出すわ、宗教は力を失ってしまうわ、旧来の権威がすべて力を失ってしまった。

その結果、第1次大戦後のドイツは急性アノミー状態になった。若者たちは愚連隊《ぐれんたい》になって暴《あば》れ回るし、エロ・グロ・ナンセンスが流行するようになる。大人たちは無気力になって、そうした社会の無秩序を抑えることもできなくなり、経済はますます駄目になった。

そこに現われてきたのが、オーストリア人のヒトラーです。彼は既成《きせい》の権威をすべて否定し、ナチズムこそが権威であるとした。権威を失って久しかったドイツ人は老いも若きも、みな彼に飛びついた。

精神分析学者のエーリッヒ・フロムは「父なき社会」がヒトラーを産んだと言っていますが、まさにヒトラーはドイツの父になった。だからこそ、彼を支持する人々があれほど現われたのです。

――結局、人間は権威なしには生きられない。そういうことですか。

人間はともすれば、自分の自由意志で動いているようについ思ってしまう。権威なんかなくても自分の頭だけで生きていけると思うわけですが、社会科学は「それは幻想にすぎない」ということを教えています。

人間とは社会的存在であって、本当の意味での「個人」は存在しないのです。

人間が生きていくためには、何らかのガイドラインがなければならない。そのガイドラインとなるのが、規範であり、モラルなのですが、そうしたものを作るのが他ならぬ権威なのです。

もし、そうした権威がなくなってしまえば、その人は人間的に生きていくことが不可能になる。ある人は猛獣のようになるし、ある人は植物のように動かなくなる。それが急性アノミーであるというわけです。

戦後の日本に起きたのは、まさしくこの急性アノミーでした。

日本人は明治以来信じてきた「天皇教」という機軸を抜き取られてしまいました。また、それと同時に、明治よりずっと前から続いてきた家族制度もまたアメリカによって解体されてしまったので、その結果、本物の父親もまた権威を失ってしまったのです。

すなわち日本は戦前のドイツと同じように「父なき社会」になってしまったのです。

戦後日本を襲った急性アノミー

戦後の日本が「父なき社会」、つまり権威なき社会になったことを象徴するのが、高度成長と受験戦争です。

何が正しく、何が悪いことかを決めてくれる権威がなくなった戦後の日本人たちにとって、ただ1つの尺度《しゃくど》はカネだけになってしまった。カネを儲《もう》け、豊かになることは、誰の目にも分かりやすい尺度です。そこでより豊かに、より金持ちになることを目指して高度成長が始まった。

そして、その一方で父親は子どもに「いい学校に入れば、いい生活ができる」と、受験勉強を強《し》いるようになったのです。

父親が「勉強をすることが正しい」というのであれば、それはモラルになります。しかし、「勉強すれば儲かる」はモラルではありません。それは単なる損得勘定です。

損得勘定を超えたところからモラルが始まるのに、損得だけを言ったのでは、子どもは父親を権威とは思わない。そして、母親もまた父親と同じように「いい成績を取れば、いい生活ができる」としか言わない。かくして、子どもたちは両親を尊敬しなくなった。

——だから金属バットで殴《なぐ》ったりするわけですか。

父親も母親も権威ではないのですから、子どもたちにとっては怖くない。怖くない両親がガミガミ言ったら、邪魔《じゃま》だから殺してやろうと思っても不思議はありません。

また、アノミー社会には連帯感などないから、友だちをいじめても何とも感じないし、学校にも行きたいとは思わない。学校は本来、子どもに連帯感を与えてくれる場所だったのに、そうした効果すら持たなくなっているのです。

そして今や、子どもたちは完全にモラルを失ってしまいました。

最近、起きている10代の「理由なき殺人」は、その好例です。普通の子どもが、突然に凶悪犯罪を犯す――まさにこれはアノミーのもたらしたものです。今の日本社会は戦前のドイツなどとは比べものにならない、未曾有《みぞう》のアノミー社会になった。

そして、そのアノミーを作り出した原因を遡《さかのぼ》っていけば、それはすべて新憲法にたどり着いてしまうというわけです。

三島由紀夫の「予言」

戦後の日本の行き着く先が、今のようなアノミー社会であることを早くから予見していたのは、あの三島由紀夫《みしまゆきお》でしょう。

新憲法が制定され、明治憲法にあった天皇の権威が否定されたとき、それに危機感を持った人は三島以外にもいます。

たとえば、新憲法が施行された昭和22年の9月25日、熱海《あたみ》の錦ヶ浦《にしきがうら》で自決し、「明治憲法に殉《じゅん》じた」と報じられた憲法学者の清水澄《しみずとおる》博士も、その1人でしょう。

――明治憲法に殉じた！　そんな学者がいたんですか。

この清水博士は戦前の憲法学における第一人者であった人物です。最後の枢密院《すうみついん》議長を務め、また戦後、幣原《しではら》内閣が作った憲法問題調査会でも顧問になっていますが、最後まで新憲法に反対であった。

そこで彼が「われ自決し国体を守らん」（遺書）と自死したときには「明治憲法に殉じた」と言われた。戦争責任を感じて自決した軍人や政治家は当時たくさんいましたが、新憲法に反対して死んだのは、おそらくこの清水博士1人だけではないでしょうか。

その清水博士の死から23年後の昭和45年（1970）11月25日、三島由紀夫は自衛隊市ヶ谷《いちがや》駐屯地《ちゆうとんち》で自決するわけですが、彼の行動の根底にあったのは天皇の「人間宣言」に対する抗議でした。

彼は自分の小説（『英霊《えいれい》の声』）の中で、こう記しています。

「日本の敗れたるはよし／農地の改革せられたるはよし／社会主義的改革も行なわれるがよし（中略）されど、ただ一つ、ただ一つ／いかなる強制、いかなる弾圧／いかなる脅迫ありとても／陛下は人間《ひと》なりと仰せらるべからざりし」

三島は、戦後の民主主義的改革はすべて肯定したうえで、天皇の「人間宣言」だけはすべきではなかったと考えた。「なぜ陛下は人間となってしまわれたのか（などて、すめろぎは人間《ひと》となりたまいし）」と彼は嘆《なげ》いてやみません。

彼はデュルケムのアノミー論など知らなかったはずですが、天皇という権威が失われた日本がアノミーになることを予言していたのではないでしょうか。

しかし、彼の自決もむなしく、日本はとうとうこのような状態になってしまった。デモクラシーは死に、憲法も死に、残ったのはアノミーだけというわけです。

日本復活の処方箋はあるか

――何だか、どんどん気分が暗くなってきた。先生、いったい日本はこれからどうなるんですか。救いはあるんですか。

今のままで進むかぎり、お先は真っ暗でしょう。アノミーになった日本は、まさにコンパスもジャイロもない巨船のようなもの。このまま進みつづければタイタニックのように沈没するしかない。

――勘弁《かんべん》してくださいよ。僕は先生とちがって、まだまだ若いんです。そんなこと言われたら、夢も希望もなくなっちまう。

そんなことを言っても、真実は動かせない。今のままの日本には希望はありません。

――じゃ、どうしたらいいんですかね。どうやったら憲法もデモクラシーも復活するんですか。とっておきの処方箋《しょほうせん》を先生だったらお持ちでしょう。

この大バカモノ！

参考書を開けばすぐに答えが出てくるほど、憲法もデモクラシーも簡単なものではない。そのことは、この一連の講義で私が何度も強調した話ではないですか。

憲法やデモクラシーは天から降ってくるものでもなければ、誰かがプレゼントしてくれるものでもない。簡単に憲法が手に入って民主主義国になれるくらいなら、どこの国も苦労はしていません。

戦後日本の、そもそもの失敗もそこにあった。日本人はアメリカが与えた憲法があれば、民主主義が手に入ると思ってしまった。もう1度、その過《あやま》ちを繰り返すのですか。

私があなたに言えることは、ただ1つ。

「この現実を直視しなさい」ということだけです。

今の日本が、まさに亡国《ぼうこく》の淵《ふち》に立っていることを見つめることから、すべては始まるのです。

第2の明治維新を！

今から150年前の日本人は、浦賀《うらが》沖にペリーの黒船が来たとき、「このままでは日本は滅びる」という現実を直視しました。

当時の西洋人は有色人種たちを世界中で征服し、奴隷にした。それと同じことが日本で起こるのだということを、はっきりと認識した。そして、その現実から逃げることなく、運命と戦おうとした。そこから明治維新が始まったのです。

今の日本は、まさにそれと同じです。このままでは日本は滅びるしかない。「その日」がいつ来るかは誰にも分からないが、このままではそう遠くはない。日本には一刻の猶予《ゆうよ》も与えられていない。そう覚悟することが第1歩です。

――「もう1度、日本人は明治維新をやりなおせ」ということですか。

まさに君の言うとおりです。今の日本には憲法もなければ、デモクラシーもない。それは明治維新と同じではないですか。少なくとも、あのときの日本人は明治維新に成功した。彼らにできて、われわれにできないはずはない。そう思うのです。

考えようによっては、彼らよりわれわれのほうが、ずっと有利です。少なくともわれわれは食べるものにも、住むところにも困っていない。ましてや皆殺しにされる心配なんてない。そういう意味ではまだ救いがある。

その覚悟ができたら、次は自分なりに考えて第1歩を踏み出すのです。そのヒントはこれまでの講義の中にいっぱい隠れているはずです。

それが正しいか、間違っているかは気にする必要はない。とにかく歩き出すのです。それこそが日本をふたたび憲法の国、デモクラシーの国に戻す道です。

最後に君に、丸山眞男《まるやままさお》教授の言葉をはなむけに贈りましょう。

「民主主義をめざしての日々の努力の中に、はじめて民主主義は見いだされる」

民主主義にも憲法にもゴールはない。それを求める努力こそが、本当の民主主義です。

そのことを胆《きも》に銘《めい》じて、「行動的禁欲」でひた走るしかないのです。

今さら心配しても始まらない。私たちには失うものは何もない——みなさんに私が伝えたいことはそれだけです。

本書内の地名、社会制度、データ等は『日本人のための憲法原論』刊行時の状況、環境を伝えるため、原則として呼称等、当時のものを使用しています。

小室直樹（こむろ・なおき）

1932年、東京生まれ。京都大学理学部数学科、大阪大学大学院経済学研究科を経て、フルブライト留学生としてアメリカに渡る。ミシガン大学大学院で計量経済学、ハーバード大学大学院で心理学と社会学、マサチューセッツ工科大学大学院で理論経済学を学ぶ。帰国後、東京大学大学院法学政治学研究科博士課程を修了。東京大学法学博士。1980年に発表した『ソビエト帝国の崩壊』において、ソ連崩壊を10年以上前に予言したことは有名。『経済学をめぐる巨匠たち』『論理の方法』『日本国憲法の問題点』『【新装版】危機の構造』『日本人のためのイスラム原論 新装版』など著書多数。2010年9月死去。

日本人《にほんじん》のための憲法原論《けんぽうげんろん》 新装版《しんそうばん》

二〇二三年六月三〇日 第一刷発行

著 者 小室直樹《こむろなおき》
発行者 岩瀬朗
発行所 株式会社 集英社インターナショナル
〒一〇一-〇〇六四 東京都千代田区神田猿楽町一-五-一八
電話 〇三-五二一一-二六三二
発売所 株式会社 集英社
〒一〇一-八〇五〇 東京都千代田区一ツ橋二-五-一〇
電話 〇三-三二三〇-六〇八〇（読者係）
〇三-三二三〇-六三九三（販売部）書店専用
印刷所 凸版印刷株式会社
製本所 加藤製本株式会社

ISBN978-4-7976-7429-3 C0032

小室直樹の本

『日本人のためのイスラム原論 新装版』

2002年刊『日本人のためのイスラム原論』の新装版。
イスラムと世界の対立構造は変わらず、
日本人のイスラム世界への理解も十分とは言えない。
稀代の大学者、小室直樹が執筆した、今こそ日本人必読の書。

四六版ソフト
本体2000円
ISBN978-4-7976-7428-6 C0014